金苑文库
浙江金融职业学院中国特色高水平高职学校建设系列成果

国际经济与贸易专业群 "双元育人 书证融通" 人才培养模式研究

A Study on the Talent Training Model of
"Dual Education of Colleges and Enterprises, Integration of Diploma and Certification"
of the International Economics and Trade Speciality Group

章安平 刘一展 著

中国人民大学出版社
·北京·

图书在版编目（CIP）数据

国际经济与贸易专业群"双元育人 书证融通"人才培养模式研究 / 章安平，刘一展著． -- 北京：中国人民大学出版社，2023.12
ISBN 978-7-300-32383-1

Ⅰ．①国… Ⅱ．①章… ②刘… Ⅲ．①国际经济－人才培养－培养模式－研究－中国②国际贸易－人才培养－培养模式－研究－中国 Ⅳ．①F11②F74

中国国家版本馆CIP数据核字（2023）第242539号

金苑文库
浙江金融职业学院中国特色高水平高职学校建设系列成果
国际经济与贸易专业群"双元育人 书证融通"人才培养模式研究
章安平　刘一展　著
Guoji Jingji yu Maoyi Zhuanyequn "Shuangyuan Yuren Shuzheng Rongtong" Rencai Peiyang Moshi Yanjiu

出版发行	中国人民大学出版社		
社　　址	北京中关村大街31号	邮政编码	100080
电　　话	010-62511242（总编室）		010-62511770（质管部）
	010-82501766（邮购部）		010-62514148（门市部）
	010-62515195（发行公司）		010-62515275（盗版举报）
网　　址	http://www.crup.com.cn		
经　　销	新华书店		
印　　刷	固安县铭成印刷有限公司		
开　　本	787 mm×1092 mm　1/16	版　次	2023年12月第1版
印　　张	15.5　插页1	印　次	2023年12月第1次印刷
字　　数	322 000	定　价	58.00元

版权所有　　侵权必究　　印装差错　　负责调换

序　言

近十年来，我国高等职业教育抓住大改革、大发展的历史机遇，实现了跨越式发展。截至2023年年底，我国具有招生资格的高职院校已达1 500余所，高等职业教育无论是在院校数量还是在在校生规模上都占据了我国高等教育的半壁江山，高等职业教育在国民教育体系中的地位日益彰显。当前，我国高职院校开展的人才培养模式研究与实践，主要集中于专业人才培养方面，针对专业群人才培养模式的研究相对较少，尚缺乏针对国际经济与贸易专业群人才培养模式的专门研究。

为此，笔者从2019年开始，对国际经济与贸易专业群人才培养模式进行了研究与实践，并最终提出了"双元育人 书证融通"人才培养模式。"双元育人 书证融通"人才培养模式，是指依托阿里巴巴数字贸易学院，构建"双元双优"结构化教师教学创新团队，对接跨境电商岗位标准确定人才培养目标，对接职业技能等级标准开发教学内容，结合职业技能等级标准，合作开发岗位标准、专业教学标准、课程标准和教材，共同开展备课、授课、评价和就业指导，构建"四合四同"运行机制，着力夯实复合型数字国际贸易技术技能人才培养质量。

本书采用理论研究和实证分析相结合的方式，以实证分析为主，对"双元育人 书证融通"人才培养模式进行了系统研究与实践。本书包括"双元育人 书证融通"人才培养模式概述、"双元育人 书证融通"人才培养模式实施前提条件的构建、"双元育人 书证融通"人才培养运行条件的构建、"双元育人 书证融通"人才培养的运行机制、"双元育人 书证融通"人才培养模式的推广建议共五部分内容。

本书对于高等职业教育人才培养模式研究与实践，尤其是国际经济与贸易专业群人才培养模式研究与实践有重要的参考和指导作用。本书可供高职教育研究者、高职院校专业主任和专业教师等阅读参考。

在本书写作过程中，笔者得到了浙江金融职业学院肖旭、华红娟、范越龙、张敏、王婧、王琼等国际经济与贸易专业群团队成员的大力支持，在此向他们表示感谢。此外，对于所引用成果的著作权人，在此一并表示衷心的感谢。

尽管笔者对本书的写作做出了尽可能多的努力，但由于精力与水平等各种主客观原因，全书内容及个别观点肯定存在值得进一步商榷的地方，恳请各位读者不吝赐教。

章安平

2023 年 10 月于杭州西湖

目 录

第一章 "双元育人 书证融通"人才培养模式概述 … 1

第一节 人才培养模式概述 / 3
第二节 "双元育人 书证融通"人才培养模式的含义和前提 / 5
第三节 "双元育人 书证融通"人才培养模式实施时面临的问题 / 6

第二章 "双元育人 书证融通"人才培养模式实施前提条件的构建 … 9

第一节 确定人才培养定位 / 11
第二节 开发职业岗位标准 / 15

第三章 "双元育人 书证融通"人才培养运行条件的构建 … 51

第一节 全面重构专业群课程体系 / 53
第二节 打造"双元双优"结构化教师教学创新团队 / 204
第三节 打造"四位一体"职业教育实践教学基地 / 207

第四章 "双元育人 书证融通"人才培养的运行机制 … 211

第一节 运行机制概述 / 213
第二节 准备阶段：标准开发 / 213
第三节 实施阶段：项目实施 / 234

237　第五章　"双元育人 书证融通"人才培养模式的推广建议

第一节　"双元育人 书证融通"人才培养模式的可推广性
　　　　分析 / 239

第二节　"双元育人 书证融通"人才培养模式的推广建议 / 240

244　参考文献

第一章

"双元育人 书证融通"人才培养模式概述

人才培养模式既是高等职业教育的基本问题，也是高等职业教育改革的关键问题。《国家职业教育改革实施方案》（国发〔2019〕4号）提出，深化复合型技术技能人才培养培训模式改革，启动1＋X证书制度试点工作。2020年，教育部等九部门联合印发《职业教育提质培优行动计划（2020—2023年）》，进一步明确深化校企合作协同育人模式改革。在1＋X证书制度试点视域下的人才培养模式改革以复合型人才培养为目标，以深化书证融通为主线，以推动校企双元育人为方向。

为此，浙江金融职业学院国际经济与贸易专业群作为国家高水平专业群，与全球数字国际贸易龙头企业阿里巴巴（中国）网络技术有限公司共建阿里巴巴数字贸易学院，打造"双元双优"结构化教师教学创新团队，重构专业群课程体系，全面对接跨境电商B2B数据运营和跨境电商B2C数据运营职业技能等级标准，创新"双元育人 书证融通"复合型数字国际贸易技术技能人才培养模式，不断夯实学生技术技能，持续提升学生考证通过率，全面服务学生高质量就业，走出"双元育人 书证融通"的实践样板，全力打造复合型数字国际贸易技术技能人才培养高地，探索出一条行之有效的高素质技术技能人才培养路径。

第一节　人才培养模式概述

一、一般意义上的人才培养模式

"人才培养模式"这一词组，是我国教育教学改革的产物，它诞生于20世纪80年代后期，发展于90年代中期。到目前为止，理论界对"人才培养模式"的理解存在差异。关于一般意义上的"人才培养模式"，主要有以下几种表述。

在理论界首次明确界定这一概念的是1993年刘明浚等人在《大学教育环境论要》中所提出的"人才培养模式是指在一定的办学条件下，为实现一定的教育目标而选择或构思的教育、教学样式"。

我国在教育管理层面首次陈述这一概念，是1998年教育部在《关于深化教学改革，培养适应21世纪需要的高质量人才的意见》中提出："人才培养模式是学校为学生构建的知识、能力、素质结构，以及实现这种结构的方式，它从根本上规定了人才特征并集中地体现了教育思想和教育观念。"这实质上是从培养目标、培养规格和培养方式三个方面来给"人才培养模式"下的定义。

有学者认为，人才培养模式是指在一定的教育理论、教育思想指导下，按照特定的培养目标和人才规格，以相对稳定的教学内容和课程体系、管理制度和评估方式，实施人才培养的过程的总和，它由培养目标、培养制度、培养过程和培养评价四个方面组成。

有学者认为，人才培养模式是以某种教育思想、教育理论为依托建立起来的既简约又完整的范型，可供学校教育工作者在人才培养活动中据以进行有序的实际操作，进而实现培养目标。它集中体现了人才培养的目的性、计划实施性、过程控制性、质量保障性等一整套方法论体系，是教育理论与教育实践得以发生联系和相互转化的桥梁与媒介。

二、高职人才培养模式

高职人才培养模式既具有一般人才培养模式的特征，又存在高职教育类型的个性。因此，关于高职人才培养模式的理论研究，主要是将一般意义上的人才培养模式导入高等职业教育范畴，来分析与界定高职人才培养模式，引申出系列观点。到目前为止，有关高职人才培养模式的概念与内涵研究具有代表性的观点，可归纳为如下两大类：

狭义说，即教学活动范畴观。它基本等同于教学模式，是对高职人才培养模式的狭义的、片面的理解。这种观点认为，模式是某种事物的结构或过程的主要组成部分，以及这些部分之间的相互关系的一种抽象、简约化的描述。就高职人才培养模式的本质属性而言，高职人才培养模式是在一定的教育思想指导下，为实现高职人才培养目标而采取的人才培养活动的组织样式和运行方式，它主要包括专业设置、课程模式、教学设计、教育方法、师资队伍、培养途径与特色、实践教学等构成要素。

广义说，即教学与管理活动范畴观。这种观点认为，人才培养模式不仅是对培养过程的设计和建构，也是对培养过程的管理。由于人才培养模式贯穿于高校的整个培养过程，它与专业培养计划、课程体系、评价体系等制度维度上的制约要素之间是包容与被包容的关系，而非并列关系，因此这种观点属于对人才培养模式的广义的、全面的理解。

三、工学结合人才培养模式

（一）国外工学结合人才培养模式

工学结合的人才培养方法最早出现在英国，但目前世界上较为一致认可的现代工学结合人才培养模式的创始人是美国俄亥俄州辛辛那提大学工学院院长赫尔曼·施奈德。他设想出一种新的教育方法，即组织学生参加实际工作，然后再回到课堂学习。美国合作教育大会的文件中指出，与工作相结合的学习是一种将理论知识的学习、职业技能的训练和实际工作的经历三者结合在一起，使学生在复杂且不断变化的世界中更好地生存和发展的教育方法。可见国外工学结合人才培养模式的主题是，将学生的课堂学习与参加实际工作结合起来，使他们能学到课堂中学不到的东西，并接受一定的职业训练，取得一定的工作经历，从而顺利地进入职业生涯，有利于今后更好地发展。显然，其目标指向集中在学生职业素质的提高。

（二）我国工学结合人才培养模式

工学结合作为高等职业教育人才培养模式改革的重要切入点，能带动专业调整与建设，引导课程设置、教学内容和教学方法改革。显然，我国工学结合人才培养模式的主题更为广泛，工与学的结合不仅仅是在某一段时间学生参加工作的"阶段式"结合，而应该是和专业建设尤其是课程改革相联系的"全程式"结合。前者工与学的结合是模块式的组合，后者工与学的结合则是渗透式的融合；前者的主要目的是学生综合素质尤其是职业素质的提高，后者除此以外还要达到提高学生专业技能的目的。因此，"全程式"工学结合是基于我国具体国情的本土化探索。

我国工学结合人才培养模式应具有两大功能：一是提高学生的职业素质；二是带动专业建设尤其是课程改革和师资建设等。前者的实现途径主要是校外，因为行为主体是学生，而且要在真实的工作环境中进行"岗位实习"才能真正实现。后者的实现路径是校内与校外，而且主要是校内，因为专业建设虽然必须与用人单位相结合，但其行为主体是教师。

为此，笔者认为我国工学结合人才培养模式应采取"多方位、全过程"的实施路径，分别在四方面实现工学结合：一是提高学生职业素质的工学结合；二是提高学生职业技能的工学结合；三是课程改革中的工学结合；四是双师结构队伍建设中的工学结合。

目前我国高职院校纷纷开展了工学结合人才培养研究与实践，如"订单式"工学结合人才培养模式、"一轮半"工学结合人才培养模式、"2+1"工学结合人才培养模式等。在我国高职院校中，工学结合人才培养模式主要是针对第一产业和第二产业的专业人才培养，在第三产业的成功案例较少，特别是国际经济与贸易专业。

为此，笔者从 2019 年开始，以浙江金融职业学院国际经济与贸易专业群为例，对国际经济与贸易专业群人才培养模式进行研究与实践，最终提出了"双元育人 书证融通"人才培养模式。

第二节 "双元育人 书证融通"人才培养模式的含义和前提

一、含义

"双元育人 书证融通"复合型技术技能人才培养模式，简称"双元育人 书证融通"人才培养模式，是指依托阿里巴巴数字贸易学院，以"双元双优"结构化教师教学创新团队为主体，对接跨境电商岗位标准确定人才培养目标，对接职业技能等级标准开发教学内容，依托高水平、结构化教师教学创新团队，结合职业技能等级标准，合作开发岗位标准、专业教学标准、课程标准和教材，共同开展备课、授课、评价和就业指导，构建"四合四同"运行机制，着力夯实复合型数字国际贸易技术技能人才培养质量。

二、前提

人才培养定位、职业岗位标准和1+X证书项目的确立是实施"双元育人 书证融通"人才培养模式的前提条件。

首先，高职院校各专业应结合区域经济特点，通过对区域内不同地区、不同行业、不同规模、不同类型的企业人才需求的大量的市场调研，明确是为哪个职业岗位或职业岗位群培养人才，即确立本专业的人才培养定位；

其次，高职院校各专业应精准对接职业岗位或职业岗位群的标准，即职业岗位标准，明确对应职业岗位或职业岗位群的职业素质、职业能力和专业知识的要求，从而明确本专业的人才培养规格；

最后，高职院校各专业还要根据专业人才培养定位，确立对应职业岗位或职业岗位群的1+X证书项目，并以之作为检验人才培养质量的标准。

第三节 "双元育人 书证融通"人才培养模式实施时面临的问题

高职院校国际经济与贸易专业群实施"双元育人 书证融通"人才培养模式时，主要面临以下问题：

一、国际经济与贸易职业岗位标准尚未开发

目前我国已开发的职业岗位标准主要是工科类岗位，而国际经济与贸易职业岗位标准尚未开发，这使得国际经济与贸易专业群在设计人才培养目标时很难科学合理地拟定本专业人才培养所要达到的职业素质、职业能力和专业知识标准。因此，一些学校开展国际经济与贸易相关专业人才培养往往缺乏明确的定位。

二、国际经济与贸易专业群相关专业人才培养方案设计主观性强

由于尚未开发职业岗位标准，因此各学校国际经济与贸易专业群相关专业在制定人才培养方案时往往不能以科学的人才培养定位为基础，甚至是根据本科相同专业的人才培养方案作简单的调整后就成为高职的人才培养方案。按照这种思路所设计的人才培养方案往往与计划培养的职业岗位或岗位群从业人员所要求的职业素质、职业能力和专业知识存在一定距离，使人才培养规格与行业企业需求产生较大的偏差。如果专门成立一个由专业领

域的行业企业专家构成的专业指导委员会或专业建设咨询委员会等专业建设的行业顾问组织，则可使设计的人才培养方案与行业企业需求比较接近，但是仍然存在一定程度的偏差，其偏差程度取决于行业顾问组织专家的水平。

按照主观设计的人才培养方案除了与行业企业需求产生不同程度的偏差之外，还有系统性不足的弊端。这样设计的人才培养方案不可能对职业岗位所要求的职业素质、职业能力和专业知识进行全面系统的囊括，也就没有完整系统的人才培养措施对职业岗位所要求的职业素质、职业能力和专业知识进行训练和培养。

三、国际经济与贸易专业群相关专业课程体系以学科体系为主

目前很多学校国际经济与贸易专业群相关专业课程体系主要以学科体系为主，追求学科体系的完整性，注重专业知识的完整性，各专业课程按照专业知识的逻辑关系进行设置。每一门专业课程都是以传授学生专业知识为教学主目标，缺乏对学生岗位职业能力和职业素质的培养。每一门专业课程都偏重学生对专业知识的记忆和堆积，忽视或缺乏对学生专业知识的应用培养，从而导致培养的学生缺乏具体业务的实践操作能力，在发现问题、解决问题的能力上较为薄弱，往往不具备适应岗位职业需求的综合职业素质。以学科体系为主的专业课程体系很难满足职业人才培养要求，不能培养胜任职业岗位要求的高素质技能型人才，因而不适合用于高职专业课程体系。

四、国际经济与贸易专业群相关专业教材以知识体系为主

目前国际经济与贸易专业群相关专业一些教材按照知识的逻辑关系进行编排，主要以传统的"章、节、目"体例等知识体系为依据，未能把职业场景、职业氛围、职业人角色和工作过程等职业要素融入其中。尽管某些以知识体系为主的教材已经在原有基础上配备了相对应的实训教材，或者在原有以知识体系为主的教材的后面增加了实训练习，但是仍然存在理论与实践两张皮，不能有机统一，无法满足高职教学对岗位职业素质、职业能力和专业知识进行全面系统训练的整体性要求。

五、国际经济与贸易专业群相关专业教学团队以校内专任教师为主

当前国际经济与贸易专业群相关专业教学团队以校内专任教师为主，而校内专任教师绝大多数都是从大学本科或研究生毕业后就直接进入教师行列的，从校门到校门，缺乏行业企业的实践工作经验。尽管各高职院校都强调培养教师的双师素质，但一方面由于目前许多高职院校招生人数记录不断地被刷新，在校生人数不断增长，而校内专任教师的增长速度远不及学生增长速度，从而使得校内专任教师的教学任务都非常重，有些学校每名专

任教师的周平均工作量都超过 16 节，都超负荷在工作，如果安排一部分校内专任教师到企业顶岗实践，必将使得其他专任教师工作量大增，无法承受；另一方面，由于许多学校没有丰富的行业企业资源和很好的产学合作机制，使得很少有对口行业企业愿意接受校内专任教师进行较长时间的顶岗实践。教学任务重和下企业难等客观原因，使得校内专任教师下企业锻炼机会和时间较少，无法使大量校内专任教师真正成为双师。

即使有些高职院校已开始聘请部分行业企业业务骨干作为行业兼职教师，但往往以一两次讲座或授课为主，流于形式，难以真正发挥其丰富行业从业经验的优势。以这样不具备双师素质的校内专任教师为主、流于形式的行业兼职教师为辅的专业教学团队，是无法胜任职业人才培养的重任的。

六、国际经济与贸易专业群相关专业实践教学基地单薄

许多高职院校国际经济与贸易专业群相关专业一般都只有 1~2 个校内实训室，往往只能对应专业人才培养定位的某个职业岗位，并不能对应所有专业人才培养定位的主要职业岗位群。绝大多数国际经济与贸易专业群的校内实训室仅由教学软件和电脑组成，缺乏职业氛围。许多教学软件是按照专业教材编制的，与实际职业岗位的工作过程和工作任务有很大的出入。另外，校内实训室实训材料建设力度不大，导致实训材料匮乏或不多，未能充分满足学生进行大量实训的需求。

在校外实习基地建设方面，相当一部分高职院校的国际经济与贸易专业群往往只建立了很少一部分国际经济与贸易企业的校外实践基地。因为单个国际经济与贸易企业往往只能接受少量学生实习，所以国际经济与贸易专业群很难同时安排大批学生到校外实习基地开展实习。国际经济与贸易专业群如此单薄的校内外实习实训基地，很难培养学生的业务操作能力。

第二章

"双元育人 书证融通"人才培养模式实施前提条件的构建

第一节　确定人才培养定位

国际经济与贸易专业群主要采取人才市场需求问卷调查和专业群建设委员会论证两种方式来确定人才培养定位。

一、人才市场需求问卷调查

为了解社会对国际经济与贸易专业群人才的规模、层次以及知识、能力和素质等需求情况，找准国际经济与贸易专业群的市场定位，浙江金融职业学院国际经济与贸易专业群于2018—2019年进行了浙江省国际贸易人才市场需求问卷调查活动。

（一）调查问卷的内容

(1) 贵单位主要从事下列哪个行业？
　　A. 传统外贸　　　　B. 跨境电商　　　　C. 传统外贸＋跨境电商　　　　D. 国际物流
　　E. 其他（请注明_____）
(2) 贵单位在日常经营过程中是否涉及国际贸易相关业务？
　　A. 是　　　　B. 否　　　　C. 不清楚
　　（如答案为"否"或"不清楚"，请将问卷交还给采访员）
(3) 贵单位对国际贸易业务的开展是否重视？
　　A. 是　　　　B. 否　　　　C. 不清楚
(4) 目前在贵单位国际贸易相关岗位上的工作人员是否为国际贸易的专业人才？
　　A. 是　　　　B. 否　　　　C. 不清楚
(5) 贵单位对国际贸易人员学历层次要求是：
　　A. 中专　　　　B. 大专（高职）　　　　C. 本科　　　　D. 研究生及以上
(6) 贵单位对国际贸易人员的知识结构要求是：
　　A. 偏操作　　　　B. 偏管理　　　　C. 综合型
(7) 贵单位对国际贸易人员的能力素质要求是：
　　A. 专业素质过硬　　　　　　　　B. 工作态度踏实认真
　　C. 综合素质良好　　　　　　　　D. 其他（请注明_____）
(8) 贵单位会加大对国际贸易类专业人才的引进力度吗？
　　A. 是　　　　B. 否　　　　C. 因需而定
(9) 如有一名刚从国际贸易类专业毕业的高职学生到贵单位工作，会被安排到下列哪个具体工作岗位？
　　A. 外贸单证员　　　　　　　　　B. 外贸业务员
　　C. 外贸跟单员　　　　　　　　　D. 跨境电商B2B运营专员
　　E. 跨境电商B2B销售专员　　　　F. 跨境电商B2B营销专员
　　G. 跨境电商B2C运营专员　　　　H. 跨境电商B2C营销专员
　　I. 跨境电商B2C采购专员　　　　J. 跨境电商B2C物流专员
　　K. 跨境电商客服专员　　　　　　L. 商务助理
　　M. 其他（请注明_____）

（10）贵单位对我校国际贸易类专业的专业建设有何宝贵意见和建议？请留言：
_____
_____

（二）样本采集说明

本次调查以调查问卷的形式进行，分当面调查和电话调查两种方式，由国际经济与贸易专业群教师负责。国际经济与贸易专业群针对区域经济特点，对区域内不同地市、不同行业、不同规模、不同类型的外贸及相关企业发放调查问卷共 280 份，其中有效问卷共 253 份。问卷调查对象的基本情况如表 2-1 所示：

表 2-1 问卷调查对象的基本情况

调查对象单位性质	单位数（家）	百分比（%）
传统外贸企业	106	41.90
跨境电商企业	83	32.81
传统外贸＋跨境电商企业	51	20.16
国际物流企业	10	3.95
其他	3	1.18
合计	253	100

从调查对象的基本信息可以看到样本点主要集中在传统外贸企业（41.90%）、跨境电商企业（32.81%）、传统外贸＋跨境电商企业（20.16%），这三个类型的企业占调查对象的 94.87%。这三个类型企业的日常工作与国际贸易联系最为紧密，虽然样本点在各类性质单位的比例上有比较大的差别，但是由于样本数量比较大，因此能够基本反映社会对国际贸易类专业人才的主要需求特征。

（三）调查分析

1. 国际贸易活动在单位中开展情况

通过调查我们发现，目前社会上国际贸易相关企业对国际贸易业务的开展十分重视。在有效问卷中，有 250 家单位选择"重视"，3 家选择"不清楚"，重视程度达到 98.82%。但在这些单位中，目前国际贸易岗位上的工作人员质量参差不齐。其中只有 118 家企业国际贸易在岗人员为专业人才，其余 135 家企业国际贸易在岗人员为非专业人才。以上数据说明：国际贸易虽在社会中受重视程度较高，但社会上国际贸易岗位从业人员专业性不强。从这点来看，学校培养国际贸易类专业人才是十分必要的，而且前景看好。

2. 社会对国际贸易类专业人才的质量要求

这次调查就社会需要什么样的国际贸易类专业人才进行了重点研究。问卷中，设计者专门设计了学历、知识结构、能力素质三方面的问题，期望从中获取社会对国际贸易类专业人才具体要求的相关信息。调查结果如表2-2所示：

表2-2 社会对国际贸易专业人员的质量要求

调查项目	具体要求	单位数（家）	百分比（%）
学历	中专	6	2.37
	大专（高职）	209	82.61
	本科	176	69.57
	研究生及以上	0	0
知识结构	偏操作	225	88.93
	偏管理	2	0.79
	综合型	26	10.28
能力素质	专业素质	253	100
	工作态度	253	100
	综合素质	253	100

从表2-2中我们可以看出，社会对国际贸易专业人员在学历方面的要求，大专（高职）及以上的占97.63%，中专的占2.37%。所以，就学历对就业前景的影响来说，高职院校培养国际贸易类专业人才与本科院校相比不存在优劣之分，这也说明在高职院校内开设国际贸易类专业是可行的。此外，社会对国际贸易类专业人员的知识结构要求上偏操作（88.93%），在能力素质方面用人单位普遍喜欢专业素质过硬、工作态度踏实认真、综合素质良好的工作人员（100%），同时还提出国际贸易人才的学生应能吃苦耐劳。

3. 社会对高职国际经济与贸易专业群职业岗位人才的要求

本次调查还就单位对高职国际经济与贸易专业群应届毕业生的使用计划进行了了解，调查结果如表2-3所示：

表2-3 社会对高职国际经济与贸易专业群职业岗位人才的要求

职业岗位	单位数（家）	百分比（%）
外贸单证员	116	45.85
外贸业务员	95	37.55
外贸跟单员	79	31.23
跨境电商B2B运营专员	92	36.36
跨境电商B2B销售专员	85	33.60
跨境电商B2B营销专员	93	36.76

续表

职业岗位	单位数（家）	百分比（%）
跨境电商 B2C 运营专员	101	39.92
跨境电商 B2C 营销专员	109	43.08
跨境电商 B2C 采购专员	38	15.02
跨境电商 B2C 物流专员	80	31.62
跨境电商客服专员	107	42.29
商务助理	29	11.46

调查结果表明：单位对这类毕业生安排方面侧重于外贸单证员（45.85%）、外贸业务员（37.55%）、外贸跟单员（31.23%）、跨境电商 B2B 运营专员（36.36%）、跨境电商 B2B 销售专员（33.60%）、跨境电商 B2B 营销专员（36.76%）、跨境电商 B2C 运营专员（39.92%）、跨境电商 B2C 营销专员（43.08%）、跨境电商 B2C 物流专员（31.62%）和跨境电商客服专员（42.29%）这 10 个岗位，跨境电商 B2C 采购专员（15.02%）和商务助理（11.46%）也是占一定比例的岗位。以上数据为学校国际经济与贸易专业群培养何种类型的人才指明了方向。

二、专业群建设委员会论证

为了更好地找准人才培养定位、提高人才培养质量，国际经济与贸易专业群逐渐建立了由来自不同类型外贸企业、跨境电商企业、海关、商业银行国际业务部等外贸及外贸相关部门领导和业务骨干组成的专业群建设委员会，具体名单见表 2-4。

表 2-4　国际经济与贸易专业群建设委员会名单

序号	姓名	委员会职务	工作单位及职务
1	杨跃胜	主任	浙江土产畜产进出口集团有限公司总经理
2	施闻雷	副主任	浙江纺织品进出口集团有限公司董事长
3	于斌	副主任	南京瀚海企业管理咨询有限公司总经理
4	张军	委员	杭州海关钱塘海关关长
5	倪华芬	委员	海盟控股集团有限公司运营总裁
6	李姿	委员	杭州领聚创海信息咨询有限公司总经理
7	杨光炜	委员	杭州琴阁贸易有限公司总经理
8	金文胜	委员	浙江五金矿产控股有限公司副总经理
9	方回	委员	中国农业银行浙江省分行国际金融部副总经理
10	赛学军	委员	杭州银行国际业务部副总经理
11	祝土生	委员	浙江新大集团有限公司单证部经理
12	蒋海	委员	南京瀚海企业管理咨询有限公司副总经理

续表

序号	姓名	委员会职务	工作单位及职务
13	茹宝	委员	杭州司腾网络技术有限公司总经理
14	倪卫清	委员	杭州衣来科技有限公司总经理
15	金剑锋	委员	杭州软时尚服饰有限公司总经理

  国际经济与贸易专业群建设委员会在前期浙江省外贸人才市场需求问卷调查的基础上，开展充分的论证，最后明确了外贸单证员、外贸跟单员、外贸业务员等岗位在外贸企业的核心地位，确立了国际经济与贸易专业群人才培养定位：面向外贸企业和跨境电商企业，培养德智体美劳全面发展，具有良好的职业素质、较强的实践能力和扎实的专业知识，能在外贸和跨境电商生产、服务第一线从事外贸单证员、外贸跟单员和外贸业务员等岗位工作，具备职业生涯可持续发展能力的高素质外贸技术技能人才。

第二节　开发职业岗位标准

  在确定人才培养定位后，应制定对应的职业岗位或职业岗位群的标准，即职业岗位标准。由于我国缺乏外贸单证员、外贸跟单员和外贸业务员等职业岗位标准，因此国际经济与贸易专业群聘请了一批外贸单证、外贸跟单和外贸业务等方面的专家，组建职业岗位标准开发专家委员会，对外贸岗位进行工作过程和工作任务分析；确定工作任务后，分析出作为外贸单证员、外贸跟单员和外贸业务员等完成每项工作任务需具备的职业素质、职业能力和专业知识；最后，向大量外贸企业广泛征求意见和修改完善后，确立外贸岗位的职业岗位标准。职业岗位标准的开发，为专业建设解决了培养什么规格的人的问题，即人才培养规格问题。

  以下分别是开发的外贸业务员、外贸单证员和外贸跟单员的职业岗位标准（其他岗位略）。

一、外贸业务员职业岗位标准

（一）岗位名称

外贸业务员。

（二）岗位内涵

外贸业务员是指在进出口业务中，从事开发市场、寻找客户、洽谈磋商、签订合约、组织履约、协助核销退税、处理争议等进出口业务过程操作和管理的综合型外贸从业人员。

(三）岗位定位

外贸业务员是负责企业进出口业务开拓和业务管理的主要岗位，是组织、协调、指导外贸单证员、外贸跟单员工作的核心岗位。

(四）知识要求

（1）掌握进出口业务基本流程；

（2）掌握国际贸易术语知识；

（3）掌握国际贸易合同知识；

（4）掌握外贸商品基础知识；

（5）掌握国内外客户开发渠道；

（6）掌握国际贸易主要争议解决途径、方式方法及技巧；

（7）熟悉主要国际惯例、国内政策法规；

（8）熟悉国际金融基础知识；

（9）熟悉货物运输操作基础知识；

（10）熟悉商品报检报关基础知识；

（11）熟悉货物保险基础知识；

（12）了解外汇核销基础知识；

（13）了解出口退税基础知识。

(五）能力要求

（1）能通过有效途径搜集、筛选、分析产品信息、国内外市场及客户信息；

（2）能准确选择贸易术语并合理报、还价；

（3）能熟练处理外贸往来函电；

（4）能与客户进行恰当的洽谈磋商；

（5）能读懂进出口贸易合同条款；

（6）能办理进出口批件；

（7）能办理开证、审证、催证、改证业务；

（8）能拟订外贸合同的主要条款；

（9）能妥善安排进出口货物运输；

（10）能妥善办理进出口货物货款支付、收取；

（11）能协助办理外汇核销、退税；

（12）能妥善处理进出口业务争议；

(13) 能进行客户和业务资源管理、维护；

(14) 能进行业务风险管理。

（六）素质要求

(1) 具有较强的团队精神；

(2) 具有较好的诚信品质；

(3) 具有较强的敬业精神；

(4) 具有较强的责任意识；

(5) 具有较好的忠诚品质；

(6) 具有较好的开拓精神；

(7) 具有较好的组织能力。

（七）工作任务与岗位职业能力分析

1. 出口业务员

工作任务		岗位职业能力
出口准备	1. 熟悉商品	◆ 熟悉经营商品的特性、品质、用途、产地、成本等
		◆ 熟悉经营商品的生产工艺与流程
		◆ 能搜集经营商品的国内外主要品牌和竞争者
	2. 了解市场	◆ 了解国内外市场的人文、地理、气候、宗教、习俗等
		◆ 熟悉经营商品的国内外市场行情
		◆ 熟悉经营商品的国内外市场产品相关政策
	3. 寻找客户	◆ 能合理选择恰当的展会参展，做好前期准备及后期资源维护整理工作
		◆ 能合理利用网络及其他途径开发客户
		◆ 能分析、筛选潜在客户
		◆ 能与客户建立互信基础
洽谈签约	4. 往来函电处理	◆ 能正确书写发盘函
		◆ 能正确书写还盘函
		◆ 能正确书写接受函
	5. 合同条款洽谈	◆ 能确定合同标的
		➢ 能明确商品名称、型号、技术参数等要素
		➢ 能对商品进行准确归类，确定各种监管条件
		➢ 能搜集产品出口相关政策
		◆ 能洽谈商品数量条款
		➢ 能明确数量条款主要内容

续表

工作任务		岗位职业能力

洽谈签约	5. 合同条款洽谈	➢ 能合理运用溢短装条款
		◆ 能洽谈商品包装条款
		  ➢ 能合理选择包装材料
		  ➢ 能明确销售包装要求
		  ➢ 能明确运输包装要求
		◆ 能洽谈价格条款
		  ➢ 能确定出口价格构成
		  ➢ 能合理选择贸易术语
		  ➢ 能准确核算出口成本
		  ➢ 能准确核算出口费用
		  ➢ 能合理估算出口利润
		  ➢ 能核算出口商品报价
		  ➢ 能运用商务谈判技巧磋商价格条款
		◆ 能洽谈交货期条款
		  ➢ 能考虑多种突发因素，合理地确定交货期
		  ➢ 能预计出生产、包装及货运计划时间表
		  ➢ 能运用商务谈判技巧争取合理交货期
		◆ 能洽谈运输条款
		  ➢ 能合理选择运输方式
		  ➢ 能合理确定运输要求
		◆ 能洽谈支付条款
		  ➢ 能分析各种支付方式的风险
		  ➢ 能估算各种支付方式的费用
		  ➢ 能合理选择支付方式
		◆ 能洽谈检验条款
		  ➢ 熟悉有关检验证书的签发机构和用途、费用
		  ➢ 了解经营商品的相关检验要求
		  ➢ 了解主要的检验机构和检验标准
		◆ 能约定索赔条款与违约条款
		  ➢ 理解索赔条款的类型与运用
		  ➢ 能合理运用违约条款明确违约责任
		  ➢ 能合理运用不可抗力条款
		◆ 能约定合同其他条款
		  ➢ 能灵活运用合同生效条款约定生效期
		  ➢ 能约定保险条款等其他条款

续表

工作任务		岗位职业能力
洽谈签约	6. 签订出口合约	◆ 熟悉各种外贸合同文本
		◆ 能根据公司规章制度签订出口合约
履约	7. 催证、审证、改证	◆ 能正确缮制催证函，并督促客户及时正确开证
		◆ 能根据合同及最新 UCP 版本审核信用证
		◆ 能正确缮制改证函，并确认信用证条款
	8. 签订采购合同	◆ 了解进出口国法律、法规及相关标准和规定
		◆ 熟悉各类采购合同文本
		◆ 能根据《中华人民共和国民法典》及相关法律法规拟定采购合同的主要内容
	9. 指导跟单员进行业务跟单	◆ 能根据合同要求确认原/辅材料的质量
		◆ 能指导跟单员进行产前样跟单
		◆ 能指导跟单员进行生产进度跟单
		◆ 能指导跟单员进行生产品质跟单
		◆ 能指导跟单员进行包装跟单
	10. 安排货物出运	◆ 能准确缮制出口货物明细单
		◆ 能指导、协调单证员办理货物订舱手续
		◆ 能指导、协调单证员办理货物报检报关手续
		◆ 能及时向客户发出预装船通知或装船通知
		◆ 能指导、协调单证员办理货物运输保险手续
	11. 货款结算	◆ 办理出口货款结算
		➤ 能指导、协调单证员制作出口结汇单据
		➤ 能审核结汇单据
		➤ 能按 L/C 或合同要求交单
		➤ 能办理佣金等相关费用支付
		◆ 协助办理采购货款结算
		➤ 了解国内税收政策，具备一定的财务知识
		➤ 能协助财务部门及时收妥供货方的增值税发票并认证、备案
善后工作	12. 核销退税	◆ 协助办理出口外汇核销
		➤ 能及时了解国家相关政策、法规及其变化
		➤ 能按相关要求准备好核销所需单据
		◆ 协助办理出口退税
		➤ 能及时了解国家出口退税的相关规定及其变化
		➤ 能按要求准备好退税所需的单据
	13. 其他事务	◆ 售后服务
		➤ 能及时掌握货物状态

续表

工作任务		岗位职业能力
善后工作	13. 其他事务	➢ 能在第一时间同客人确认货物是否到达目的地 ➢ 能及时同客人联系并了解客人对货物的意见 ◆ 能妥善处理业务争议 ◆ 能将有关业务资料信息合理归档,及时总结经验 ◆ 能妥善做好客户的后期维护

2. 进口业务员

工作任务		岗位职业能力
进口准备	1. 熟悉商品	◆ 熟悉经营商品的特性、品质、用途、产地、成本等 ◆ 掌握经营商品的生产工艺与流程 ◆ 能搜集经营商品的国内外主要品牌和竞争者
	2. 了解市场	◆ 了解国内外市场的人文、地理、气候、宗教、习俗等 ◆ 熟悉经营商品的国内外市场行情 ◆ 熟悉国内外市场产品相关政策、国际招投标政策等
	3. 寻找客户	◆ 能合理选择恰当的展会参展 ◆ 能合理利用网络及其他途径开发客户 ◆ 能分析、筛选潜在客户 ◆ 能与客户建立互信基础
洽谈签约	4. 往来函电处理	◆ 能正确书写询盘函 ◆ 能正确书写还盘函 ◆ 能正确书写接受函
	5. 合同条款洽谈	◆ 能确定合同标的 ➢ 能明确商品名称、型号、技术参数等要素 ➢ 能对商品进行准确归类,确定各种监管条件 ➢ 能搜集产品进口相关政策 ◆ 能洽谈商品数量条款 ➢ 能明确数量与价格的逻辑关系 ➢ 能合理运用溢短装条款 ◆ 能洽谈商品包装条款 ➢ 能合理选择包装材料 ➢ 能明确销售包装要求 ➢ 能明确运输包装要求 ◆ 能洽谈价格条款 ➢ 能确定进口价格构成

续表

工作任务		岗位职业能力
洽谈签约	5. 合同条款洽谈	➤ 能合理选择贸易术语
		➤ 能准确核算进口成本
		➤ 能准确核算进口费用
		➤ 能根据预计的国内销售价格计算可接受的进口商品价格
		➤ 能运用商务谈判技巧磋商价格条款
		◆ 能洽谈交货期条款
		➤ 能根据业务需求确定合理的交货期
		➤ 能运用商务谈判技巧争取合理交货期
		◆ 能洽谈运输条款
		➤ 能合理选择运输方式
		➤ 能合理确定运输要求
		◆ 能洽谈支付条款
		➤ 能分析各种支付方式的风险
		➤ 能估算各种支付方式的费用
		➤ 能合理选择支付方式
		◆ 能洽谈检验条款
		➤ 熟悉有关检验证书的签发机构和用途、费用
		➤ 了解经营商品的相关检验要求
		➤ 了解主要的检验机构和检验标准
		◆ 能约定索赔条款与违约条款
		➤ 掌握《联合国国际货物销售合同公约》相关条款规定
		➤ 掌握出口国对经营商品出口的相关法律法规
		➤ 能预见业务的进展和交易商品的状态
		➤ 理解违约与索赔条款的类型与运用
		◆ 能约定合同其他条款
		➤ 能灵活运用合同生效条款约定生效期
		➤ 能约定保险条款等其他条款
	6. 签订进口合约	◆ 能签订国内销售合同或进口代理协议
		➤ 能签订国内销售合同
		➤ 能掌握进口代理协议条款内容
		➤ 能合理区分进口委托代理双方责任、风险
		➤ 能签订进口代理协议
		◆ 能签订进口合约
		➤ 熟悉各种外贸合同文本
		➤ 能根据公司规章制度签订进口合约

续表

工作任务		岗位职业能力
履约	7. 进口批文办理	◆ 能随时了解进口批文的办证机构与规定 ◆ 能按照规定流程及时、正确办理进口批文
	8. 申请开证	◆ 能根据外贸合同及 UCP 最新版本填制开证申请书 ◆ 了解银行信用证业务的相关规定 ◆ 能根据进口代理协议向委托方预收开证保证金 ◆ 能办理开证申请手续
	9. 业务跟单	◆ 能督促出口商按时交货 ◆ 能组织、协调专业人员进行装运前产品品质检验 ◆ 能根据出口商预装船通知进行订舱，并发出装船指示 ◆ 能根据合同要求办理进口货物国内外运输保险
	10. 进口付汇	◆ 掌握各种结算方式操作技巧 ◆ 能审核相关单据并作出付款决定 ◆ 能根据进口代理协议向委托方收取货款和预计相关费用 ◆ 能办理 T/T 项下付款 ◆ 能办理托收项下付款 ◆ 能办理 L/C 项下付款 ◆ 能办理其他支付方式下付款
	11. 报检报关	◆ 熟悉商品检验的方式、机构、程序及费用 ◆ 熟悉进口报关的法律法规及税务知识 ◆ 能协助办理货物进口换单手续 ◆ 能协助办理货物进口报检手续 ◆ 能协助办理货物进口报关手续
	12. 提货交货	◆ 能安排货物国内运输 ◆ 能协助办理提货手续 ◆ 能协助办理国内销售货款或进口代理相关费用结算 ◆ 能根据国内销售合同或进口代理协议办理验收入库或交货手续
善后工作	13. 进口核销	◆ 能及时了解国家相关政策、法规 ◆ 能按相关要求准备好核销所需单据
	14. 处理业务争议	◆ 能分析争议产生原因，确定责任归属 ◆ 能根据不同争议，联系相关机构，办理相关证明材料 ◆ 能备妥索赔相关材料，进行索赔
	15. 其他事务	◆ 能将有关业务资料信息合理归档，及时总结当笔业务的优缺点并在今后操作中借鉴 ◆ 其他事务处理

二、外贸单证员职业岗位标准

（一）岗位名称

外贸单证员。

（二）岗位内涵

外贸单证员是指在托运、报检、报关、投保、结算等进出口业务中从事开立信用证、审核信用证、制作单据、办理单据、审核单据、交接单据和单据归档等工作的外贸从业人员。

（三）岗位定位

外贸单证员是外贸公司负责业务履行的主要岗位，是协调外贸跟单员、外贸业务员工作的枢纽岗位，是保证外贸业务得以顺利履行的重要岗位，是外贸公司不可或缺的必备岗位。

（四）知识要求

(1) 掌握进出口业务基础知识；
(2) 掌握国际结算基础知识；
(3) 掌握单证审核原理、方法；
(4) 熟悉货物出运操作基础知识；
(5) 熟悉商品报检报关基础知识；
(6) 熟悉货物保险基础知识；
(7) 了解外汇核销基础知识。

（五）能力要求

(1) 能根据外贸合同和 UCP600 正确审核信用证内容；
(2) 能根据信用证、货物装运信息、UCP600 正确缮制和办理信用证项下常用外贸单证；
(3) 能根据信用证、货物装运信息、UCP600 审核信用证项下常用外贸单证；
(4) 能根据外贸合同和货物装运信息正确缮制和办理汇款和托收项下常用外贸单证；
(5) 能根据外贸合同和货物装运信息审核汇款和托收项下常用外贸单证；
(6) 能准确进行外贸单证的归档处理。

(六) 素质要求

(1) 具有较强的团队精神；

(2) 具有较好的诚信品质；

(3) 具有较强的敬业精神；

(4) 具有较强的责任意识；

(5) 具有较好的忠诚品质；

(6) 具有较好的开拓精神。

(七) 工作任务与岗位职业能力分析

工作任务	岗位职业能力
1. 审证开证	◆ 能读懂外贸合同条款
	➤ 能读懂合同中货物描述、规格、包装、数量和重量等相关信息
	➤ 能读懂合同中付款条款，会计算付款日期
	➤ 能读懂合同中运输条款，会计算装运期
	➤ 能读懂合同中关于单据种类、份数和内容的要求
	➤ 能读懂合同中溢短装条款
	◆ 熟悉并运用 UCP600 相关条款
	➤ 理解 UCP600 第三条对日期的各种表述方式并能运用
	➤ 理解 UCP600 对交单期限的要求
	➤ 理解 UCP600 第三十条对金额、数量、单价伸缩度的表述方式并能运用
	◆ 能读懂并分析 L/C 各条款
	➤ 能找出信用证中各当事人
	➤ 能读懂信用证的付款类型和时间
	➤ 能读懂信用证中的装运条款，区分装货港、卸货港，读懂指定船公司的相关要求
	➤ 能读懂信用证中的贸易术语、价格条款、佣金和折扣等相关信息以及费用条款，并能区分各费用由谁承担
	➤ 能读懂信用证中的单据条款，明确单据制作要求
	➤ 能读懂信用证中的三期（装运日期、信用证的有效期、交单日期），并能计算正确的装运期和交单期
	◆ 能审出 L/C 中的问题条款
	➤ 能找出各种软条款并能分析其危害
	➤ 能找出影响信用证效力的条款
	➤ 能找出信用证中影响装运的软条款
	➤ 能找出信用证中影响交单的软条款

续表

工作任务	岗位职业能力
1. 审证开证	➢ 能找出信用证中设置的其他陷阱
	◆ 了解本国及合作国的法律、法规、政府政策导向
	➢ 能填写购买外汇申请书
	➢ 能通过对进口货物正确归类，了解其监管条件
	➢ 如果是需要进口批文的进口，须在开前办妥有关批文或证件
	◆ 能填制开证申请书
	➢ 能正确填制当事人
	➢ 能选择开立信用证的类型
	➢ 能在开证申请书中制定交单截止日
	➢ 能根据合同信息选择兑付方式
	➢ 能填制正确的装货港、卸货港和装运时间
	➢ 能把合同中的条款与条件单据化，并确定单据的具体要求
	➢ 能正确填制货物描述相关信息
	➢ 能把合同中溢短装条款等其他要求正确填制到开证申请书中
	◆ 能办理开证申请手续
	➢ 了解银行开立信用证的收费标准
	➢ 了解开证步骤和所需材料
2. 制作商业发票	◆ 能读懂 L/C 条款和/或合同条款
	➢ 能读懂合同买方和卖方条款
	➢ 能读懂 L/C 受益人和开证申请人条款
	➢ 能读懂合同号码和合同签订的日期
	➢ 能读懂信用证的开证日期和号码
	➢ 能读懂合同和信用证的有关运输条款
	➢ 能读懂合同和信用证的货物描述、规格、包装、数量和重量等相关信息
	➢ 能读懂合同和信用证中的价格条款、贸易术语、佣金和折扣等相关信息
	➢ 能读懂信用证中有关商业发票制作要求的条款
	➢ 能读懂信用证中有关商业发票的备注或证明条款
	➢ 能读懂信用证中有关商业发票的手签
	➢ 能读懂信用证中有关商业发票的认证条款
	◆ 能根据合同和信用证制作满足交单要求的商业发票
	➢ 能根据信用证制作商业发票的出票人栏
	➢ 能理解并正确表达"商业发票"的含义
	➢ 能根据信用证和合同正确填写各种参考号码和日期，包括合同的号码和日期、商业发票的号码和日期以及信用证的号码和日期等

续表

工作任务	岗位职业能力
2. 制作商业发票	➢ 能根据信用证的要求正确制作商业发票的抬头人
	◇ 能根据信用证要求制作以买方为抬头人的发票
	◇ 能根据信用证要求制作第三方抬头人的发票
	◇ 能制作代开信用证条件下商业发票的抬头
	◇ 能制作信用证中没有开证申请人时商业发票的抬头
	➢ 能根据信用证制作商业发票运输的信息
	◇ 能根据信用证制作直航时的运输信息
	◇ 能根据信用证制作转运时的运输信息
	◇ 知道如何处理出现重名港口时的情况
	◇ 知道商业发票上的港口信息需要和海运提单上的一致
	◇ 能根据信用证制作唛头
	□ 知道唛头应与信用证一致
	□ 知道没有唛头时的表示方法
	➢ 能根据信用证制作商业发票的货物描述
	◇ 能根据信用证描述货物的名称
	◇ 能根据信用证描述货物的品质
	◇ 能根据信用证描述货物的包装、数量和重量等信息
	□ 能明确包装和数量含义的区别
	□ 在数量有多种表示单位时，能正确使用恰当的一种填入商业发票
	□ 知道"大约"这种类似的词语在表达数量时的变动范围
	□ 知道在表达重量时需要有毛重和净重
	◇ 明确知道商业发票的货物描述要与信用证完全一致
	➢ 能根据信用证和商业合同制作商业发票的价格条款
	◇ 能明确表明贸易术语
	◇ 能明确表明总价和单价
	◇ 能明确表明计价货币和计价单位
	◇ 知道数字的英文科学表示方法
	◇ 知道"大约"这种类似的词语在表达金额时的变动范围
	◇ 能根据信用证要求正确处理是否将佣金金额开入商业发票
	◇ 明确知道商业发票金额在一般情况下不能超过信用证金额
	➢ 能根据信用证要求在发票上加打各种证明和特别要求的条款
	◇ 能读懂信用证中需要加打各种费用的条款
	□ 能计算出各种费用
	□ 知道在商业发票中加注的位置

续表

工作任务	岗位职业能力
2. 制作商业发票	◇ 能读懂信用证需要加打各种号码和日期等相关信息的条款
	□ 能够查找到各种号码和日期等相关信息
	□ 知道在商业发票中加注的位置
	◇ 能读懂信用证中需要手签的条款
	◇ 能读懂信用证中需要加打各种证明语句的条款
	□ 能理解需要加打的各种证明的含义
	□ 知道在商业发票中加注的位置
	◇ 能读懂信用证中关于需要认证的条款
	□ 知道商业发票需要认证的部门
	□ 知道商业发票认证的步骤和手续
	□ 能上网或在相关资料中查找认证的费用
	□ 知道认证需要的大概时间
	➢ 明确商业发票出票需要公司的盖章
	➢ 能根据信用证要求制作满足交单要求的商业发票的份数
	➢ 了解海关发票、形式发票等其他形式发票的作用和含义并能办理这些发票
	◆ 能读懂 L/C 条款和/或合同条款，能参照商业发票相关信息
3. 制作装箱单	➢ 能读懂合同买方和卖方条款
	➢ 能读懂 L/C 受益人和开证申请人条款
	➢ 能查找商业发票号码和日期
	➢ 能读懂合同和信用证中的有关运输条款或能查找商业发票上的运输信息
	➢ 能读懂合同和信用证中的货物描述和规格条款
	➢ 能读懂合同和信用证中的包装条款
	➢ 能读懂合同和信用证中的数量和重量条款
	➢ 能读懂合同和信用证中的体积条款
	➢ 能读懂信用证中有关装箱单制作要求的条款
	➢ 能读懂信用证中有关装箱单的备注或证明条款
	◆ 能根据合同和信用证制作满足交单要求的装箱单
	➢ 能根据信用证制作装箱单的出票人栏
	➢ 能正确表达"装箱单"的英文含义
	◇ 能正确书写普通装箱单的英文
	◇ 能正确书写"中性包装"时装箱单的英文
	➢ 能根据信用证、合同和商业发票正确填写各种参考号码和日期
	➢ 能根据信用证的要求正确制作装箱单的抬头人栏
	◇ 能根据信用证要求制作以买方为抬头人的装箱单

续表

工作任务	岗位职业能力
3. 制作装箱单	◇ 明确知道除非信用证有特别要求，否则银行可以接受空白抬头的装箱单
	➢ 能根据信用证制作装箱单的唛头
	◇ 知道唛头应与信用证一致
	◇ 知道没有唛头时的表示方法
	➢ 能根据信用证填写装箱单的货物描述、包装、数量和体积等信息
	◇ 能根据信用证描述货物
	□ 明确装箱单中描述的货物应和商业发票中的货物一致
	□ 明确装箱单中的货物描述可以用统称来表示
	◇ 能根据信用证描述货物的包装
	□ 能用英文表述各种包装材料
	□ 能用英文表达包装的大写
	□ 知道如果信用证要求表达内包装的情况，则必须充分表达
	◇ 能根据信用证描述货物的数量和重量等信息
	□ 能用英文表述各种包装数量单位
	□ 明确知道在表达重量时使用总重量的表达方法
	◇ 能根据信用证描述货物的数量和重量等信息
	□ 能计算外箱体积
	□ 明确知道在表达体积时使用总体积的表达方法
	□ 明确知道在填写体积时使用的单位是立方米并且保留三位小数
	➢ 能根据信用证要求在装箱单上加打各种证明和特别要求的条款
	◇ 能读懂信用证中需要加打各种费用的条款
	□ 能计算出各种费用
	□ 知道在装箱单中加注的位置
	◇ 能读懂信用证需要加打各种号码和日期等相关信息的条款
	□ 能够查找到各种号码和日期等相关信息
	□ 知道在装箱单中加注的位置
	◇ 能读懂信用证中需要手签的条款
	◇ 能读懂信用证中需要加打各种证明语句的条款
	□ 能理解需要加打的各种证明的含义
	□ 知道在装箱单中加注的位置
	➢ 明确知道商业发票出票需要公司的盖章
	➢ 能根据信用证要求制作满足交单份数要求的装箱单

续表

工作任务	岗位职业能力
4. 制作报检单	◆ 了解商品检验检疫基本知识
	➢ 了解报检的基本流程
	➢ 知道商品检验检疫分为法检与非法检两种
	➢ 了解报检的条件和范围
	➢ 了解报检的时间和地点
	➢ 了解通关单和换证凭条的区别
	➢ 了解报检分为自理报检和委托报检两种
	◆ 能读懂 L/C 条款和/或合同条款
	➢ 能读懂合同买方和卖方条款
	➢ 能读懂 L/C 受益人和开证申请人条款
	➢ 能读懂合同号码和合同签订的日期
	➢ 能读懂信用证的开证日期和号码
	➢ 能读懂合同和信用证中的有关运输条款
	➢ 能读懂合同和信用证中的货物描述、规格、包装、数量和重量等相关信息
	➢ 能读懂合同和信用证中的价格条款、贸易术语、佣金和折扣等相关信息
	➢ 能读懂合同和信用证订立的检验检疫条款或特殊要求
	◆ 能根据合同和信用证制作报检单
	➢ 能填制检验检疫机构提供的编号
	➢ 能确认报检单位和报检单位的登记号码
	➢ 能根据运输和报关的时间合理安排报检日期并进行报检单填制
	➢ 能根据信用证、合同和商业发票正确填写各种参考号码和日期,包括合同的号码和日期、商业发票的号码和日期以及信用证的号码和日期等
	➢ 能根据合同或商业发票等信息确定发货人和收货人
	➢ 能根据信用证制作托运委托书的运输信息
	◇ 能根据信用证或合同确定启运地和目的地
	□ 知道启运港需要按照最终出运口岸填写
	□ 知道目的地需要按照实际填写
	□ 知道若无法确认目的地,需要尽可能预知目的口岸
	◇ 能根据信用证或合同确定最终消费国
	◇ 能根据信用证或其他相关信息确定船名
	◇ 能根据信用证或其他相关信息确定集装箱号码
	◇ 能根据信用证或其他相关信息确定最终出运时间
	□ 填报发货日期,以年、月、日的方式填报
	◇ 知道如何处理出现重名港口时的情况

续表

工作任务	岗位职业能力
4. 制作报检单	◇ 能根据不同贸易术语判断运费的支付责任
	◇ 能根据合同和信用证的信息判断是否允许转运和分批装运
	◇ 能根据信用证和合同装运要求适当安排订舱时间并安排装运
	◇ 能根据信用证制作唛头
	□ 知道唛头应与信用证一致
	□ 知道没有唛头时的表示方法
	◇ 能明确提单份数
	➢ 能根据信用证制作报检单的货物描述
	◇ 能根据信用证描述货物的名称
	□ 知道货物的统称
	□ 知道货物名称需要中英文对照
	□ 能够查找货物的海关编码
	◇ 能根据信用证描述货物的品质
	◇ 能根据信用证描述货物的包装、数量和重量等信息
	□ 知道包装需要写明大包装
	□ 知道在表达重量时需要列明毛重、净重和皮重
	□ 知道本栏可以填写一个以上的计量单位
	□ 知道需要托盘包装的，还要列明托盘上的小包装
	➢ 能根据信用证和商业合同制作报检单的价格条款
	◇ 知道本栏应与合同、发票或报关单上所列货物总值一致
	◇ 知道本栏不需要标明贸易术语
	➢ 能根据合同和其他相关信息填写生产厂商的信息
	◇ 能明确货物的产地
	◇ 能明确生产单位注册号
	◇ 能明确生产企业存放出口货物的地点
	➢ 能根据货物的实际情况填写货物许可证号码
	➢ 能根据报检机构提供的用途进行正确的选择
	➢ 能正确选择随附单据
	➢ 能根据信用证或合同要求在报检单上进行有关报检方面的特殊处理
	➢ 能正确在报检单上签章
5. 核销单的申领	◆ 了解企业办理核销的基本流程
	➢ 了解企业如何到外汇管理局办理开户手续
	◇ 了解办理开户时需要的资料
	➢ 了解如何办理领单手续

续表

工作任务	岗位职业能力
5. 核销单的申领	◇ 了解如何办理"中国电子口岸"企业法人 IC 卡和"中国电子口岸"企业操作员 IC 卡电子认证手续
	◇ 了解如何使用 IC 卡进行网上申领
	◇ 了解如何在网上申领核销单后再次进行纸质核销单的申领
	◇ 了解三联纸质核销单的用途
	◇ 知道在货物报关出口后如何进行交单收汇
	◆ 了解核销单的使用期限
	◇ 了解核销单自领单之日起两个月以内报关有效
	◇ 知道出口单位应当在失效之日起一个月内将未用的核销单退回外汇管理局注销
	◇ 了解如何使用 IC 卡进行网上申领
	◇ 知道自出口单位办理报关后,应当自报关之日起 60 天内,凭核销单及海关出具的贴有防伪标签、加盖海关"验讫章"的出口报关单、外贸发票到外汇管理局办理送交存根手续
	◇ 知道出口单位应当在收到外汇之日起 30 天内凭核销单、银行出具的出口收汇核销专用联到外汇管理局办理出口收汇核销
	◆ 了解核销单如何进行补办和挂失
	◇ 出口单位遗失核销单后,应当在 15 天内向外汇管理局书面说明情况(加盖公章,法人签字),申请挂失,外汇管理局核实后,统一登报声明作废
	□ 对于空白核销单,外汇管理局予以注销
	□ 对于已报关的核销单,凭有关出口凭证办理核销
	□ 对于要求补办出口退税专用联的,在办理出口核销手续后,出口单位应当凭税务部门签发的与该核销单对应的出口未退税证明,向外汇管理局书面申请,经批准后,外汇管理局出具出口收汇核销单退税联补办证明
	◆ 了解几种特殊核销的处理办法
	▷ 了解差额核销
	◇ 了解什么叫差额核销
	◇ 知道差额核销的基本操作规则
	▷ 了解退赔外汇时核销的处理办法
	◇ 了解已出口报关且已办理核销的退赔应如何处理
	◇ 了解已交单未办理核销的退赔应如何处理
	◇ 了解已报关出口未交单的退赔应如何处理
	◇ 了解出口货物未报关但已预收全部或部分货款后因故终止执行合同的退赔应如何处理
	◇ 了解进行退赔时需要提供的文件和资料

续表

工作任务	岗位职业能力
6. 整理并制作报关单据	◆ 了解商品报关的基本知识
	➢ 了解报关的基本流程
	➢ 知道电子报关的方法
	➢ 了解报关的条件和范围
	➢ 了解报关的时间和地点
	➢ 了解关税的计算方法
	➢ 了解出口核销单海关联的使用
	➢ 了解报关分为自理报关和委托报关两种
	◆ 能读懂 L/C 条款和/或合同条款
	➢ 能读懂合同买方和卖方条款
	➢ 能读懂 L/C 受益人和开证申请人条款
	➢ 能读懂合同号码和合同签订的日期
	➢ 能读懂信用证的开证日期和号码
	➢ 能读懂合同和信用证中的有关运输条款
	➢ 能读懂合同和信用证中的货物描述、规格、包装、数量和重量等相关信息
	➢ 能读懂合同和信用证中的价格条款、贸易术语、佣金和折扣等相关信息
	◆ 能根据合同和信用证制作报关单
	➢ 能填制海关提供的备案号
	➢ 能根据运输和报关的时间合理安排报关日期并填制报关单
	➢ 能根据信用证、合同和商业发票正确填写各种参考号码和日期，包括合同的号码和日期、商业发票的号码和日期以及信用证的号码和日期等
	➢ 能根据合同或商业发票等信息确定出口货物经营单位和发货单位
	➢ 能根据信用证制作报关的运输信息
	◇ 能根据信用证或合同确定启运港和目的港
	□ 知道唛头应与信用证一致
	□ 知道目的港必须与合同一致
	◇ 能根据信用证或合同确定贸易国别
	◇ 能根据信用证或合同确定最终消费国
	□ 知道一般运往国为消费国
	□ 知道一笔合同中有多个消费国的需要分别列明
	□ 知道如果未选择港口，则以第一个港口所在地为消费国
	◇ 能根据信用证或其他相关信息确定船名
	◇ 能根据信用证或其他相关信息确定集装箱号码
	◇ 能根据信用证或其他相关信息确定最终出运时间

续表

工作任务	岗位职业能力
6. 整理并制作报关单据	◇ 能根据信用证制作唛头
	□ 知道唛头应与信用证一致
	□ 知道没有唛头时的表示方法
	◇ 明确知道提单号码
	➢ 能根据信用证制作报关单的货物描述
	◇ 能根据信用证描述货物的名称
	◇ 能根据信用证描述货物的品质
	◇ 能根据信用证描述货物的包装、数量和重量等信息
	□ 知道包装需要写明大包装
	□ 知道在表达重量时需要列明毛重、净重和皮重
	□ 知道重量一律用千克计重
	□ 知道一张报关单上有几种货物时需要分开列明
	➢ 能根据信用证和合同制作报关单的价格条款
	◇ 知道价格使用 FOB 术语
	◇ 知道价格一律取整
	◇ 知道价格中还有佣金、折扣等其他费用的必须如实说明
	◇ 能判断正确的付款方式
	➢ 能根据合同和其他相关信息填写生产厂商的信息
	◇ 能明确货物的产地
	◇ 能明确生产单位注册号
	◇ 能明确生产企业所存放出口货物的地点
	➢ 能根据货物的实际情况填写货物许可证号码和批文号码
	➢ 能根据相关文件确认货物征免性质
	➢ 能根据实际贸易情况如实填写贸易性质
	➢ 能根据货物的实际情况提供正确的用途
	➢ 能正确选择随附单据
	➢ 能正确在报关单上签章
7. 制作保险单	◆ 能读懂 L/C 条款和/或合同条款
	➢ 能读懂合同买方和卖方条款
	➢ 能读懂 L/C 受益人和开证申请人条款
	➢ 能读懂合同号码和合同签订的日期
	➢ 能读懂信用证的开证日期和号码
	➢ 能读懂合同和信用证中的有关运输条款
	➢ 能读懂合同和信用证中的货物描述、规格、包装、数量和重量等相关信息

续表

工作任务	岗位职业能力
7. 制作保险单	➢ 能读懂合同和信用证中的价格条款、贸易术语、佣金和折扣等相关信息
	➢ 能读懂信用证中有关保险单制作要求的条款
	◆ 能根据合同和信用证制作满足交单要求的保险单
	➢ 能根据信用证制作保险单的被保险人栏
	◇ 能根据信用证要求制作以受益人为被保险人的保险单
	◇ 能根据信用证要求制作以指定保险人为被保险人的保险单
	◇ 能根据信用证要求制作以指定银行为被保险人的保险单
	➢ 能根据信用证、合同和商业发票的单据正确填写各种参考号码和日期，包括合同的号码和日期、商业发票的号码和日期以及信用证的号码和日期等
	➢ 能根据信用证的要求正确制作保险单的货物描述
	◇ 能根据信用证要求进行货物描述
	◇ 能根据信用证要求进行包装和数量描述
	□ 知道在填写包装时需要填写最大的包装数量
	□ 知道如何表述裸装货
	□ 知道如何表述散装货
	□ 知道以重量计价时如何填写货物包装
	➢ 能根据信用证和合同制作保险单的运输信息
	◇ 能根据信用证和合同等信息查找开航日期
	◇ 能根据信用证和合同等信息查找船名
	◇ 能根据信用证制作直航时的运输信息
	◇ 能根据信用证制作转运时的运输信息
	◇ 知道如何处理出现重名港口时的情况
	◇ 知道保险单上的港口信息需要和其他单证上的一致
	➢ 能根据信用证制作唛头
	□ 知道唛头应与信用证一致
	□ 知道没有唛头时的表示方法
	➢ 能根据信用证和合同计算保险金额
	◇ 能根据信用证和合同要求正确计算保险金额
	◇ 知道保险金额货币应与信用证一致
	◇ 知道保险加成应以信用证为准，若没有明示，则为110%
	◇ 能够正确填写保险金额的小写数额
	□ 知道保险金额没有小数
	□ 知道所有小数都需要进位
	◇ 能够正确填写保险金额的大写数额

续表

工作任务	岗位职业能力
7. 制作保险单	□ 知道大写必须与小写一致
	□ 熟悉数字的英文表示方法
	➤ 能根据信用证和合同制作正确的保险险别条款
	◇ 熟悉国际运输保险公约
	◇ 熟悉各种险种的赔付范围
	◇ 了解需要严格按照信用证要求进行投保
	◇ 知道若信用证未规定，只需投保最低险别
	◇ 熟悉各种贸易术语投保的责任和费用的承担
	◇ 能根据信用证和合同最终确定投保条款
	◇ 能在保险单上完整填写保险险别条款
	➤ 能根据信用证和合同要求界定赔付地点
	◇ 知道赔付地点需要按照信用证上的要求填写
	◇ 知道若信用证未规定，需要填写目的港
	◇ 能够处理多个目的港和赔付地点的填写方法
	➤ 能根据信用证和合同要求界定投保时间
	◇ 了解投保需要在货物离开仓库前办理
	◇ 熟悉投保时间和海运提单签发时间之间的关系
	➤ 能根据信用证要求在保险单上加打各种备注
	◇ 能读懂信用证中需要加打各种费用的条款
	□ 能计算出各种费用
	□ 知道在商业发票中加注的位置
	◇ 能读懂信用证需要加打各种号码和日期等相关信息的条款
	□ 能够查找到各种号码和日期等相关信息
	□ 知道在商业发票中加注的位置
	◇ 能读懂信用证中需要手签的条款
	◇ 能读懂信用证中需要加打各种证明语句的条款
	□ 能理解需要加打的各种证明的含义
	□ 知道在商业发票中加注的位置
	➤ 了解保险单签字的意义和签字方
	➤ 能根据需要熟练办理背书
	◇ 知道背书的种类和意义
	◇ 能根据保险单的制作情况和要求办理各种背书
	◇ 能熟练掌握各种背书的方法
	➤ 能根据信用证要求制作满足交单份数要求的保险单

续表

工作任务	岗位职业能力
8. 制作其他结汇单据	◆ 能根据信用证制作装船通知 　➢ 能读懂 L/C 条款和/或合同条款 　　◇ 能读懂合同买方和卖方条款 　　◇ 能读懂 L/C 受益人和开证申请人条款 　　◇ 读懂信用证的开证日期和号码 　　◇ 能读懂合同和信用证中的运输条款 　　◇ 能读懂合同和信用证中的货物描述、规格、包装、数量和重量等相关信息 　　◇ 能读懂合同和信用证中的价格条款 　　◇ 能读懂信用证中有关装船通知制作要求的条款 　➢ 能根据信用证和合同制作装船通知 　　◇ 能根据信用证制作装船通知的出单人栏 　　◇ 能理解并正确表达"装船通知"的英文形式 　　◇ 能根据信用证、合同和商业发票等单据正确填写各种参考号码和日期，包括合同的号码和日期、商业发票的号码和日期以及信用证的号码和日期等 　　◇ 能根据信用证填写装船通知的抬头 　　◇ 能用英文表述"装船通知"的含义 　　◇ 能根据信用证和其他相关单据正确制作货物描述信息 　　◇ 能根据信用证和其他相关单据正确制作运输信息 　　　□ 能通过信用证和其他相关信息查找船名 　　　□ 能通过信用证和其他相关信息查找装运期 　　　□ 能通过信用证和其他相关信息查找装运港和目的港 　　◇ 能用英文表达装船通知 ◆ 能根据信用证制作船公司证明 　➢ 能读懂 L/C 条款和/或合同条款 　　◇ 能读懂 L/C 受益人和开证申请人条款 　　◇ 能查找信用证和其他单据中的参考号码 　　◇ 能读懂合同和信用证中的运输条款 　　◇ 能读懂信用证中有关船公司证明制作要求的条款 　➢ 能根据信用证和合同制作船公司证明 　　◇ 能根据信用证制作船公司证明的出单人栏 　　◇ 能理解并正确表达"船公司证明"的英文形式 　　◇ 能根据信用证填写船公司证明的抬头 　　◇ 能根据信用证、合同和商业发票等单据正确填写各种参考号码和日期，包括合同的号码和日期、商业发票的号码和日期以及信用证的号码和日期等

续表

工作任务	岗位职业能力
8. 制作其他结汇单据	◇ 能根据信用证或其他单据填制船名
	◇ 能根据信用证要求书写船公司证明
	◇ 能提供满足信用证要求的船公司盖章和签名
	◆ 能根据信用证制作受益人证明
	➢ 能读懂 L/C 条款和/或合同条款
	◇ 能读懂 L/C 受益人和开证申请人条款
	◇ 能查找信用证和其他单据中的参考号码
	◇ 能读懂信用证中有关受益人证明制作要求的条款
	➢ 能够根据信用证和合同制作受益人证明
	◇ 能根据信用证制作受益人证明的出单人栏
	◇ 能理解并正确表达"受益人证明"的英文形式
	◇ 能根据信用证填写受益人证明的抬头
	◇ 能根据信用证、合同和商业发票等单据正确填写各种参考号码和日期，包括合同的号码和日期、商业发票的号码和日期以及信用证的号码和日期等
	◇ 能根据信用证要求书写受益人证明
	◇ 能在受益人证明上加盖出口商公司签章
9. 制作汇票	◆ 能读懂 L/C 条款和/或合同条款
	➢ 能读懂 L/C 的开证行信息
	➢ 能读懂信用证的开证日期和号码
	➢ 能读懂合同和信用证中的价格条款和付款方式
	➢ 能读懂合同和信用证中的佣金和折扣信息
	➢ 能读懂信用证中有关汇票付款人和收款人的信息
	➢ 能明确信用证结算方式下汇票的出票人
	➢ 能读懂信用证中有关汇票的备注条款
	◆ 能根据合同和信用证制作满足交单要求的汇票
	➢ 能根据信用证制作汇票的开票依据
	◇ 能查找信用证的开证行信息
	◇ 能查找信用证的开证日期
	◇ 能查找信用证的号码
	➢ 能制作汇票的号码
	◇ 知道通常情况下汇票号码就是商业发票号码
	◇ 能查找商业发票的号码
	➢ 能根据信用证和合同要求正确填写汇票金额
	◇ 知道汇票金额由大、小写组成，并且必须一致

续表

工作任务	岗位职业能力
9. 制作汇票	◇ 知道汇票金额一般不能超过信用证金额
	◇ 知道一般情况下汇票金额和商业发票金额是一致的
	◇ 知道并能处理当汇票金额和商业发票金额不一致时的情况和处理方法
	□ 能处理信用证要求汇票金额是商业发票金额一定百分比的开票方法
	□ 能处理信用证要求出具佣金单时的开票方法
	□ 能处理信用证要求运费、保费或其他费用可以超证支取的开票方法
	□ 能处理混合付款时的开票方法
	□ 能处理实际装运数量少于规定数量时的开票方法
	□ 能处理分批装运时的开票方法
	◇ 掌握汇票小写金额的表达方法
	□ 知道汇票小写金额保留两位小数
	◇ 掌握汇票大写金额的表达方法
	□ 知道汇票金额大写时必须顶格书写
	□ 知道一般都需要在大写金额之后加"ONLY"的字样，表示"整"
	➢ 能根据信用证和合同的要求正确制作汇票的期限
	◇ 能表达即期汇票
	◇ 能表达远期汇票
	➢ 能根据信用证的要求正确制作汇票的抬头人栏
	◇ 知道抬头人的几种类型
	◇ 能在信用证中查找汇票收款人和信息
	◇ 知道如果汇票没有特殊规定，一般情况下以议付行为汇票抬头人
	◇ 知道自由议付时单据制作的处理方法
	➢ 能根据信用证要求正确制作汇票的付款人
	◇ 知道根据 UCP600，信用证项下均以开证行或指定银行为付款人
	◇ 能查找开证行或信用证中的付款行信息
	➢ 能根据信用证制作汇票的出票地点和时间
	◇ 能根据信用证正确填写出票地点
	◇ 能根据信用证到期日和其他随附单据的制作时间正确填写汇票的出票日期
	□ 知道出票地点和时间是汇票的不可或缺要素
	□ 了解一般出票时间和地点都由银行填写
	➢ 能根据信用证要求在汇票上加打各种证明和特别要求的条款
	◇ 能读懂信用证中需要加打各种费用的条款
	□ 能计算出各种费用
	□ 知道在商业发票中加注的位置

续表

工作任务	岗位职业能力
9. 制作汇票	◇ 能读懂信用证需要加打各种号码和日期等相关信息的条款
	□ 能够查找到各种号码和日期等相关信息
	□ 知道在商业发票中加注的位置
	◇ 能读懂信用证中需要加打各种证明语句的条款
	□ 能理解需要加打的各种证明的含义
	□ 知道在商业发票中加注的位置
	➢ 能够明确汇票需要以受益人为出票人进行出票
10. 信用证项下单据的审核	◆ 能根据 L/C 条款和合同条款审核商业发票
	➢ 熟练掌握 UCP600 中商业发票相关条款
	➢ 能判断抬头人是否与信用证规定相符
	➢ 知道签发人必须是受益人
	➢ 能判断商品的描述是否完全符合信用证的要求
	➢ 能判断商品的数量是否符合信用证的规定
	➢ 能判断单价和价格条件是否符合信用证的规定
	➢ 能判断提交的正、副本份数是否符合信用证的要求
	➢ 能审核信用证要求表明和证明的内容是否有遗漏
	➢ 能审核发票的金额是否超出信用证的金额，如数量、金额前有"大约"一词，可按 10% 的增减幅度掌握
	◆ 能根据 L/C 条款和/或合同条款审核装箱单
	➢ 熟练掌握 UCP600 中装箱单相关条款
	➢ 能判断装箱单的签发人是否与发票或信用证要求一致
	➢ 能判断装箱单所列发票号码和日期是否与发票一致
	➢ 能判断装箱单上是否按照信用证要求规定列明每一包装单位
	➢ 能判断货物包装类型是否与发票和信用证的规定一致
	➢ 能判断货物描述类型是否与发票和信用证的规定一致
	➢ 能判断运输标志是否与其他单据和信用证一致
	➢ 能判断货物重量和体积是否与其他单据和信用证一致
	➢ 能判断货物的箱号和件数之间是否有矛盾
	◆ 能根据 L/C 条款和/或合同条款审核运输单据
	➢ 熟练掌握 UCP600 中运输单据相关条款
	➢ 能判断运输单据的类型是否符合信用证的规定
	➢ 能判断起运地、转运地、目的地是否符合信用证的规定
	➢ 能判断装运日期或出单日期是否符合信用证的规定
	➢ 能判断收货人和通知人是否符合信用证的规定

续表

工作任务	岗位职业能力
10. 信用证项下单据的审核	➢ 能判断商品名称是否可使用货物的统称，是否与发票上货物说明的写法相抵触 ➢ 能判断运费预付或运费到付是否正确表明 ➢ 能判断正、副本份数是否符合信用证的要求 ➢ 能判断运输单据上是否有不良批注 ➢ 能判断包装件数是否与其他单据一致 ➢ 能判断唛头是否与其他单据一致 ➢ 能判断全套正本提单是否盖妥承运人的印章及签发日期章 ➢ 能判断应加背书的运输单据是否加了背书 ◆ 能根据 L/C 条款和/或合同条款审核保险单 ➢ 熟练掌握 UCP600 中保险单相关条款 ➢ 能判断保险单据是否由保险公司或其代理出具 ➢ 能判断投保加成是否符合信用证的规定 ➢ 能判断保险险别是否符合信用证的规定并且无遗漏 ➢ 能判断保险单据的类型是否与信用证的要求一致，除非信用证另有规定，保险经纪人出具的暂保单银行不予接受 ➢ 能判断保险单据的正、副本份数是否齐全，如保险单据注明出具一式多份正本，除非信用证另有规定，所有正本都必须提交 ➢ 能判断保险单上的币制是否与信用证上的币制一致 ➢ 能判断包装件数、唛头等是否与发票和其他单据一致 ➢ 能判断运输工具、起运地及目的地是否与信用证及其他单据一致 ➢ 能判断转运情况下保险期限是否包括全程运输 ➢ 能判断除非信用证另有规定，保险单的签发日期是否迟于运输单据的签发日期 ◆ 能根据 L/C 条款和/或合同条款审核产地证 ➢ 熟练掌握 UCP600 中产地证相关条款 ➢ 能判断产地证的种类是否正确 ➢ 能判断产地证的出口商和收货人的填写是否以国家结尾 ➢ 能判断产地证的商品描述是否与信用证和其他单据一致 ➢ 能判断产地证的包装是否有大、小写 ➢ 能判断产地证填完后是否加打了星号 ➢ 能判断一般原产地证的海关编码是否正确 ➢ 能判断在产地证上加打的备注内容是否已经打上 ➢ 能判断产地证的签章是否齐全 ◆ 能根据 L/C 条款和/或合同条款审核汇票 ➢ 熟练掌握 UCP600 中汇票相关条款

续表

工作任务	岗位职业能力
10. 信用证项下单据的审核	➢ 能判断汇票的付款人名称、地址是否正确
	➢ 能判断汇票上金额的大、小写是否一致
	➢ 能判断付款期限是否符合信用证或合同（非信用证付款条件下）的规定
	➢ 能判断汇票金额是否超出信用证金额，如信用证金额前有"大约"一词，可按10%的增减幅度掌握
	➢ 能判断币制名称是否与信用证和发票一致
	➢ 能判断出票条款是否正确，如出票所根据的信用证或合同号码是否正确
	➢ 能判断汇票是否按需要进行了背书
	➢ 能判断汇票是否有出票人的签字
	➢ 能判断汇票份数是否正确，要注意"只此一张"或"汇票一式两份，有第一汇票和第二汇票"等字样
	➢ 能判断付款期限是否符合信用证或合同（非信用证付款条件下）的规定
	◆ 能根据L/C条款和/或合同条款审核其他结汇单据
	➢ 熟练掌握UCP600中其他结汇单据相关条款
	➢ 能判断装船通知是否按照要求的时间开列
	➢ 能判断装船通知上的运输信息是否与信用证和其他单据一致
	➢ 能判断受益人证明上的内容是否符合信用证要求
	➢ 能判断受益人证明的开列时间是否符合信用证要求
	➢ 能判断船公司证明的开列内容是否符合信用证要求
	➢ 能判断船公司证明的开列部门是否满足信用证要求
	➢ 能根据L/C条款和/或合同条款交单收汇/核单付汇
	➢ 熟悉信用证要求的交单时间
	➢ 熟悉信用证要求的交单地点
	➢ 能够再次判断所交单据的种类和数量是否符合信用证要求
	➢ 能够办理交单委托书并进行交单
	➢ 能够办理相关单据进行收汇
11. 单据的整理与归档	◆ 了解并在规定的时间内及时催收报关单、核销单、场站收据等单据
	◆ 能检查收回的单据的准确性、完整性和一致性
	◆ 能处理有问题的收回单据
	◆ 能按业务和其他部门的要求整理单据
	◆ 能按业务的要求将各类单证分类
	◆ 能保证各类单证的准确性、完整性和一致性
	◆ 能按业务的要求将各类单证归档
	◆ 了解各类单据移交所规定的时间

续表

工作任务	岗位职业能力
11. 单据的整理与归档	◆ 能按单据的种类移交相关部门
	◆ 能按业务的要求建立单证档案
	◆ 能保证档案查询的方便、快捷
	◆ 了解银行可能拒付的理由
	◆ 能熟练处理业务对单据的特殊要求
	◆ 能协助业务员处理不符单据

三、外贸跟单员职业岗位标准

（一）岗位名称

外贸跟单员。

（二）岗位内涵

外贸跟单员是指在进出口业务中，在贸易合同签订后，依据相关合同或单证对货物生产加工、装运、保险、报检、报关、结汇等部分或全部环节进行跟踪操作及管理，协助外贸业务员履行贸易合同的外贸从业人员。"跟单"中的"跟"是指跟进、跟随，跟单中的"单"是指合同项下的订单。外贸跟单员是协助外贸业务员完成合同订单的重要助手。

（三）岗位定位

外贸跟单员是外贸公司负责业务履行的主要岗位，是协调外贸单证员、外贸业务员和国际货代员等岗位工作的枢纽岗位，是保证外贸业务得以顺利履行的重要岗位，是外贸公司不可或缺的必备岗位。

（四）知识要求

（1）掌握进出口业务基础知识；

（2）掌握商品基础知识；

（3）掌握生产管理基础知识；

（4）掌握质量标准体系知识；

（5）熟悉货物运输操作基础知识；

（6）熟悉商品报检报关基础知识；

（7）熟悉货物保险基础知识；

(8) 熟悉合同法律法规知识；

(9) 了解国际结算基础知识。

（五）能力要求

(1) 能根据交易信息合理选择生产商，能够处理产品打样、寄样、样品管理等事宜；

(2) 能根据国家相关外贸政策正确分析外贸合同；

(3) 能根据合同正确处理产前跟单、产中跟单相关事宜（质量、进度跟单等）；

(4) 能正确处理包装、运输及保险、报关等相关事宜；

(5) 能根据国家外贸政策办理进口手续（进料加工手续）；

(6) 能根据外贸合同协助办理对外（开证）付款手续；

(7) 能根据外贸合同协助办理进口（货运、保险等）手续；

(8) 能根据外贸合同协助办理（委托）进口报检报关手续；

(9) 能根据外贸合同安排进料生产、产品复出口及手册核销工作。

（六）素质要求

(1) 具有较强的团队精神；

(2) 具有较强的敬业精神；

(3) 具有较强的责任意识；

(4) 具有良好的沟通能力；

(5) 具有良好的管理能力；

(6) 具有较好的诚信品质；

(7) 具有较好的忠诚品质。

（七）工作任务与岗位职业能力分析

1. 出口跟单员

工作任务	岗位职业能力
1. 选择生产厂商	◆ 能通过各种途径寻找供应商
	◆ 掌握寻找供应商的方法
	➢ 能通过合作企业打听
	➢ 能通过媒体如报纸、杂志、互联网搜索
	➢ 能在主要纺织服装交易网站寻找
	➢ 能通过政府或企业组织的各类商品订货会（展览会）寻找
	➢ 能通过国内外行业协会、企业协会寻找

续表

工作任务	岗位职业能力
1. 选择生产厂商	◆ 知道选择供应商的标准 　➢ 掌握国际、国内标准（ISO，SA 8000，OHSAS 18000，GB） 　➢ 了解不同客户、不同市场的不同标准 　➢ 能根据质量标准选择供应商 ◆ 能科学地制定选择供应商的工作步骤 　➢ 成立选择供应商工作小组 　➢ 搜索所有潜在供应商 　➢ 确定审核供应商的标准 　➢ 赴实地验厂 ◆ 能全面考察供应商 　➢ 能根据进口商来函，确定待选企业资质要求 　➢ 能核实企业法人注册信息 　　◇ 核实法人名称 　　◇ 核实企业成立时间 　　◇ 核实企业经济性质 　　◇ 核实企业注册资本 　　◇ 核实企业年产值或年营业额 　　◇ 核实企业的主要客户 ◆ 能赴实地核查供应商的生产经营条件 　➢ 核实企业生产设备 　➢ 核实经营场地 　➢ 核实从业人员 　➢ 核实质量管理情况 　➢ 核实技术水平 　➢ 核实交通、水电气热供应情况 　➢ 核实环保、安全情况 　➢ 核实经营管理能力 ◆ 能掌握合适、科学的验厂策略 　➢ 初次验厂 　➢ 定期验厂 　➢ 突袭验厂 ◆ 能制作验厂报告 　➢ 能科学全面地比较、确定待选供应商 　➢ 能根据验厂信息制作验厂报告 　➢ 能为外贸业务员提供供应商信息

续表

工作任务	岗位职业能力
2. 样品跟单	◆ 熟悉合同处理过程中主要样品的种类
	➢ 熟悉原样
	➢ 熟悉复样
	➢ 熟悉对等样
	➢ 熟悉确认样
	➢ 熟悉产前样
	➢ 熟悉生产样
	➢ 熟悉封样
	◆ 能根据外商来函，明确客户的样品要求
	➢ 掌握外商需要什么样品（两个类别）
	➢ 掌握外商对样品及样品制作的特殊要求
	◇ 明确客户的样品要求后，合理把握打样进度，正确打样
	◇ 确认面辅料（原料）
	◆ 明确外商要求后，能正确传达样品信息，要求工厂正确打样
	◆ 能准确把握打样时间、进度（倒推时间）
	◆ 能合理把握打样数量
	◆ 能根据客户的修改意见正确打样（品质）
	◆ 能妥善地处理样品的制作费用和邮寄费用
	➢ 能根据实际情况决定是否收取打样费用
	➢ 能合理评估所要寄送样品是否合适
	➢ 能根据实际情况正确处理邮寄费用（预付、到付）
	◆ 能够主动跟踪、了解客户对样品的反馈意见
	➢ 样品寄送后及时通知客户
	➢ 了解客户对样品的反馈意见
	◆ 能科学地进行样品的留底管理、建档工作
	➢ 对样品制作过程中的所有样品进行留底、建立样品档案（按客户分类、时间、快递号码等进行管理）
	➢ 平等对待任何样品（看重每一种样品）
3. 合同分析	◆ 掌握合同各主要条款内容和要求（交期）
	➢ 能根据合同品质条款，明确品质跟单工作
	◇ 正确理解合同品质条款，向供应商传达质量要求
	◇ 根据合同品质条款，明确生产过程跟单的质量要求
	◇ 能根据合同数量条款，明确数量跟单工作任务和合同交期
	➢ 能根据合同，明确货物的生产数量（溢短装条款）

续表

工作任务	岗位职业能力

3. 合同分析	➤ 能根据合同，估计工厂的生产时间
	➤ 能根据合同包装条款，明确包装跟单工作
	   ◇ 能根据合同，明确货物的包装方式
	   ◇ 能根据合同，明确选用什么包装材料
	◆ 能根据合同运输条款，明确运输跟单工作任务
	➤ 能根据合同，明确货物运输方式
	➤ 能根据合同，明确货物运输时间、地点要求
	➤ 能根据合同，明确货物运输的安排工作
	➤ 明确违约责任

4. 生产前跟单	◆ 能进行原材料采购
	➤ 能根据合同质量要求，协助办理原材料采购工作
	➤ 能负责原材料确认工作
	   ◇ 确定原材料采购数量
	   ◇ 确定原材料采购质量
	   ◇ 了解专业机构测试质量
	◆ 能核查、确认供应商生产准备工作
	➤ 查看供应商员工准备情况
	➤ 查看供应商生产设备准备情况
	➤ 查看技术准备情况
	➤ 查看工艺流程准备情况
	➤ 了解生产商的生产计划安排
	➤ 能下达生产通知单
	◆ 能制作、发送产前样
	➤ 能要求供应商按照大货生产条件生产产前样
	➤ 能对产前样进行评估
	➤ 能发送产前样
	➤ 能跟踪客户对产前样的反馈意见

5. 生产过程跟单	◆ 能跟踪供应商生产进度 ➤ 掌握生产进度跟踪的基本要求（按时交货，按质交货） ➤ 能根据合同交货期限，合理规划生产进度时间 ➤ 掌握生产进度跟踪方法 ➤ 能进行电话跟踪 ➤ 能下车间合理地实施现场蹲点跟踪 ➤ 能查看生产日报表

续表

工作任务	岗位职业能力
5. 生产过程跟单	➢ 能推算订单完成的大致时间 ➢ 能处理生产过程中出现的各类异常情况 　◇ 能处理供应商生产计划异常情况 　◇ 能处理物料异常情况 　◇ 能处理设备异常情况 　◇ 能处理成品、半成品质量异常情况 　◇ 能处理设计工艺异常情况 　◇ 能处理水电异常情况 　◇ 能根据情况提供处理意见 ◆ 能跟踪产品生产质量 ➢ 能准确传达质量要求 ➢ 能在生产现场巡查质量情况 　◇ 关注品质问题多发环节 　◇ 关注关键工序 　◇ 关注新工艺、新材料 ◆ 能对成品进行检验 ➢ 熟悉商品检验的主要方法 ➢ 掌握抽样检验方法 　◇ 掌握抽样检验标准 　◇ 掌握抽样检验步骤
6. 出口包装跟单	◆ 熟悉所涉及产品的包装方法、包装方式、尺寸 ◆ 熟悉主要包装材料的特点 ➢ 熟悉木质包装材料特点 ➢ 熟悉纸质包装材料特点 ➢ 熟悉塑料包装材料特点 ➢ 熟悉金属包装材料特点 ◆ 熟悉所涉及产品包装的国内外有关法律法规、标准 ◆ 能根据合同要求向供应商准确传达包装要求 ➢ 能按要求选择合适的包装材料 ➢ 监督供应商落实包装情况（内包装、外包装） ➢ 了解包装的重要性 ➢ 监督供应商落实内包装 ➢ 监督供应商落实辅料的包装 ➢ 监督供应商落实外包装

续表

工作任务	岗位职业能力
6. 出口包装跟单	➢ 落实运输标志 ➢ 了解特殊包装方式（如挂装） ➢ 注意样品包装 ➢ 注意辅料包装
7. 出口运输跟单	◆ 熟悉主要运输方式的出口运输流程、规定 ◆ 能协助办理出口订舱 ◆ 能监督工厂按时交货 ◆ 能根据货物数量估算货物的装箱量、订舱数 ◆ 能协助办理出口集港工作 ◆ 能协助办理报检报关 ◆ 能协助办理换单结汇 ◆ 能提供后续技术服务

2. 进口跟单员

工作任务	岗位职业能力
1. 外贸进口合同分析	◆ 能准确翻译外贸进口合同主要交易条件 ➢ 能准确翻译品名、品质、数量条款 ➢ 能准确翻译包装、运输、保险条款 ➢ 能准确翻译价格条款、支付条款 ◆ 能准确翻译外贸进口合同一般交易条件 ➢ 能准确翻译商品检验等条款 ➢ 能准确翻译索赔、不可抗力等条款 ◆ 能根据外贸进口合同要求制定履行合同的时间进度安排
2. 协助办理进口批件操作	◆ 能读懂合同条款中的品名条款 ◆ 能根据品名条款查找海关监管条件 ◆ 能根据品名条款内容正确寻找对应的进口贸易政策相关规定 ◆ 能正确填制并办理进口批件相关单证
3. 协助办理开证手续操作	◆ 能根据合同条款正确填制开证申请书 ◆ 能正确办理开立信用证的相关手续
4. 协助办理进口货物运输操作	◆ 能准确分析进口合同条款中的运输条款 ◆ 能准确填制订舱委托书 ➢ 能准确填写运费支付方式 ➢ 能根据合同条款正确确定装运人、收货人、通知人等 ➢ 能合理安排时间租船、订舱

续表

工作任务	岗位职业能力
5. 协助办理进口货物运输保险操作	◆ 能分析外贸进口合同保险条款
	◆ 能办理逐笔投保手续
	◆ 能办理预约保险手续
	◆ 能正确审核保险单
6. 协助办理对外付款操作	◆ 能进行对外汇款操作
	◆ 能进行托收项下的对外付款操作
	◆ 能进行信用证项下的对外付款操作
7. 协助办理接货、报检报关操作	◆ 能根据合同要求正确办理接货手续
	◆ 能准确填制报检委托书、办理报检手续
	◆ 能准确提供报关所需单证和正确填制报关委托书
8. 协助办理进口核销及处理善后操作	◆ 能根据外汇管理局的要求办理进口付汇核销工作
	◆ 能正确处理争议及索赔工作

第三章

"双元育人 书证融通"人才培养运行条件的构建

国际经济与贸易专业群在课程体系、教学资源、教学团队、实践基地等方面构建了系统化"双元育人 书证融通"高素质技术技能人才培养运行条件，以实现数字国际贸易人才培养与岗位需求的深度融合，推动人才培养模式的改革与创新。

第一节　全面重构专业群课程体系

课程体系是落实1+X证书制度试点工作的重要突破口。国际经济与贸易专业群统筹布局、系统构建底层共享、中层分立、高层互选的专业群课程体系（见图3-1），明确群内4个专业共享"国际贸易基础""国际结算操作""跨境电商基础"等8门专业基础课程。4个专业根据人才培养目标岗位开设专业核心课程，国际经济与贸易专业开设"跨境电商B2B运营""跨境电商B2B销售""跨境电商B2B营销"等6门专业核心课程；国际商务专业开设"跨境电商采购管理""跨境电商通关""跨境电商物流"等6门专业核心课程；跨境电子商务专业开设"跨境电商B2C运营""跨境电商B2C数据分析""跨境电

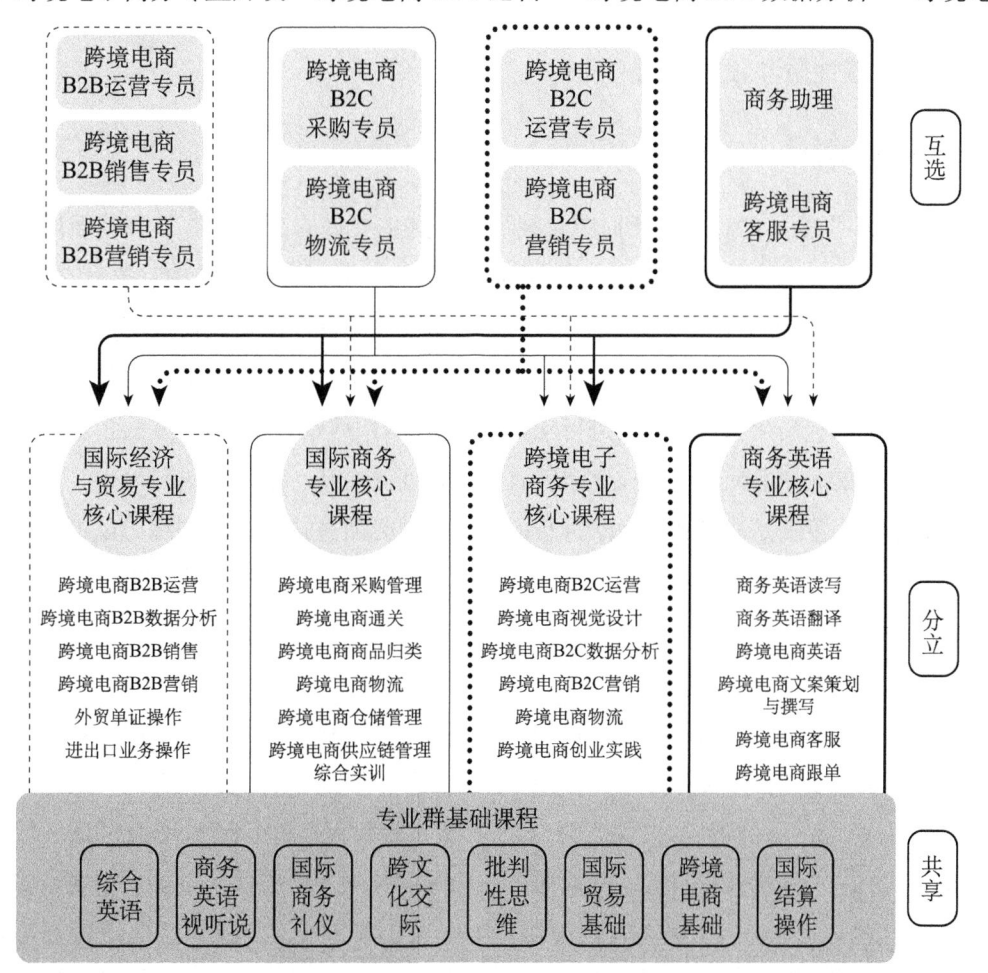

图3-1　国际经济与贸易专业群课程体系

B2C 营销"等 6 门专业核心课程；商务英语专业开设"跨境电商文案策划与撰写""跨境电商客服""跨境电商跟单"等 6 门专业核心课程。各专业为群内其他专业提供专业拓展课程包，学生结合目标岗位客观需求和个人职业发展主观意愿，自主选择专业拓展方向，提升岗位迁移能力。国际经济与贸易专业群校内专任教师与外贸业务专家重点开发了突出岗位职业能力培养的 8 门专业群基础课程和群内 4 个专业 24 门专业核心课程的课程标准。

"综合英语"课程标准

【课程名称】综合英语
【适用专业】高等职业院校国际经济与贸易专业群内专业
【建议课时】136 课时
【建议学分】8 学分

一、课程性质和设计思路

（一）课程性质

"综合英语"是一门综合性英语专业技能课，其主要目的在于通过语言基础训练与篇章讲解分析，传授系统的基础语言知识（语音、语法、词汇、篇章结构、语言功能/意念等），综合训练基本语言技能（听说读写译），使学生逐步提高语篇阅读理解能力，了解英语各种文体的表达式和特点，扩大词汇量和熟悉英语常用句型，具备基本的口头与笔头表达能力，培养和提高学生运用英语进行交际的综合能力，同时指导学习方法，培养逻辑思维能力和自学能力，并使学生的文化素养有一定程度的提高。在非外语环境中，基础阶段的学习在很大程度上是通过课堂教学进行的，课堂中必须坚持精讲、多练、以练为主的原则，用多种手段进行大量练习，为高年级阶段的学习打下扎实的语言基本功。

（二）课程设计思路

课程以教材和大学英语四级考试真题作为主要教学材料，前者共 8 个单元，后者分为专项训练和综合实战两个部分。以阅读为原点和支撑，联通听、说、写三点，建构线上线下、课上课下、第一课堂和第二课堂融合的多维立体课程空间，形成考级考证、社团竞赛、岗位实习三个递进课程目标，共同服务于国际商务人才培养这一整体，实现培养三大核心竞争力之一的目标——提高英语应用能力。课上以讲授、讨论、小组研讨等形式进行，课下开展每周英语抽测活动，作为对课上内容的进一步检查和巩固；线下除课堂活动，还有讲座等活动，线上依托省级精品在线开放课程平台，开展拓展内容视频教学、作业、测试等活动；第一课堂之外，课程通过英语竞赛、新生英语达人秀、商务英语沙龙等活动检验课上教学成果，拓展学生听说读写能力。总之，本课程构建了"一点、三线、三层面"的立体课程空间。

二、课程目标

通过"综合英语"这门课程的学习，学生能够熟练掌握以下四点：

（1）语音：自觉地模仿和正音，正确掌握多音节单词、复合词和句子的常见重音模式；初步掌握朗读和说话的节奏感，并注意轻重变化对意义表达的影响；初步掌握语流中的语音变化规律、辅音爆破和语音同化的技巧以及陈述句、疑问句和祈使句的语调。

（2）语法：掌握主谓一致关系，表语从句、宾语从句、定语从句和状语从句等句型，直接引语和间接引语的用法，动词不定式和分词的用法，各种时态、主动语态、被动语态和构词法。

（3）词汇：认知词汇达4 000～5 000个（其中含中学已学2 100个），正确而熟练地使用其中的2 000～2 500个及其最基本的搭配。

（4）翻译：能独立完成课程中的各种翻译练习，要求理解准确、语言通顺；能借助词典将难度相当于所学教材里的英语对话、短文、一般性题材的文字材料译成汉语，翻译速度为每小时约220个单词，要求译意准确，文字通顺；能借助词典将内容熟悉的汉语文字材料译成英语，翻译速度为每小时约170个汉字，要求译意准确，文字通顺。

职业能力目标：

（1）能较熟练地进行听说读写；

（2）具备一定的跨文化交际能力和文化欣赏能力；

（3）能熟练地使用《英汉大词典》等英汉词典和简易的英英词典（如 *Oxford Advanced English Dictionary* 以及 *Longman Dictionary of Contemporary English*），独立解决语言问题。

三、课程内容和要求

序号	工作项目	工作任务	能力要求	知识要求	课时
0	导论			• 了解综合英语课程目标、课程评估 • 掌握综合英语课程学习方法 • 熟悉综合英语课程进度	2

续表

序号	工作项目	工作任务	能力要求	知识要求	课时
1	Books, newspaper and magazines in 20××	任务1：reign等词汇的用法 任务2：理解课文内容 任务3：掌握现在完成时	● 能运用词汇进行造句 ● 能描述纸质书籍、报纸、杂志未来走向 ● 能书写感谢信	● 掌握词汇的用法 ● 理解文章语言点 ● 掌握流行语的翻译	10
2	四级辅导——听力常识	任务1：听力常识（上） 任务2：听力常识（下）	● 能完成视频对应的练习并提交	● 理解听力的常识	4
3	College education	任务1：stereotype等词汇的用法 任务2：理解课文内容 任务3：掌握情态动词1	● 能查找单词用法并做课堂汇报 ● 能讲述英美两国大学教育体系的差别 ● 能书写备忘录	● 掌握词汇用法 ● 理解文章语言点 ● 掌握翻译技巧——词类转换1	10
4	四级辅导——听力提高的原则	任务1：听力提高的原则（上） 任务2：听力提高的原则（下）	● 能完成视频对应的练习并提交	● 理解听力提高的原则	4
5	Shopping and consumption	任务1：suspend等词汇的用法 任务2：理解课文内容 任务3：掌握情态动词2	● 能掌握重点词汇的用法和搭配 ● 能描述网购经历 ● 能书写电子邮件	● 掌握词汇的用法 ● 理解文章语言点 ● 掌握翻译技巧——词类转换2	10
6	四级辅导——听力训练秘诀和破题技巧	任务1：听力破题技巧 任务2：听力训练秘诀	● 能完成视频对应的练习并提交	● 掌握听力题目的破题技巧 ● 熟悉听力训练的注意事项及有效途径	4
7	Sports and activities	任务1：enhance等词汇的用法 任务2：理解课文内容 任务3：掌握倒装结构	● 能查找单词用法并做课堂汇报 ● 能讲述奥运会五环象征和奥运精神 ● 能书写投诉信	● 掌握词汇用法 ● 理解文章语言点 ● 掌握翻译技巧——正译法	10
8	四级辅导——听力的三大题型	任务：听力的三大题型	● 能准确说出听力的三大题型及分值分布	● 熟悉听力三大题型的注意事项及有效途径	2
9	Transportation and travelling	任务1：commute等词汇的用法 任务2：理解课文内容 任务3：掌握现在分词	● 能掌握重点词汇的用法和搭配 ● 能描述一段旅程经历 ● 能掌握图表写作的句型	● 掌握单词正确读音和拼写 ● 熟悉文章主旨内容 ● 掌握翻译技巧——无主句翻译	10
10	四级听力真题专项训练1	任务1：短新闻题型介绍和特点 任务2：短新闻的训练	● 能完成提交四级真题新闻听力3篇	● 理解短新闻听力技巧 ● 熟悉典型问题的推测	4

续表

序号	工作项目	工作任务	能力要求	知识要求	课时
11	Education	任务1：whetstone等词汇的用法 任务2：理解课文内容 任务3：掌握动名词	• 能查找单词用法并做课堂汇报 • 能讲述高科技产品在课堂教学中的使用 • 能掌握表格写作的句型	• 掌握单词正确读音和拼写 • 熟悉文章主旨内容 • 掌握翻译技巧—直译	10
12	四级听力真题专项训练2	任务1：长对话题型介绍和特点 任务2：长对话的训练	• 能完成提交四级真题长对话2篇	• 掌握长对话听力的难点分析 • 熟悉长对话中多信息的标记方法	4
13	Biography	任务1：alienate等词汇的用法 任务2：理解课文内容 任务3：掌握过去分词	• 能掌握重点词汇的用法和搭配 • 能描述一位名人生平 • 能书写邀请函	• 掌握单词正确读音和拼写 • 熟悉文章主旨内容 • 掌握翻译技巧—意译	10
14	四级听力真题专项训练3	任务1：篇章听力题型介绍和特点 任务2：篇章听力的训练	• 能完成提交四级真题篇章听力3篇	• 掌握篇章听力的基本技巧 • 了解篇章听力基本原则、注意事项及有效途径	4
15	Technology and innovation	任务1：estimate等词汇的用法 任务2：理解课文内容 任务3：掌握不定式	• 能查找单词用法并做课堂汇报 • 能讲述白色污染的危害 • 能书写电子产品说明书	• 掌握单词正确读音和拼写 • 熟悉文章主旨内容 • 掌握翻译技巧—音译	10
16	四级阅读真题专项训练1	任务1：选词填空题型介绍和特点 任务2：选词填空的训练	• 能完成提交四级真题选词填空2篇 • 能提高阅读做题的熟练度和正答率	• 理解选词填空的题型特点 • 掌握选词填空的做题步骤和技巧	4
17	四级阅读真题专项训练2	任务1：段落匹配题型介绍和特点 任务2：段落匹配的训练	• 能完成提交四级真题段落匹配2篇 • 能提高阅读做题的熟练度和正答率	• 理解段落匹配的题型特点 • 掌握段落匹配的做题步骤和技巧	4
18	四级阅读真题专项训练3	任务1：详细阅读题型介绍和特点 任务2：详细阅读的训练	• 能完成提交四级真题详细阅读3篇 • 能提高阅读做题的熟练度和正答率	• 了解详细阅读的考查目的、考查重点 • 掌握详细阅读中长难句分析	4

续表

序号	工作项目	工作任务	能力要求	知识要求	课时
19	四级翻译专项训练	任务1：翻译题型介绍 任务2：翻译专项训练	• 能完成提交翻译真题2篇 • 能背诵历年各个体裁真题译文	• 熟悉四级翻译的原则 • 掌握英语常用句型表达方式，培养题感 • 了解不同内容和体裁的翻译，避免低级语法错误	4
20	四级写作专项训练1	任务1：作文体裁介绍 任务2：学习模板作文	• 能背诵各种体裁范文模板	• 熟悉四级写作的原则 • 掌握英语常用句型表达方式，审题准确	4
21	四级写作专项训练2	任务1：作文评分标准介绍 任务2：作文专项训练	• 能完成提交写作真题2篇	• 熟悉各类衔接词的使用 • 掌握段落结构安排 • 了解审题立意	4
22	四级实战训练	任务：四级真题训练	• 能限时完成提交一套四级真题	• 掌握四级的听读写译 • 熟悉考试各个环节节奏	4
		合计			136

四、课程实施建议

（一）教学团队

本课程教学团队由校内专任教师和行业兼职教师共同组成。校内专任综合英语教师应具有扎实的语言功底，具备较强的授课能力和组织协调能力，以保证课堂教学和其他教学活动的顺利开展。同时，综合英语教师必须有较强的教育技术能力，以满足制作微课、课件及使用自主学习平台的要求。另外，综合英语教师必须有高度的责任心和爱心，帮助、督促学生进行学习和发展，为他们的英语技能提高及应用能力提高提供最大的帮助。最后，综合英语教师要具备教研和科研能力，积极探索教学改革，提高教学质量，从科研中汲取营养，反哺教学。对于行业兼职教师，要求相关企业工作经验在10年以上。校内专任教师到行业开展挂职锻炼，提升职业能力，行业兼职教师走入校园、走进实训，提升教学能力。教学团队共同编写教材、共同备课、共同授课、共同评价，全程参与课堂教学。

（二）教材编写

（1）教材的编写要体现本课程的性质、价值、基本理念、课程目标以及内容标准。

（2）教材应充分体现：以阅读（R）为原点和支撑，联通听（L）、说（S）、写（W）

三点的课程设计思想。

（3）教材同步提供课本、光盘、网络三种载体，内容相互巩固和补充，提供方便教师备课和授课的教学资源。

（4）教材应体现接受技能和产出技能的衔接和互补，注意输入与输出的关系，注意语言知识与语言交际能力的关系，全面培养学生运用语言的能力，避免学生孤立地发展某项技能。

（5）教材应以学生为本，文字表述要简明扼要，内容展现应图文并茂、突出重点，重在提高学生学习的主动性和积极性。

（6）教材中的活动、任务等设计要具有可操作性。

（三）教学场所

建立多媒体教室及数字化语言实验室，以满足学生的听力课和语言实践课的需求和登录自主学习平台进行自主学习的需求，保障听力课、语言实践课的正常教学秩序和自主学习的顺利开展。

（四）教学方法

（1）学习本课程的学生，应具备一定的英语基础知识和积极参与课堂学习的合作意识。本课程一般设置在第1—2学期。

（2）本课程采用翻转课堂教学模式，要求学生课前认真进行学案学习和观看视频，并且能够在小组学习的基础上，形成对新知识的感性认识，发现自己的学习困难所在，形成问题并带到课堂讨论。

（3）教师需要课前准备好翻转课堂的实施方案，熟悉项目的知识点、难点和重点，采用合适的教学方法，把翻转课堂上好。自主学习平台的使用会在很大程度上为翻转课堂模式提供帮助。

（4）各个项目并非线性进行，而是交叉进行，以达到讲练结合、理论和实战结合的目的。

（5）由于教学任务明确而又繁重，要求教师积极进行作业检查，包括词汇、范文背诵、译文背诵等。检查方式应多样化、灵活生动，以避免乏味冗长，例如采用小组竞赛、背诵接龙、默写接龙等形式。

（五）教学评价

考核采用多种形式，包括课内与课外结合、小组与个人结合、形成性与终结性结合、实训与理论结合的考核方式。形成性考核包括对学生课内与课外学习情况的考核，包括出勤率、课堂表现、实训成绩、书面作业；终结性考核即学生期末考试。

期末总评成绩（100分）	平时成绩（20%）	出勤情况＋课堂表现＋学习态度和习惯
	阶段性考核（30%）	第一学期：单词记忆成绩、课堂汇报成绩（商务英语专业）、听力训练成绩（国际经济与贸易、国际商务、跨境电子商务专业）等 第二学期：四级模拟测试1＋测试2＋测试3
	期末考试（50%）	该学期学习效果综合测试（笔试）

（六）课程资源

（1）注重自主学习平台的开发利用，如"作业""讨论""微视频观看""微练习""学习任务单"等，让学生置身于网络学习平台中，积极自主地完成课程的知识点学习，为翻转课堂的开展打下基础。

（2）注重教材学习网站的充分利用，教材同步提供光盘、网络课程，丰富和拓展教学内容，创造多元、立体、便捷的语言学习环境，帮助学生巩固知识、提高能力。

（3）积极利用电子书籍、电子期刊、数字图书馆、各大网站等网络资源，使教学内容从单一化向多元化转变，使学生知识和能力的拓展成为可能。

"商务英语视听说"课程标准

【课程名称】商务英语视听说
【适用专业】高等职业院校国际经济与贸易专业群内专业
【建议课时】68课时
【建议学分】4学分

一、课程性质和设计思路

（一）课程性质

"商务英语视听说"是高等职业院校国际经济与贸易专业群基础课程。本课程以实践为主，结合相关商贸理论，是一门将语言能力与商贸知识充分融合的综合应用性课程。本课程以市场需求和就业为导向，基于涉外贸易活动的实际工作而开发，旨在培养既通晓商务知识与业务操作，熟悉国际商务环境，又具有较强适应能力，熟练掌握英语口语交际技巧的高素质复合型人才。

（二）课程设计思路

基于传统的教学模式和材料过于注重理论知识的传授，忽视对学生技能的培养，不能满足学生职业可持续发展的问题，本课程的设计思路打破传统的、单一的以教师"授业"为主的教学模式，构建多维度的互动教学模式、仿真项目情景。此外，本课程不但注重培养学生对英语技能和知识的了解与掌握，也注重培养学生对商务专业知识的应用，以及学生在商务场景中的实践能力。本课程在教学设计上以涉外贸易流程为主线，以职业能力培养为重点，通过课堂学习、情景模拟、岗位实习等完成"教、学、做"的有机统一，从而实现职业教育倡导的总目标。

二、课程目标

本课程旨在通过各种以具体目标为导向的模块的操练，使学生能够掌握常见商务场景的英语词汇及沟通技巧，具备一定的商贸英语听、说技能，并能用英语进行商务接待、产品营销和一般商贸业务环节的口头谈判工作，培养学生良好的语言和多文化素养，为今后从事国际商务活动奠定扎实基础。

职业能力目标：

（1）能用英语参加面试；

（2）能在一般商务场合就日常商务话题进行初步的交际，做到正确表达思想，语音、语调自然，无重大语法错误，语言、礼仪基本得体；

（3）能初步用英语完成与外国客商电话交流、迎来送往、产品展示、公司介绍、产品营销、会议主持和外宾宴请等商务活动，要求口齿清晰，语言、礼仪基本得体。

三、课程内容和要求

序号	工作项目	工作任务	能力要求	知识要求	课时
0	导论（步入商界）			• 熟悉涉外商贸流程的基本信息 • 了解复合型涉外人才的素养要求	2
1	求职面试	任务1：面试准备 任务2：英语面试	• 能为英语面试做好基本准备 • 能参加英语面试	• 了解英语求职的基本准备要求 • 掌握英语求职的相关语言表达和应对策略	4

续表

序号	工作项目	工作任务	能力要求	知识要求	课时
2	商务问候	任务1：自我介绍 任务2：表达认同与不认同 任务3：处理常见的文化冲突 任务4：寒暄	• 能用英语在商务社交场合恰当地开始或结束对话 • 能用英语在商务社交场合合理地表达认同与不认同的态度 • 熟悉并能处理常见的商务文化冲突 • 能用英语在商务场合开展寒暄问候	• 掌握自我介绍的常用英语短语和句式 • 掌握表达认同与不认同的常用英语短语和句式 • 掌握表达商务寒暄的常用英语短语和句式 • 熟悉商务社交场合中的文化礼仪及沟通技巧	8
3	公司结构	任务：公司介绍	• 能用英语流利介绍公司结构及规模	• 掌握介绍公司组织结构及规模的常用英语短语和句式 • 了解陪同访客参观公司的注意事项	4
4	商务电话	任务1：主动电话联系客户 任务2：电话接听及信息记录	• 能用英语顺畅完成主动拨打电话联系客户的任务 • 能用英语顺畅完成接听电话或记录信息等任务 • 掌握并能运用商务电话沟通技巧	• 掌握商务电话主动拨打、接听及记录信息等多种情况下的常用英语短语和句式 • 熟悉商务电话沟通技巧和礼仪	6
5	商品展览会	任务1：准备参加展览会 任务2：展览会现场	• 熟悉世界上规模较大的商品展览会 • 能为参加展览会做相应的准备工作 • 能在展位前用英语流利接待访客 • 能在展位前用英语有感染力地推销公司产品	• 了解世界上规模较大的商品展览会 • 掌握和展览会相关的常用英语短语和句式 • 了解展览会礼仪、文化及英语沟通技巧	8
6	客户接待	任务1：机场接机 任务2：酒店入住 任务3：商谈日程安排 任务4：商务宴请	• 能熟练用英语在机场接待客人 • 能熟练用英语帮助客人入住酒店 • 能熟练用英语探讨日程安排 • 能熟练用英语表达或翻译祝酒词等 • 能熟练用英语接待外商入席、介绍菜肴、展开餐桌谈话等	• 掌握机场接待、酒店入住、商谈日程、商务宴请的常用英语短语和句式 • 熟悉客户接待的沟通技巧 • 熟悉客户接待的流程和跨文化差异	10

续表

序号	工作项目	工作任务	能力要求	知识要求	课时
7	产品推介	任务1：准备商务演讲 任务2：商务演讲——产品推介	• 能熟练用英语介绍公司产品 • 能用英语完成商务演讲，并运用信号词等相关表达技巧	• 掌握推介公司产品的常用英语短语和句式 • 熟悉完成产品推介的准备事项 • 熟悉商务演讲的基本结构和表达技巧	6
8	商务谈判	任务1：价格谈判 任务2：支付方式谈判 任务3：包装谈判 任务4：运输方式谈判	• 能用英语与外商流利沟通价格问题 • 能用英语与外商熟练沟通支付方式问题 • 能用英语与外商流利沟通包装问题 • 能用英语与外商流利沟通运输方式问题 • 掌握并能应用一定的商务谈判技巧	• 掌握价格谈判的常用英语短语和句式 • 掌握支付方式谈判的常用英语短语和句式 • 掌握包装谈判的常用英语短语和句式 • 掌握运输方式谈判的常用英语短语和句式 • 熟悉商务谈判相关的礼仪文化及沟通技巧	10
9	客户服务	任务：处理客户问题	• 能用英语合理处理客户的问题	• 掌握客户服务的常用英语短语和句式 • 熟悉客户服务的基本流程和沟通技巧	4
10	观光游览	任务：陪同客户观光游览	• 能合理安排陪同客户观光游览的日程 • 能用英语陪同客户观光游览 • 能运用相关的沟通技巧	• 熟悉本地观光景点的英语表达 • 掌握陪同观光的常用英语短语和句式 • 了解跨文化沟通的禁忌和策略	4
11	机场送别	任务：机场送别客户	• 能用英语完成机场送机任务 • 能完成恰当赠送礼物等商务交往	• 掌握机场送机的常用英语短语和句式 • 了解赠送客户礼物等商务交往的文化禁忌和策略	2
合计					68

四、课程实施建议

（一）教学团队

本课程教学团队建议由校内中方教师、外籍教师及行业专家共同组成，其中课程主讲团队为外籍教师和行业专家。课程团队通过基于双师合作的混合式教学模式设计与实践路径展开课程建设，主要实现途径包括双师合作教学研讨会、双师合作课程改革项目、双师合作赛事培训等，严谨推进课程建设。

（二）教材编写

本课程教材编写坚持"实用为主、够用为度"的指导思想，强调语言基本技能的训练和从事实际涉外活动的语言应用能力并重：转变教材编写主体，依托"双师合作、行业指导"的教学团队，协同开发课程教材，以外贸行业兼职教师为内容指导，外籍教师为语言指导，确保语料地道、实用、鲜活；转变教材编写思路，以外贸实际工作流程为线索，分为11个项目，涵盖多个商务活动环节，并且按照循序渐进的原则，由简单到复杂，体现真实性和可行性；注重商务文化融入，培养学生正确的文化意识和文化涵养；转变教材呈现形式，通过二维码等途径，实现数字化资源的融入，助力碎片化学习，开发一体化新形态教材。

（三）教学场所

本课程建议安排在具有良好仿真教学环境的商务英语视听说中心、商务英语语言实训室和跨文化交际仿真实训室等教室上课。仿真语言实训室提供良好的小组讨论环境、仿真教学设备及影音学习条件，能让学生更快熟悉具体场景和具体模块的任务要求，让学生在情景模拟中提高学习效率。

（四）教学方法

本课程注重任务的模拟实践，课堂教学应以学生为主体，指导学生独立或以小组形式完成课堂任务。本课程在总体设计上以一个仿真的外贸项目贯穿整个学习过程，项目下面又细化按工作流程排列的仿真任务。在具体教学设计上，教师可以组织学生以教材中的主人公即一个职场新人的角色完成整个项目的学习。项目由简单到复杂，具备真实性和可行性。此外，由于客观条件、学生现有水平以及具体教学实际情况的差异，同一种教学方法不一定适合不同班级实际教学的需要，教师务必根据学生水平适时调整教学方法及教学语料。鉴于本课程具有较强的时效性和实用性，教师与学生都应积极参加课外实践，提高业务水平。

（五）教学评价

为了更好地培养学生的自主学习习惯，反映学生的混合学习成果，本课程的考核模式应实现多维度评价与反馈，体现过程性和终结性考核结合、线上和线下考核结合的多模态机制。

（1）学生平时的学习表现，包括课堂表现，如是否积极回答问题、能否主动预复习、课堂纪律情况等考核要素。

（2）学生口语作业及阶段性考核成绩，包括阶段性口语任务独立完成情况、小组合作完成口头报告情况及阶段性口语考核成绩等。

（3）学生的线上学习成绩，包括浙江省在线开放课程平台的学习成果等。

（4）期末考试：考试以口试形式进行，考查学生一学期的综合学习效果。

Total（3 scores）	Supporting materials
1. Attendance/in-class performance（20%）	Rosters
2. Online study results/assignments/quiz/teamwork performance（30%）	1）Students' oral assignments：videos，PPTs，pictures，etc. 2）Online platform study results
3. Final test（50%）	Oral：final test paper＋recordings＋the list of results

（六）课程资源

积极利用视频动画、实物教具、仿真环境等多样化的课程教学资源，以及浙江省在线开放课程等现代化信息技术平台，充分调动学生的主动性、积极性和创造性，培养学生的自主学习意识，拓宽口语教学的时间维度；搭建产学合作平台，充分利用本行业的企业资源，满足学生参观、实训和毕业实习的需要，并在合作中关注学生职业能力的发展和教学内容的调整；积极寻求课赛融合、课证融合等途径，努力为学生搭建更多激励口语学习、培养思辨能力、展现综合风采的舞台。

"国际商务礼仪"课程标准

【课程名称】国际商务礼仪
【适用专业】高等职业院校国际经济与贸易专业群内专业
【建议课时】36课时
【建议学分】2学分

一、课程性质和设计思路

（一）课程性质

"国际商务礼仪"是高等职业院校国际经济与贸易专业群基础课程。作为国际商务素质养成的重要载体,本课程面向国际商学院所有大一新生(除国际商务专业-中美合作办学)开设一体化课程,学分为2分,36课时。本课程开设学期为大一第一学期,通过教学使学生能够掌握基本的礼仪知识,在国际商务交往和日常商务活动中体现从容、得体的气质与风度,避免出现无知导致的失礼言行,深刻理解并能够有效应对跨文化冲突与矛盾,提高商务效率。本课程与同为专业群基础课程的"跨文化交际"可视作培养与提升学生国际化素养的配套课程。

(二)课程设计思路

本课程是依据国际经济与贸易专业群人才培养方案中关于人才培养的素质和能力要求设置的。课程以专业群学生未来就业岗位群的能力和素质要求为导向,以学生就业后可能接触和参与的商务交往活动为主线构建课程框架,展示教学内容,并根据商务活动的流程来梳理知识点和技能点。

本课程设计打破了以知识传授为主要特征的传统学科课程模式,转变为以各相关工作项目组织课程内容,采用体验式教学方式,以个人职业形象、商务会见、商务拜访、商务宴请、商务出行等场合和活动中所需要遵循的礼仪规范、流程和动作开展教学内容,注重学生未来参与国际商务活动所需要的基本素质的养成。教学过程中,教师可充分利用国家教学资源库等网络教学资源,引导学生开展自主学习,同时保证网上学习资源要素齐备、内容丰富,并且做到建以致用、动态更新。

二、课程目标

知识目标:

(1)国际商务仪表礼仪;

(2)国际商务仪态礼仪;

(3)国际商务基本礼仪;

(4)国际商务职场礼仪。

能力目标:

(1)能够养成良好的个人礼仪形象;

(2)能够有不断提高自身形象和气质的自我意识;

(3)能够掌握必要的商务交往和沟通的礼仪技巧;

(4)能够有效地运用礼仪进行商务沟通。

素质目标:

(1)人文与科学素质:掌握一定的科学素养,具备人文关怀能力,即具备人文知识,理解人文思想，掌握人文方法，树立人文精神。

（2）身心素质：具备一定的思想道德素质、业务技术素质、文化审美素质和心理生理素质。

（3）专业伦理与职业道德：树立会展业服务伦理观念，树立公众利益意识，即服务公众、方便公众。

三、课程内容和要求

序号	工作项目	工作任务	能力要求	知识要求	课时
0	导论			• 了解礼仪的含义 • 了解为什么要学习国际商务礼仪 • 了解如何学好国际商务礼仪	2
1	国际商务仪表礼仪	任务1：男士仪容仪表礼仪 任务2：女士仪容仪表礼仪	• 能对仪容进行恰当修饰 • 能恰当使用香水 • 能为自己挑选合适的西装 • 能正确穿着西装 • 能熟练掌握三种领带系法 • 能根据不同的场合搭配服装 • 能正确穿着西装套裙（女生） • 能熟练掌握三种丝巾系法（女生） • 能化淡妆（女生）	• 了解服饰的意义 • 了解着装的TPO原则 • 了解西装的一般常识 • 了解西装穿着要领 • 了解西装配件搭配要领 • 了解西装套裙的一般常识	8
2	国际商务仪态礼仪	任务1：站姿 任务2：行姿 任务3：坐姿 任务4：蹲姿	• 养成良好站姿、行姿、坐姿、蹲姿 • 能以优雅的仪态自如应对不同商务场合	• 掌握基本站姿和手势 • 掌握行姿的注意事项 • 掌握基本坐姿和手势 • 掌握蹲姿的步骤与方法	6
3	国际商务交往礼仪	任务1：日常交往礼仪 任务2：办公室礼仪 任务3：接待礼仪 任务4：拜访礼仪	• 能正确称呼与问候他人 • 能恰当进行自我介绍 • 能恰当介绍他人 • 能恰当行见面礼 • 能正确递接名片 • 能礼貌接打电话 • 能准确书写并发送电子邮件 • 能正确使用办公设备 • 能恰当布置办公环境 • 能为客人挑选合适的礼物	• 了解尊者优先原则在商务礼仪中的运用 • 了解商务拜访的礼仪规范 • 了解礼物挑选和赠送的基本原则	8

续表

序号	工作项目	工作任务	能力要求	知识要求	课时
4	商务宴请礼仪	任务1：中餐礼仪 任务2：西餐礼仪	• 能正确安排中餐宴请的桌次和座位 • 能正确使用中餐餐具 • 能恰当安排中餐菜肴 • 能正确安排西餐宴请的桌次和座位 • 能正确使用西餐餐具 • 能正确使用餐巾 • 能恰当安排西餐菜肴 • 能正确饮用咖啡和红茶 • 能正确选择和饮用葡萄酒 • 能自如礼貌地享用自助餐 • 能恰当安排工作餐	• 了解中餐宴请的尊位确定及位次排序原则 • 了解西餐宴请的尊位确定及位次排序原则 • 了解西餐文化 • 了解茶的一般常识 • 了解西餐中的饮酒常识 • 了解咖啡的一般常识	6
5	世界主要国家和地区习俗	任务1：分组准备不同国家和地区的习俗 任务2：课堂PPT汇报	• 能准确掌握世界主要国家和地区的习俗 • 能掌握世界主要国家和地区的商务交往禁忌 • 能掌握"一带一路"沿线主要国家和地区的商务交往习惯	• 了解世界主要国家和地区的习俗 • 了解与我国有密切商务交往的国家和地区的风俗与商业活动习惯	4
6	口头表达与非语言沟通	任务1：口头表达 任务2：非语言沟通	• 掌握沟通的原则 • 掌握语言和身体语言使用的基本技巧 • 能使用非语言方式沟通	• 了解口头表达的形式 • 了解高语境文化与低语境文化 • 理解非语言沟通的重要性 • 理解副语言沟通、环境沟通和身体语言沟通的基本内容	2
			合计		36

四、课程实施建议

（一）教学团队

本课程教学团队应由校内专任教师和行业兼职教师共同组成，要求行业兼职教师具备丰富的礼仪培训知识与经验；校内专任教师定期参加商务礼仪培训，丰富礼仪知识储备，参加各类社会服务活动，提升礼仪实操能力；行业兼职教师走入校园、走进实训，提升教学能力，实现"双元双优"。教学团队共同开发课程、共同编写教材、共同备课、共同授课、共同评价，全程参与课堂教学。

（二）教材编写

本课程教材选用课程组教师编写的 21 世纪高职高专国际贸易专业核心课程系列教材《国际商务礼仪》。教材内容以课程标准为指导，配以大量商务场景图片，体现国际商务礼仪的课程特点，图文并茂，实用性强。

（三）教学场所

本课程建议安排在校内多媒体智慧教室上课。教室配备无线网络，依托"智慧职教"职教云以及智能手机等智能终端，动态采集学生个体数据、学习过程数据、学习结果数据，开展精准教学；多媒体教室内桌椅可以灵活摆放，方便课堂上学生搭建简易的仿真实景开展商务礼仪实训演练，调动学生参与课堂活动的积极性，强化学生对知识的记忆与掌握，提高学习效率。

（四）教学方法

（1）建以致用、惠及学生、动态更新。课程资源建设以实用为出发点，充分考虑学生的使用体验，并结合课堂实践，同步进行各项资源的修正与完善，按照实际的课堂教学进度，保持资源更新。

（2）契合自主学习平台功能，利于学生自主学习。课程资源全部动态上传至资源库课程平台。课堂内，教师借助平台资源开展教学活动；课堂外，教师引导学生利用平台资源开展自主学习。

（五）教学评价

本课程整体教学评价采用过程考核，平时成绩＋实训成绩＋期末综合评价三部分构成期末总成绩。

（1）平时成绩包含线上与线下两部分。线上成绩包含学生登录资源库平台自主学习礼仪视频和完成线上作业两个部分；线下成绩包括上课出勤、参与课堂讨论、角色扮演表现等。

（2）实训成绩包含三个部分，分别是仪容仪表礼仪实训（领带与丝巾）、仪态礼仪实训（站姿、坐姿、行姿与蹲姿）以及商务礼仪微电影；期末考试为试卷形式，主要考查学生对商务礼仪基础知识和要点的掌握及实际应用能力。

平时成绩（30%）		实训成绩（30%）			综合评价（40%）
线上成绩（20%） || 线下成绩（10%）	仪容仪表礼仪实训（5%）	仪态礼仪实训（5%）	商务礼仪微电影（20%）	
在线观看视频（10%）	在线作业（10%）				
总计（100%）					

（六）课程资源

充分利用资源库的在线教学视频、配套习题、场景模拟等多样化的课程教学资源，满足教师教学和学生自学、自主训练的需求，充分调动学生学习商务礼仪知识、开拓国际视野的主动性和积极性。

"跨文化交际"课程标准

【课程名称】跨文化交际
【适用专业】高等职业院校国际经济与贸易专业群内专业
【建议课时】36 课时
【建议学分】2 学分

一、课程性质和设计思路

（一）课程性质

"跨文化交际"是高等职业院校国际经济与贸易专业群基础课程。本课程就中国文化和西方文化进行介绍并做对比研究，授课内容主要涉及语言、文化和跨文化交际的话题，揭示中西方文化在语言交际、非语言交际、生活方式、行为方式、思维方式、价值观念、文化取向、社会规范、伦理道德、宗教信仰等方面存在的差异性，使学生在对异域文化的了解中加深对其语言现象及文化蕴含的理解和领悟，提高跨文化交际敏感性，从而能用英语与来自不同文化的人进行得体的、有效的沟通与交际。通过本课程的学习，学生能够认识语言、文化和交际三者之间的关系，能较熟练地从事日常跨文化交际，能较熟练地应对常见跨文化商务场景。

(二)课程设计思路

本课程打破传统的、单一的以教师"授业"为主的教学模式,构建多维度的"音""像"结合的互动教学模式,把以知识传授为导向的传统学科课程模式转变为以职业能力为导向、以项目任务为载体的课程教学模式,增加学生参与课堂教学活动的机会,突出培养学生的语言应用能力。本课程将教学情景仿真化,通过对日常跨文化交际活动的仿真模拟训练,达到有效培养学生跨文化交际能力的目的。

教师通过生动具体的案例,使学生处于教学活动中心,主动寻找解决文化差异和文化沟通问题的方法,成为问题的解决者、积极主动的参与者,而不是被动的知识接受者,在案例分析和问题解决中提升自己的跨文化交际能力。在知识传授阶段,让学生了解中西方文化差异,掌握跨文化交际技巧;在灵活运用阶段,促进学生"知""行"合一。

二、课程目标

通过学习跨文化交际基本理论和常见跨文化交际场景,使学生能够熟练掌握基本的跨文化交际技巧,能够处理日常跨文化交际中的问题,培养学生具有良好的职业道德以及良好的文化素养和人文素质,以及高度的责任心,为今后从事商务助理岗位工作和其他岗位工作奠定扎实基础。

职业能力目标:
(1) 能较熟练地从事日常跨文化交际活动;
(2) 具备一定的跨文化交际能力和文化欣赏能力;
(3) 能较熟练地应对常见跨文化商务交际场景。

三、课程内容和要求

序号	工作项目	知识要求	能力要求	素养要求	课时
0	导论	● 了解跨文化交际的含义 ● 了解跨文化交际的重要性 ● 熟悉跨文化交际的应用场景			2

续表

序号	工作项目	知识要求	能力要求	素养要求	课时
1	Intercultural communication	• 掌握文化的概念 • 了解学习文化交际的基本流程	• 能使用语言工具 • 具备基本的跨文化交际意识	• 培养学生的跨文化交际思维，懂得对比分析中外文化的异同，在经济全球化和东西方文化碰撞的背景下强化学生的价值选择 • 培养学生客观判断的思维方式、独立思考能力、探究能力和国际化视野	2
2	Interpreting Intercultural Encounters	• 掌握跨文化交际的概念 • 掌握个人主义、集体主义的区别	• 能领会不同文化之间产生误解的原因 • 能辨别个人主义、集体主义之间的不同	• 在跨文化交际实际案例分析中培养学生树立正确的核心价值观 • 用影像语言生动直观地构建和广泛地传播中国传统文化和现代文化的切实案例 • 通过送礼文化、餐饮文化等文化差异对比，体会中国与异域文化进行平等交流的精神，培养学生的身份意识，增加学生对国家的文化认同感	4
3	Speaking in a Foreign Language	• 掌握相关基本概念 • 掌握学习第二外语的基本技巧	• 能比较准确地诠释跨文化交际中对方的语言含义 • 能了解语言背后的文化因子	通过学生对不同语言的探索和分析，带领学生挖掘语言背后文化因子和不同文化背景下的思维模式，加强学生对中国文化中的中庸、大同、和而不同等基本原则的理解	4
4	Culture Shock	• 掌握"刻板印象"的概念 • 掌握"文化冲突"带来的文化差异	• 能领会文化冲突的内涵 • 能处理文化冲突造成的跨文化交际问题	• 通过文化冲突的案例分析，组织学生进行自我评析，让学生在影视案例和现实案例分析中培养探究精神和跨文化交际思维 • 让学生搜集身边的文化冲突案例，带领学生探索婚姻、礼仪等不同领域的中华文化	6
5	Expectations and Intercultural Encounters	• 掌握文化相似性导致的跨文化交际问题的解决方法 • 掌握辨别成员思维、行为相似性程度的问题解决方法	• 能领会文化相似性导致的跨文化交际问题产生的原因 • 能认识到期待认同与预期的程度	通过文化冲突的案例赏析对比，提升学生跨文化交际意识，引导学生体会其中的音美、形美	6

续表

序号	工作项目	知识要求	能力要求	素养要求	课时
6	Ethnocentrism	• 掌握"民族中心主义"的概念 • 掌握中西方家庭概念的区别	• 能领会民族中心主义造成跨文化交际障碍的原因 • 能判断中西方家庭关系的异同	• 让学生搜集民族中心主义案例，对比分析中国历史上的团结各少数民族的和平案例，培养学生的民族认同感，体会现代社会中国在外交上体现出的大国风范	6
7	Ingroups and Outgroups	• 掌握"群体内""群体外"的概念 • 掌握处理群体内、群体外意识造成跨文化交际困扰的技巧	• 能领会跨文化交际中群体内、群体外的问题 • 能分辨集体主义、个人主义中的群体内、群体外的意识	• 引导学生学习中西方文化对待圈内、圈外的交际文化，引导学生分析并理解中西方文化的个人主义和群体意识	6
合计					36

四、课程实施建议

（一）教学团队

本课程教学团队应由校内专任教师和行业兼职教师共同组成，要求行业兼职教师涉外工作经验在10年以上，实现"双元"；校内专任教师到旅游企业、外贸企业开展挂职锻炼，提升跨文化交际能力，行业兼职教师走入校园、走进实训，提升教学能力，实现"双优"；"双元双优"教学团队共同开发课程、共同备课、共同授课、共同评价，全程参与课堂教学。

（二）教材编写

（1）教材编写要体现课程的性质、价值、基本理念、课程目标以及内容标准。

（2）教材要充分体现任务引领、实践导向的课程设计思想。

（3）教材以完成任务的典型活动项目来驱动，通过录像、实际案例、情景模拟和课后拓展作业等多种手段，采用递进和并列相结合的方式来组织编写，使学生在各种活动中掌握相关技能。

（4）教材应突出实用性，同时要具有前瞻性，将高等职业院校国际经济与贸易类专业的发展趋势及实际工作技巧纳入其中。

（5）教材应以学生为本，文字表述要简明扼要，内容展现应图文并茂、突出重点，重在提高学生学习的主动性和积极性。

（6）教材中的活动、任务等设计要具有可操作性。

（三）教学场所

本课程建议安排在数字化语言实验室，以满足学生的情景实训和语言实践的需求。数字化语言实验室配备无线网络，依托省级精品在线开放课程平台以及智能手机等智能终端，动态采集学生个体数据、学习过程数据、学习结果数据，开展精准教学。校外实训通过各类旅游企业、外贸企业等实习，使学生有强烈的职业归属感，以提高学习效率。

（四）教学方法

本课程建议采用交际教学法、对比讨论法、案例教学法，基于省级精品在线开放课程等平台所收集的数据开展学情分析、目标分析和精准教学干预；除了常规的课堂教学，重视培养学生的合作精神，设计小组任务，进行专题文化主题的研究，完成海报绘制任务与主题汇报；全面推进融"教、学、考、做"为一体的线上线下融合教学，提高教学效果，增强学生的学习兴趣。

（五）教学评价

考核采用多种形式，包括课内与课外结合、小组与个人结合、形成性与终结性结合、实训与理论结合的考核方式。形成性考核体现在对学生课内与课外学习情况的考核，包括课堂表现、实训成绩、在线学习；终结性考核即学生期末考试。

总评成绩（100%）	形成性考核	课堂表现	10%
		实训成绩	10%
		在线学习	30%
	终结性考核	期末成绩	50%

（六）课程资源

积极利用视频动画、虚拟仿真、实物教具等多样化的课程教学资源，以及省级精品在线开放课程等现代化信息技术平台和软件，充分调动学生的主动性、积极性和创造性。

"批判性思维"课程标准

【课程名称】批判性思维

【适用专业】高等职业院校国际经济与贸易专业群内专业

【建议课时】36 课时

【建议学分】2 学分

一、课程性质和设计思路

(一) 课程性质

"批判性思维"是高等职业院校国际经济与贸易专业群基础课程,是国际商贸类专业的重要基础课程。本课程旨在通过课程项目教学内容的学习与实训,使学生习得理性的反省思维,具备提出高质量问题、论证分析、澄清概念、审查理由质量、评估推理关系、挖掘隐含假设、考察替代论证、综合组织判断以及进行批判性写作的能力。本课程是进一步学习跨境电商 B2B、跨境电商 B2C 专业核心课程如"进出口业务操作""跨境电商 B2B 营销"等的基础。

(二) 课程设计思路

本课程以批判性思维任务和要求为指导,按照高职学生认知特点,以批判性思维导图为主线,引导教师开展教学实践,让学生在完成具体项目的过程中构建相关知识体系、训练思维技能。本课程包括导论、理解主要问题、论证分析、澄清概念、审查理由质量、评估推理关系、挖掘隐含假设、考察替代论证、综合组织判断以及批判性写作共 10 个项目。项目突出对批判性思维能力的训练,理论知识的选取兼顾完成项目的需要及传统知识体系的要求,同时融合了国际贸易相关工作岗位对知识、技能和态度的要求。

二、课程目标

本课程采用项目教学法,根据批判性思维过程将课程主要内容划分为 10 个项目,每个项目均设计明确的任务,项目教学围绕任务展开,教师讲授完成具体任务所需要的知识点,指导学生实践任务覆盖的相关技能点,授课效果以学生完成任务的效果来评价,提高授课内容的可操作性,增强授课内容的针对性。

职业能力目标:

(1) 能认识到信息谬误的存在,明确批判性思维的精髓;

(2) 能运用批判性思维提出高质量问题;

(3) 能运用批判性思维分析问题;

(4) 能运用批判性思维找出、分析并且评估论证;

(5) 能运用批判性思维消除论证中的概念谬误;

(6) 能运用批判性思维进行信息求真;

（7）掌握运用演绎归纳评估推理关系；

（8）能通过挖掘隐含假设深入和缜密思考；

（9）具有开放理性，能辩证思考，构造和创造思维多样性；

（10）能综合组织、判断并做出最佳选择；

（11）能运用批判性思维开展分析性写作和论证性写作。

三、课程内容和要求

序号	工作项目	工作任务	能力要求	知识要求	课时
1	导论	任务1：真实世界的信息谬误 任务2：批判性思维的定义	• 能认识到信息谬误的存在 • 能解读批判性思维的定义 • 能明确批判性思维的精髓	• 了解并熟悉信息谬误的情况 • 掌握批判性思维的定义 • 了解并熟悉批判性思维的标准 • 了解批判性思维的益处 • 了解批判性思维者的特征 • 了解批判性思维的障碍	2
2	理解主要问题——问题判定	任务1：论证定义 任务2：提出问题 任务3：分析问题	• 能利用5WHY法提出高质量问题 • 能运用二元分析法分析问题	• 熟悉论证的定义 • 掌握好的问题标准 • 掌握提问方法 • 掌握二元分析法	2
3	论证分析	任务1：找出论证 任务2：论证分析 任务3：论证评估	• 能找出论证 • 能分析论证 • 能评估论证	• 掌握论证标准化表达 • 熟悉论证的基本结构 • 掌握论证分析 • 掌握论证评估	4
4	澄清概念	任务1：区分概念谬误 任务2：澄清意义	• 能区分概念中的谬误 • 能合适地澄清和定义	• 熟悉概念谬误的情况 • 寻找正确的词语 • 掌握精确定义的方法	4
5	审查理由质量	任务：评估信息真假	• 能了解虚假的原因 • 能辨别虚假信息 • 能探究全面信息	• 掌握辨别虚假信息的两类标准 • 掌握证据来源的判别	4
6	评估推理关系	任务1：演绎推理 任务2：归纳推理	• 能了解两大逻辑谬误 • 能通过演绎推理评估推理关系 • 能通过归纳推理评估推理关系	• 明确推理的三大要求 • 了解关联谬误和不充分谬误 • 掌握演绎推理的有效形式 • 掌握归纳推理的原则和标准	8

续表

序号	工作项目	工作任务	能力要求	知识要求	课时
7	挖掘隐含假设	任务1：理解隐含假设和前提 任务2：挖掘隐含假设	• 能运用线索辨别隐含假设和前提 • 能评估和调节隐含前提，理解科学假设	• 了解隐含假设的普遍性和作用 • 辨别和补充隐含前提 • 评估隐含假设，了解科学中的假设	2
8	考察替代论证	任务1：辩证论证 任务2：构造和创造多样思考	• 理解批判性思维的辩证性 • 掌握辩证的方法 • 能运用分析变换组合思路构造替代观念、论证和方案	• 明确批判性思维的辩证和开放理性 • 掌握辩证方法 • 掌握分析变换组合思路	4
9	综合组织判断	任务1：综合平衡最后判断 任务2：批判性看待媒体和分析文章	• 能评估论证优缺点，选择优胜者 • 能批判性地看待新闻 • 能批判性地看待广告	• 掌握正反正等几种修正和综合方式 • 了解媒体真正的动机是吸引注意力 • 了解广告及其标准的手法	2
10	批判性写作	任务1：分析性写作 任务2：论证性写作	• 能通过批判性写作实现和展现批判性思维 • 能进行分析性写作 • 能进行论证性写作	• 了解论证文是认知和论理 • 掌握论证的组织和表达 • 掌握正反正论证纲要	4
		合计			36

四、课程实施建议

（一）教学团队

本课程教学团队应由校内专任教师和行业兼职教师共同组成，实现"双元"；校内专任教师到外贸企业开展挂职锻炼，提升外贸业务实践思维能力，行业兼职教师走入校园、走进实训，提升教学能力，实现"双优"；"双元双优"教学团队共同开发课程、共同编写教材、共同备课、共同授课、共同评价，全程参与课堂教学。

（二）教材编写

本课程服务于国际贸易类职业能力培养的需要，重点培养学生对于问题的批判性组织和分析能力以及逻辑思考能力，所以教材体例采用项目教材体例，以批判性思维全过程为主线，根据思考过程顺序拆分任务，明确能力目标与知识目标，融入职业素质，以满足课程目标的要求。

（1）教材以及相应的教辅资料编写应当依据本课程标准进行。

（2）教材应充分体现项目驱动、实践导向的高等职业教育专业课程设计思想，以国际贸易类专业岗位为核心，以批判性思维内容为主体，结合岗位职业素质要求，合理安排教材内容。

（3）教材应以设计完成的项目活动为基础，通过多媒体演示、情景模拟、角色体验、角色互换、情景再现、案例分析等多种手段，深入浅出、图文并茂地展现教学内容。

（4）教材在内容上要具有实用性和可操作性，同时注重与时俱进，把批判性思维过程中的新知识、新规定、新技术、新方法融入教材中，使教材更贴近外贸业务的发展变化和实际需要。

（三）教学场所

本课程建议安排在理实一体校内智慧教室上课。理实一体校内智慧教室配备无线网络，依托课程资源以及智能手机、iPad等智能终端，动态采集学生个体数据、学习过程数据、学习结果数据，开展精准教学；依托互联网以及多媒体开展充分的头脑风暴，调动学生活跃思维，以提高学习效率。

（四）教学方法

本课程建议采用精准化教学，基于"智慧职教"职教云所收集的数据开展精准化的学情分析、目标分析、内容分析、路径分析和精准教学干预；设计"学习领袖"，应用积分机制，营造竞争氛围，激发学生主动学习意识；全面推进融"教、学、考、做"为一体的项目教学法和线上线下融合教学法，动态组建项目团队，让学生以职业人身份进行业务操作。

（五）教学评价

教学评价建议采取过程评价与结果评价相结合，逐步过渡到项目任务考核模式。

（1）突出过程与模块评价，结合出勤、学习态度、课堂表现、模块考核等手段，加强实践性教学环节的考核，并注重平时采分。

（2）在进行结果评价时重视基础知识和职业能力相结合。

（3）在项目教学逐步深入本课程的教学环节时，考核方法将逐步增加项目任务考核的比例，最终实现全部以项目任务考核成绩来评定学生课程成绩。

线上线下（40%）			自评互评（10%）		校内校外（20%）		综合评价（30%）
线上成绩（30%）			线下成绩（10%）	学生自评（5%）	小组互评（5%）	专业教师（10%）	企业导师（10%）	
在线测试（10%）	在线学习（10%）	在线作业（10%）					
总计（100%）							

(六) 课程资源

（1）以系统化设计、碎片化资源为课程资源建设原则，以批判性思维流程为主线拆分建设资源，建设具有内在逻辑关系的内容覆盖主要知识点与技能点。形式丰富的、系统的课程建设资源是教学资源推进课程改革的基础与前提。

（2）充分利用各级各类课堂学习平台组建网络学习空间，辅助课堂教学，搭建多维、动态、活跃、自主的课程学习平台，满足不同学生的差异化需求，充分调动学生的主动性、积极性和创造性。

（3）建立科学的考评体系，将学生自主学习、项目实践纳入考评体系，不断加大过程考核力度，推进课程考核方法改革，服务于课程改革需要。

"国际贸易基础"课程标准

【课程名称】国际贸易基础
【适用专业】高等职业院校国际经济与贸易专业群内专业
【建议课时】36 课时
【建议学分】2 学分

一、课程性质和设计思路

(一) 课程性质

"国际贸易基础"是高等职业院校国际经济与贸易专业群基础课程。本课程主要培养具有较强职业能力、专业知识和良好职业素质的跨境电商 B2B 专员和 B2C 专员。通过本课程的学习，学生能够了解国际贸易动机、国际贸易流程和各平台规则、国际贸易相关法律和惯例条约，以及常见国际贸易组织。本课程的后续课程是跨境电商 B2B、跨境电商 B2C 专业核心课程和"进出口业务操作""外贸单证操作"等课程。

(二) 课程设计思路

作为国际经济与贸易专业及相关专业学习的第一门专业课程，本课程按照高职学生认知特点，打破传统的理论课主要以教师讲授为主的课堂方式，构建以案例为引导、课堂讨论为形式的互动式教学模式。教学内容真实化，即摒弃生涩难懂的理论知识，采取以职业能力为导向、以项目任务为载体的课程教学模式，积极鼓励学生参与课堂教学活动，从而突出培养学生对理论知识的运用能力。本课程在教学方法上主要采用案例教学法，即教师通过细致地选取有针对性的案例，让学生处于教学活动中，并引导学生积极参与课堂活动，使学生不再是知识的被动接受者。这样做有两个好处：一方面，学生能够提高学习的积极性；另一方面，通过和同学、老师协作分析案例，学生可以提高自己利用知识解决问题的能力，做到从"知"到"行"，这对学生未来胜任国际贸易相关岗位工作具有重要的支撑作用。

二、课程目标

通过本课程的系统学习，学生能掌握国际贸易动因、国际贸易操作平台规则、国际贸易法律与惯例和相关国际贸易组织的基本专业知识，掌握国际贸易理论课程的实践，掌握必要的国际经济与贸易的基本技能，从而初步具备较高的外贸知识素养和能力。本课程同时培养和训练学生的法律意识、职业道德意识、责任意识、安全意识和团队意识等。

职业能力目标：

（1）能根据不同的外贸形势判断该外贸产生的动因；

（2）能区分不同的外贸形式；

（3）能掌握不同外贸形式的不同外贸流程和岗位职业要求；

（4）能掌握不同外贸平台的平台规则；

（5）能使用国际贸易法解决基本的贸易争端；

（6）能掌握 INCOTERMS® 2020 和 UCP600 惯例使用；

（7）能掌握不同的外贸组织在国际贸易中发挥的作用。

三、课程内容和要求

序号	工作项目	工作任务	能力要求	知识要求	课时
0	导论			• 掌握外贸形势 • 了解外贸新动态、新变化和新需求	3
1	国际贸易的动机与分类	任务1：国际贸易的动机 任务2：国际贸易的分类	• 能根据不同的贸易形势区分国际贸易的动机 • 能进行国际贸易的传统分类 • 掌握什么是跨境电子商务 • 掌握什么是市场采购 • 能计算国际贸易的重要统计指标	• 掌握不同贸易动机的含义和特点 • 掌握传统国际贸易的分类方法 • 掌握跨境电子商务的特点 • 掌握市场采购的特点 • 掌握不同国际贸易统计指标的含义	6

续表

序号	工作项目	工作任务	能力要求	知识要求	课时
2	国际贸易的流程和岗位	任务1：国际贸易的流程 任务2：国际贸易的岗位	• 掌握怎么完成一笔出口业务 • 掌握怎么完成一笔进口业务 • 掌握怎么完成一笔跨境电子商务业务 • 掌握如何成为一名合格的传统外贸企业外贸人员 • 掌握如何成为一名合格的跨境电子商务专员	• 掌握出口业务的流程 • 掌握进口业务的流程 • 掌握跨境电子商务的流程 • 掌握传统外贸企业岗位要求 • 掌握跨境电子商务专员的岗位要求	6
3	国际贸易的平台规则	任务1：展会的平台与规则 任务2：跨境电商的平台与规则 任务3：市场采购的平台与规则	• 能根据所学知识进行一次展会安排 • 能根据所学知识进行一次跨境电商初步实践 • 能根据所学知识完成一次市场采购安排	• 掌握展会平台知识和规则要求 • 掌握跨境电商平台知识和规则要求 • 掌握市场采购平台知识和规则要求	6
4	国际贸易的法律与政策	任务1：国际贸易的法律 任务2：国际贸易的政策	• 能根据所学法律知识，学会国际贸易争端救济方法 • 能根据所学贸易政策，提高成功率，避免掉入贸易陷阱	• 掌握对外贸易法的内容 • 掌握原产地规则的内容 • 掌握贸易救济制度的内容 • 掌握知识产权法和产品责任法的内容 • 掌握自由贸易与保护贸易的含义 • 掌握关税的含义 • 掌握鼓励出口和限制出口的方法	6
5	国际贸易条约与惯例	任务1：国际贸易条约 任务2：国际贸易惯例	• 能利用国际贸易条约解决合同中产生的异议和合同履约的方法 • 能根据国际惯例进行国际贸易相关操作	• 掌握《联合国国际货物销售合同公约》的内容 • 掌握联合国关于调解所产生的国际和解协议公约 • 掌握 INCOTERMS® 2020 的内容 • 掌握 UCP600 的内容	6
6	国际贸易的组织与关系	任务1：国际贸易组织 任务2：国际贸易关系	• 能利用国际贸易组织规则为贸易服务 • 能利用国际贸易关系找到未来的贸易方向	• 掌握世界贸易组织的框架 • 掌握国际标准化组织的框架 • 掌握世界银行的框架 • 掌握亚洲基础设施投资银行的框架 • 掌握"一带一路"倡议的含义和内容	3
合计					36

四、课程实施建议

（一）教学团队

本课程教学团队应由校内专任教师和行业兼职教师共同组成，要求行业兼职教师的外贸工作经验在 10 年以上，实现"双元"；校内专任教师到外贸企业开展挂职锻炼，提升教师实践能力并接触行业最新动态，实现"双优"。在授课过程中，校内专任教师与行业兼职教师保持密切联系，对教学案例组织、课堂授课内容、课后习题设计进行密切指导，确保授课内容与岗位设置需求紧密贴合，实现教学与岗位零距离。

（二）教材编写

本课程教材编写打破了原有"国际贸易基础"课程的传统内容，从全新的视角对教材内容进行了设计。从内容设置来看，教材中不仅包括传统外贸课程的内容，也将最新的市场采购规则、跨境 B2B 平台规则、展会规则等纳入教材学习内容；从内容丰富度来看，教材除了介绍外贸实践知识，还对外贸理论知识和外贸常识进行了归纳总结和学习；从教材形式来看，转变教材呈现形式，通过二维码等途径，实现数字化资源的融入，开发一体化新形态教材；从学习者的学习获得性来看，学生不仅学习了专业基础知识，还丰富了对国际贸易的认知。

（三）教学场所

本课程建议安排在理实一体校内智慧教室。理实一体校内智慧教室配备无线网络，依托"在浙学"App 以及智能手机、iPad 等智能终端，动态采集学生个体数据、学习过程数据、学习结果数据，开展精准教学。

（四）教学方法

本课程建议采用线上线下混合式教学模式开展教学活动。线下教学，采取案例化教学模式，将晦涩的理论知识通过案例具体化，让学生在学习中能更好理解和应用；线上教学，依托浙江省高等学校在线开放课程共享平台和"在浙学"App，将数字化教学资源提供给学生供其进行课前预习和课后复习，同时还能在平台完成学习任务和交流共享任务，充分将学生的课前、课中和课后融会贯通在一起，提高了学生的学习能力和学习效果。

（五）教学评价

在课程总成绩评定中，平时考核占 40%，期末考核占 60%。平时成绩包含出勤率、在线学习、在线测试、在线考试等，在考核指标中加入素质考核指标；期末考试采用传统的试卷模式，检验学生掌握理论知识和运用知识能力的水平。

考核方式	考核项目	分值	说明
平时考核（40%）	出勤率	5	线上点名
	在线学习	10	学生观看视频、笔记
	在线测试	10	平台测试成绩
	在线考试	10	平台考试成绩
	在线学习参与度	5	讨论、分享、发帖与回帖等
期末考核（60%）	试卷考核	60 分	理论知识考核和知识运用能力考核
总分			100 分

(六) 课程资源

(1) 标准化的课程标准、单元设计、授课计划和实现计划。

(2) 与课程内容相适应的案例集和习题集。

(3) 多样化的网络教学素材——微课、动画和网络资源。

(4) 以项目为单元课件，实现课件可迁移性。

(5) 多套可使用的试卷。

(6) 网络教学平台运用要求：最终实现全部课程资源能够在线运用；最终实现部分课程资源能够在移动终端使用；网络教学平台能够满足教师上课、学生自学和自我练习等功能。

"跨境电商基础"课程标准

【课程名称】跨境电商基础

【适用专业】高等职业院校国际经济与贸易专业群内专业

【建议课时】54 课时

【建议学分】3 学分

一、课程性质和设计思路

(一) 课程性质

"跨境电商基础"是高等职业院校国际经济与贸易专业群基础课程。本课程的目的是培养学生理解跨境电商基本概念、了解国家发展跨境电商的相关政策，熟悉跨境平台的相关规则，具备互联网思维，熟悉跨境电商的商业模式，掌握跨境电商风险防控能力，具备选择跨境电商平台从事运营的相关能力，为今后进一步学习其他专业课程打下基础。

先导课程："经济学原理""国际贸易基础"等。

后续课程："跨境电商 B2C 运营""跨境电商美工实务"等。

（二）课程设计思路

在工学结合课程建设模式的指导下，本课程首先通过校企合作分析跨境电商专员工作过程和工作任务，共同开发岗位职业标准；然后依据岗位职业标准，以职业能力为本位，开发课程标准，设计项目活动载体，编写项目式教材；同时，建设双元主体的课程教学团队，在校内外实训基地开展以学生为主体、融"教、学、做、考、创业"于一体、以工作任务驱动的项目教学；最后，实施过程考核与结果考核相结合、校内考核与企业考核相结合、课程考核与创业考核相结合的多样化课程评价体系。

二、课程目标

通过本课程的学习，学生能了解跨境电商的基本概念，掌握跨境电商进出口政策、全球跨境电商发展特点和发展趋势、跨境电商 B2B 平台概况、跨境电商 B2C 平台概况、跨境电商独立站概况、跨境电商风险防控等方面的基础知识，初步形成一定的学习能力和实践能力。通过案例与实例的教学，学生能更好地理解跨境电商的新变化和发展新机遇，为今后进一步学习其他专业课程打下基础。

知识目标：

（1）熟悉跨境电商的基本概念；

（2）掌握全球跨境电商的发展历程和未来趋势；

（3）理解跨境电商主要商业模式；

（4）熟悉跨境电商进出口政策；

（5）了解全球跨境电商发展特点和发展趋势；

（6）熟悉跨境电商平台（B2B、B2C）规则与特点；

（7）熟悉跨境电商 DTC 品牌出海规则与特点；

（8）掌握跨境电商基本业务流程等方面的基础知识；

（9）熟悉跨境电商风险与防范。

技能目标：

（1）能理解跨境电商的新变化，把握发展新机遇；

（2）能将跨境电商新政策、商业模式等合理运用到跨境电子商务活动中；

（3）能合理选择跨境电商平台；

(4) 具有互联网思维能力;

(5) 具有创新精神,策划具有创意性;

(6) 具备持续性学习新事物的能力和分析营销现象的能力;

(7) 具备知识扩展能力和岗位发展迁移的适应能力;

(8) 具备跨境电商运营风险化解能力。

三、课程内容和要求

序号	工作项目	能力要求	知识要求	课时
1	跨境电商概述	• 能深刻理解跨境电商创新商业模式 • 能熟练地将跨境电商政策运用到商业实践中	• 理解跨境电商的基本含义 • 了解跨境电商的分类 • 理解跨境电商的特征 • 熟悉海关监管代码"9610""1210""1239""9710""9810"等的基本含义 • 理解跨境电商与传统外贸的区别与联系 • 理解跨境电商与国内电商的区别与联系 • 理解跨境电商出口政策 • 了解我国跨境电商综合试验区发展特点 • 了解跨境电商进口政策 • 了解跨境电商进口商业模式（C2C、B2C；平台型、自营型） • 掌握跨境电商出口商业模式（B2B、B2C、C2C、G2G、社交电商、直播电商等） • 掌握跨境电商基本术语	9
2	全球跨境电商发展特点和发展趋势	• 能把握跨境电商发展趋势	• 了解美国、欧盟等跨境电商发展特点及发展趋势 • 熟悉中国跨境电商发展特点及发展趋势 • 了解"一带一路"倡议与跨境电商发展 • 了解 eWTP 对跨境电商发展的影响 • 了解世界跨境电商大会新要求 • 了解《世界海关组织跨境电商标准框架》的基本特点 • 了解 RCEP 对跨境电商发展的影响 • 理解跨境电商发展趋势	6
3	跨境电商 B2B 平台入门	• 能熟练掌握跨境电商 B2B 平台特点和主要规则	• 理解跨境电商 B2B 总体发展情况 • 理解阿里巴巴国际站等典型跨境电商 B2B 平台特点 • 理解阿里巴巴国际站等典型跨境电商 B2B 平台主要规则	6
4	跨境电商 B2C 平台入门	• 能熟练掌握跨境电商 B2C 各平台特点和主要规则	• 了解全球跨境电商 B2C 总体发展情况 • 熟悉速卖通、亚马逊、eBay、Wish、敦煌网等典型跨境电商 B2C 平台特点 • 理解速卖通、亚马逊、eBay、Wish、敦煌网等典型跨境电商 B2C 平台主要规则 • 了解全球其他跨境电商 B2C 平台主要特点和规则（Cdiscount、Lazada、Paytm、Shopee 等）	15

续表

序号	工作项目	能力要求	知识要求	课时
5	跨境电商独立站入门	• 能熟练掌握跨境电商独立站特点和主要规则	• 熟悉跨境电商独立站的基本含义、特点 • 了解跨境电商独立站与第三方平台相比的优劣势 • 了解跨境电商独立站营销能力测评指标和建站要领 • 掌握DTC品牌出海的基本含义 • 了解跨境电商独立站对DTC品牌出海的意义和作用 • 熟悉基于跨境电商独立站打造的DTC品牌出海典型案例	6
6	互联网思维与跨境电商	• 能熟练运用互联网思维运营店铺	• 理解互联网思维的基本含义 • 了解互联网思维的基本特点 • 了解互联网思维与传统思维的区别 • 理解九大互联网思维在跨境电商中的具体应用 • 熟悉跨境电商发展典型案例	6
7	跨境电商风险防控	• 能有效化解跨境电商风险	• 了解跨境电商风险的基本含义、特点和类型 • 了解《中华人民共和国电子商务法》对跨境电商经营监管的有关规定（电子商务经营者界定、一般监管要求、经营者的义务和责任、跨境电商零售进口的监管规定、跨境电商零售出口的监管规定） • 了解跨境电商走私与代购风险应对 • 理解VAT的基本含义、基本特点 • 理解跨境电商品牌建设与知识产权合规	6
		合计		54

四、课程实施建议

（一）教材编写

本课程教材编写人员应由学校专任教师和跨境电商行业企业一线业务专家共同组成。教材编写模式建议打破以知识体系为线索的传统编写模式，采用以跨境电商专员工作过程为线索，体现工学结合、任务驱动、项目教学的项目式教材编写模式。教材编写内容建议以跨境电子商务人才培养目标和规格为依据，根据企业调研的第一手资料，根据跨境电商基础本身的特点，将课程内容分为7个部分，即跨境电商概述、全球跨境电商发展特点和发展趋势、跨境电商B2B平台入门、跨境电商B2C平台入门、跨境电商独立站入门、互联网思维与跨境电商、跨境电商风险防控，紧紧围绕工作任务的需要来选取理论知识。

（二）教学建议

1. 教学团队

本课程建议采用校内专任教师和行业兼职教师共同组建双师结构课程教学团队，行业兼职教师与校内专任教师比例达到1∶1；建议校内专任教师到跨境电商企业相关部门开展挂职锻炼，提升业务操作能力，培养双师素质；建议行业兼职教师来源包括跨境电商企业、知名跨境物流公司、海关等部门；建议双师结构课程教学团队共同开发课程、共同编写教材、共同备课、共同授课、共同评价，全程参与课程建设。

2. 教学场所

本课程建议全部放在校内实训室和校外实习基地上课和考试，实现教学场所与职业场所的一体化，使学生容易找到强烈的职业归属感，以提高学习效率。建议本课程配套至少1个实训室和多个校外实习基地，采用与跨境电商企业合作的方式，引进真实的跨境电商产品开展实训，确保有较多数量的产品能满足实施开店和学生实习的需要。

3. 教学方法

本课程建议采用以学生为主体，以职业能力培养为本位，以工作过程和工作任务为主线，任务驱动，融"教、学、做、考、创业"于一体的项目教学法。通过项目导入、学生操作、教师示范、归纳总结、能力实训五个环节循序渐进，让学生以职业人身份进行业务操作，突出学生主体地位，实现课堂与实习地点一体化教学模式，实习与创业相结合，让学生在做中学，让教师在做中教，融"教、学、做、考、创业"为一体。

（三）教学评价

课程整体教学评价的标准应体现任务驱动、项目导向课程的特征，在教学中按学期分项目任务分别评分，最后进行综合考核。

（1）采用线上线下相结合的方式，兼顾课前自主在线学习与任务完成、课堂任务完成与交流反馈、项目任务的实施过程与成果反馈以及课后拓展的反馈等。

（2）采用师生结合、校内外兼顾的方式，学生、教师和企业导师三方综合对某一个具体任务展开评价。

（3）采用诊断性评价、形成性评价与总结性评价相结合的方式，利用现代信息化手段，实现全过程信息采集，在课程教学实施过程中，及时观测大数据，既把握全员情况，又凸显个体差异，适当调整教学内容与侧重点，以保障教学目标与教学效果的实现。

线上线下（40%）			自评互评（10%）		校内校外（20%）		综合评价（30%）
线上成绩（30%）			线下成绩（10%）	学生自评（5%）	小组互评（5%）	专业教师（10%）	企业导师（10%）	
在线测试（10%）	在线学习（10%）	在线作业（10%）						
总计（100%）							

(四)课程资源

(1)积极利用跨境电商第三方平台的教学资源,拓展学习的渠道,使教学内容呈现多元性、多样性,使学生的知识和能力得到进一步拓展。

(2)注重建设和开发本课程的电子教材、项目活动载体、教学单元设计、学习指导、多媒体课件、实训实习项目库、习题集、案例集、试题库等教学资源,并上传至教学平台,使教师和学生能够通过教学平台有效地开展高效和灵活的教与学的活动。

"国际结算操作"课程标准

【课程名称】 国际结算操作
【适用专业】 高等职业院校国际经济与贸易专业群内专业
【建议课时】 54课时
【建议学分】 3学分

一、课程性质和设计思路

(一)课程性质

"国际结算操作"是高等职业院校国际经济与贸易专业群基础课程。通过本课程的学习,学生能掌握国际结算业务的基本操作,具备处理国际票据业务、国际汇款业务、国际托收业务、信用证业务、银行保函和备用信用证业务、出口贸易融资业务、进口贸易融资业务和跨境贸易人民币结算业务的能力。本课程是进一步学习"外贸单证操作"和"进出口业务操作"等其他专业课程的基础。

(二)课程设计思路

本课程以"校企合作、工学结合"理念为指导,以工作项目与任务为中心组织课程内容,始终遵循以就业为导向、以培养应用型人才为目标的原则,让学生在完成具体项目与任务的过程中构建相关知识体系,训练职业技能,发展职业能力。

本课程根据课程性质和特点,结合学生认知规律,以国际结算业务类型为线索设计具体项目,让学生通过项目的学习与训练掌握真实业务处理技能,在教学内容选择上围绕目前国际结算主要业务展开,其中以结算方式为核心内容,并以单据嵌入信用证结算方式合并学习。本课程突出对学生职业能力的培养,理论知识的选取紧紧围绕工作任务完成的需要来进行，同时又充分考虑了高等职业教育对理论知识传授的需要，并融合了职业技能等级证书对知识、技能和素质的要求。

教学方法上采用以学生为主体、以能力为本位、任务驱动、项目导向、融"教、学、考、做"为一体的项目教学法；同时，通过校企合作、校内实训基地建设等多种途径，充分开发学习资源。教学效果评价采取形成性评价与终结性评价相结合、理论与实践相结合的方式，重点评价学生的职业能力。

二、课程目标

"国际结算操作"课程在工作项目与任务设计中始终贯彻教学内容与国际惯例、国际结算实务相结合的原则，通过任务引领项目活动，使学生熟练掌握国际票据、国际汇款、国际托收、信用证、银行保函和备用信用证、出口贸易融资、进口贸易融资和跨境贸易人民币结算等国际结算业务操作，具备运用UCP600、ISBP745、URC522、URDG758等相关国际惯例分析和解决各种国际结算问题的能力，具备良好的职业道德与职业操守，从而提高学生的岗位适应性。

职业能力目标：

（1）能处理国际票据业务；

（2）能处理国际汇款业务；

（3）能处理国际托收业务；

（4）能处理信用证业务；

（5）能处理银行保函和备用信用证业务；

（6）能处理出口贸易融资业务；

（7）能处理进口贸易融资业务；

（8）能处理跨境贸易人民币结算业务；

（9）能保持高度的国际结算风险意识；

（10）能采取适当的国际结算风险防范措施。

三、课程内容和要求

序号	工作项目	工作任务	能力要求	知识要求	课时
0	导论			• 掌握国际结算的概念 • 熟悉国际结算的特征 • 熟悉主要国际结算惯例 • 了解主要国际结算系统 • 了解国际结算发展趋势	1

续表

序号	工作项目	工作任务	能力要求	知识要求	课时
1	国际票据业务	任务1：出票人出具汇票 任务2：收款人对汇票进行背书 任务3：付款人对汇票进行承兑 任务4：出票人出具本票 任务5：出票人出具支票	• 能区分票据的不同特性 • 能出具英文汇票 • 能审核汇票的有效性 • 能对汇票进行不同种类的背书 • 能对汇票进行承兑和保证等操作 • 能出具英文本票和支票 • 能审核本票和支票的有效性 • 能对支票做出不同种类的划线操作	• 掌握票据的定义和特性 • 了解两大票据法系及其区别 • 熟悉《中华人民共和国票据法》中关于涉外票据的法律适用规定 • 掌握汇票的定义及必要项目 • 熟悉汇票主要当事人及其关系 • 掌握出票、背书、承兑、保证等票据行为的操作要点 • 掌握本票、支票的定义及必要项目 • 熟悉支票划线的种类和作用	8
2	国际汇款业务	任务1：进口商填写境外汇款申请书 任务2：进口商办理境外汇款手续	• 能根据外贸合同填写境外汇款申请书 • 能办理电汇手续 • 能填写票汇、信汇申请书 • 能办理票汇、信汇手续 • 能审核票汇项下银行汇票	• 了解汇款的定义和当事人 • 掌握电汇的定义及业务流程 • 熟悉电汇申请书的填写要点 • 熟悉MT103报文的格式要求 • 熟悉票汇、信汇的定义及业务流程 • 熟悉票汇、信汇申请书的填写要点 • 掌握票汇项下银行汇票的制作方法	4
3	国际托收业务	任务1：出口商制作跟单托收委托书 任务2：出口商制作跟单托收汇票 任务3：办理跟单托收手续	• 能明确区分D/P和D/A • 能填写跟单托收委托书 • 能制作托收项下的汇票并进行托收背书 • 能填写光票托收委托书 • 能针对不同的托收类型选择相应的风险防范措施	• 掌握托收的定义和种类 • 熟悉URC522项下托收当事人的关系 • 掌握跟单托收的业务流程 • 掌握托收汇票制作和托收背书的要点 • 掌握跟单托收委托书的项目含义和填制方法 • 掌握客户交单联系单的项目含义和填制方法 • 掌握光票托收的业务流程 • 熟悉托收项下当事人的风险及其防范措施	6

续表

序号	工作项目	工作任务	能力要求	知识要求	课时
4	信用证业务	任务1：开证申请人填写开证申请书 任务2：开证申请人办理开证申请手续 任务3：受益人审核信用证 任务4：开证申请人申请修改信用证 任务5：受益人审核结汇单据 任务6：处理不符点	• 能填写开证申请书 • 能读懂MT700和MT701报文 • 能根据合同审核信用证，找出不合理条款 • 能根据UCP600、业务实际情况提出修改建议 • 能制作改证申请书 • 能读懂MT707报文 • 能审出单据中的不符点 • 能处理不符单据	• 掌握信用证的定义和特点 • 熟悉信用证的种类和当事人 • 熟悉信用证的业务流程 • 掌握开证申请书的填制要点 • 熟悉MT700和MT701报文的格式要求 • 掌握审证依据、步骤和要点 • 掌握改证申请书的填制要点 • 熟悉MT707报文的格式要求 • 掌握审单的原则、步骤和要点 • 掌握不符单据的处理方法 • 掌握UCP600、ISBP745的主要条款	18
5	银行保函和备用信用证业务	任务1：填写开立银行保函/备用信用证申请书 任务2：办理银行保函/备用信用证开立手续 任务3：读懂银行保函/备用信用证	• 能填写银行保函/备用信用证申请书 • 能办理申请银行保函/备用信用证开立手续 • 能读懂银行保函条款 • 能读懂备用信用证条款 • 能区分备用信用证与银行保函	• 掌握银行保函的含义和性质 • 熟悉银行保函的当事人和种类 • 掌握银行保函的业务流程 • 掌握银行保函申请书的填写要点 • 熟悉URDG758的主要条款 • 掌握备用信用证的含义和作用 • 熟悉ISP98的主要条款	4
6	出口贸易融资业务	任务1：办理打包贷款业务 任务2：办理出口押汇业务 任务3：办理出口保理业务 任务4：办理福费廷业务 任务5：办理出口商业发票贴现业务 任务6：办理出口信用保险项下融资业务	• 能填写打包贷款申请书 • 能办理打包贷款手续 • 能填写出口押汇申请书 • 能办理出口押汇手续 • 能填写出口保理业务申请书 • 能办理出口保理业务申请手续 • 能签订福费廷协议 • 能履行福费廷协议 • 能填写出口商业发票贴现申请书 • 能办理出口商业发票贴现手续 • 能办理出口信用保险项下保单融资	• 了解国际贸易融资的含义 • 熟悉出口贸易融资的种类和基本流程 • 掌握打包贷款的含义和作用 • 掌握打包贷款申请书填写要点 • 掌握出口押汇的含义和种类 • 掌握出口押汇申请书填写要点 • 熟悉国际保理的含义和特征 • 熟悉国际保理业务的基本流程 • 掌握出口保理业务申请书填写要点 • 熟悉福费廷的含义和特征 • 熟悉福费廷业务的基本流程 • 掌握福费廷协议的签订要点 • 熟悉出口商业发票贴现的含义 • 熟悉出口商业发票贴现业务流程 • 熟悉出口信用保险项下保单融资业务流程	7

续表

序号	工作项目	工作任务	能力要求	知识要求	课时
7	进口贸易融资业务	任务1：办理减免保证金开证业务 任务2：办理提货担保业务 任务3：办理进口押汇业务	● 能填写减免保证金开证相关合同 ● 能办理减免保证金开证手续 ● 能填写提货担保申请书 ● 能办理提货担保手续 ● 能填写进口押汇申请书 ● 能办理进口押汇手续	● 熟悉进口贸易融资的种类和基本流程 ● 熟悉减免保证金开证的含义和作用 ● 熟悉减免保证金开证业务流程 ● 掌握提货担保的含义和作用 ● 掌握提货担保的业务流程 ● 掌握提货担保申请书填写要点 ● 掌握进口押汇的含义和种类 ● 掌握进口押汇的业务流程 ● 掌握进口押汇申请书填写要点	3
8	跨境贸易人民币结算业务	任务1：办理汇付项下跨境贸易人民币结算 任务2：办理托收项下跨境贸易人民币结算 任务3：办理信用证项下跨境贸易人民币结算	● 能办理汇付项下跨境贸易人民币结算业务 ● 能办理托收项下跨境贸易人民币结算业务 ● 能办理信用证项下跨境贸易人民币结算业务	● 熟悉跨境贸易人民币结算的含义和特征 ● 了解跨境贸易人民币结算政策 ● 熟悉跨境贸易人民币结算流程 ● 熟悉跨境贸易人民币清算模式和清算渠道	3
合计					54

四、课程实施建议

（一）教材编写

本课程教材及相应教辅资料的编写应当依照本课程标准进行，编写人员应由学校专任教师与行业企业国际结算业务专家共同组成。本教材应充分体现工学结合、任务驱动、项目教学的项目教材编写模式，以国际结算业务操作流程为中心，结合相关职业资格证书的考核要求，合理编排教材内容，具体包括国际票据业务、国际汇款业务、国际托收业务、信用证业务、银行保函和备用信用证业务、出口贸易融资业务、进口贸易融资业务和跨境贸易人民币结算业务8个工作项目。教材在内容上要具有实用性、可操作性和新颖性，要把国际结算业务处理中的新知识、新技术融入其中，使教材更贴近国际结算业务的发展变化和实际需要。教材应以设计完成的项目活动为基础，通过视频和动画资料观摩、多媒体演示、项目教学、角色体验、案例分析等多种手段，深入浅出地展现教学内容。

(二）教学建议

（1）教师必须注重实践操作，注重职业情景的创设，注重多媒体等现代教学技术的运用。

（2）教师必须注重项目教学、案例教学、角色体验等多种教学手段的运用，推进师生互动教学模式，让学生在做中学、学中做，激发学习兴趣。

（3）聘请金融行业一线国际结算业务骨干和专家作为行业兼职教师，充分利用校内、校外实训基地进行真实环境、真实情景的仿真化教学。

（4）教师应积极探讨适合高职学生认知特点和国际结算业务操作技能要求的职业教育教学模式，为学生提供自主学习的空间，努力增强学生可持续发展能力。

（5）教师应积极引导学生提升职业素质，培养学生诚实守信、善于沟通和合作的品质。

（三）教学评价

本课程采用过程性考核和终结性考核相结合、校内评价和企业评价相结合的考核方式。建议具体考核比例为：

考核指标	占比
平时成绩	20%
线上线下学习成绩	40%
期末考试	40%
合计	100%

（1）教学评价的标准应体现任务驱动、项目导向课程的特征，体现理论与实践操作的结合，根据项目实践活动任务完成情况进行评定。

（2）教学评价的指标包括理论知识掌握情况、实践操作能力、学习态度和基本职业素质等方面。理论知识掌握情况可以采用笔试的方式，实践操作能力可以采用上机模拟、情景模拟和案例设计等多种形式，进行等级评定。

（3）应注重对学生综合职业能力的考核，对在学习和应用中有独立见解的学生给予鼓励。

（四）教学资源

（1）注重开发和建设本课程的多媒体课件、教学大纲、实训大纲、实训平台、自主学习平台、习题集、案例集、试题库等教学资源。

（2）注重国际结算业务仿真软件的开发利用，搭建起多维、动态的课程训练平台，充分调动学生学习的积极性、主动性和创造性。

（3）搭建产学合作平台，充分利用本行业的企业资源，满足学生参观、实训和毕业实习的需要，并在合作中关注学生职业能力的发展并适时调整教学内容。

（4）充分开发网络教学资源，逐步实现课程网络化，扩大知识的传播途径和传播方式，建立起师生有效互动、学生互帮互学或自主学习的多媒体网络技术平台。

"跨境电商 B2B 运营"课程标准

【课程名称】跨境电商 B2B 运营
【适用专业】高等职业院校国际经济与贸易专业
【建议课时】54 课时
【建议学分】3 学分

一、课程性质和设计思路

（一）课程性质

"跨境电商 B2B 运营"是高等职业院校国际经济与贸易专业的一门专业核心课程。本课程主要培养具有较强职业能力、专业知识和良好职业素质的跨境电商 B2B 运营专员。通过本课程的学习，学生能熟悉跨境电商 B2B 操作的平台规则，掌握跨境电商 B2B 运营的基本流程，具备目标客户分析与运营方案拟定、产品图片视频拍摄与文案设计、店铺建设与优化、产品上传与管理、平台引流与推广、数据分析与优化的能力。本课程的铺垫课程是"国际贸易基础"和"进出口业务操作"。

（二）课程设计思路

"跨境电商 B2B 运营"课程遵循"校企合作、工学结合"的课程设计理念，采用以跨境电商 B2B 运营专员的岗位职业标准为依据，以职业能力为本位，以工作过程为主导，以校企合作为路径，融"教、学、考、做"于一体的工学结合课程建设模式。

本课程的设计体现系统性、开放性、职业性和实践性四个特点。系统性体现在对课程的教学内容、活动载体、教学团队、教学场所、教学方法、考核体系等进行了系统的设计；开放性体现在本课程的双元课程建设主体，由校内专任教师和跨境电商 B2B 企业业务专家共同进行课程建设；职业性体现在课程培养定位于跨境电商 B2B 运营专员并以跨境电商 B2B 运营专员岗位职业标准为依据；实践性体现在课程内容以跨境电商 B2B 运营专员工作过程为主线和以跨境电商 B2B 运营专员职业能力为本位。

本课程在工学结合课程建设模式的指导下，首先分析跨境电商 B2B 运营专员工作过程和任务，共同开发跨境电商 B2B 运营专员岗位职业标准；然后依据职业标准，以职业能力为本位，紧扣跨境电商 B2B 行业最新发展趋势，融入 1＋X 跨境电商 B2B 数据运营职业技能等级证书考核要求，开发课程标准，设计项目活动载体，编写项目教材；同时，建设双师结构的课程教学团队，在校内外实训基地开展以学生为主体、融"教、学、考、做"于一体、以工作任务为驱动的项目教学；最后，实施过程考核与结果考核相结合、校内考核与企业考核相结合、课程考核与职业考证相结合的多样化课程评价体系。

二、课程目标

通过在校内理实一体化实训室的操作（模拟与实务、实训与实践结合），使学生熟练掌握七项基本业务操作技能，即跨境电商 B2B 入门操作、目标客户分析与整体运营方案拟订、产品图片视频拍摄与文案设计、店铺建设与优化、产品上传与管理、平台推广与引流、数据分析与优化等业务操作能力，培养学生认真严谨、勇于开拓的工作作风和善于沟通、团队合作的工作品质，为学生今后从事跨境电商 B2B 运营专员工作岗位和其他外贸岗位工作奠定扎实基础。

职业能力目标：

(1) 能开展目标客户分析与整体运营方案拟订工作；
(2) 掌握产品图片和视频拍摄制作技巧并完成文案设计；
(3) 能顺利完成店铺开通并优化店铺的信息化建设；
(4) 能熟练上传产品并进行基本的产品管理；
(5) 能合理制定店铺推广与引流方案，通过合适的渠道进行推广；
(6) 能有效分析店铺各类数据并提出有针对性的运营优化建议。

三、课程内容和要求

序号	工作项目	工作任务	能力要求	知识要求	课时
0	导论	任务1：了解行业概况 任务2：了解岗位要求		● 熟悉跨境电商 B2B 运营专员的工作任务 ● 熟悉跨境电商 B2B 运营专员岗位对职业能力、职业素质和专业知识的要求	3

续表

序号	工作项目	工作任务	能力要求	知识要求	课时
1	跨境电商B2B入门操作	任务1：阿里巴巴国际站认知 任务2：B2B平台产品排序机制分析 任务3：跨境电商知识产权规则	• 能理解阿里巴巴国际站后台各功能板块的作用 • 能在阿里巴巴国际站首页进行产品、供应商的信息搜索和整理 • 能对平台产品的排序机制进行分析 • 能理解跨境电商知识产权规则	• 了解阿里巴巴国际站概况 • 了解阿里巴巴国际站前台界面和后台功能板块 • 熟悉产品排序机制 • 熟悉产品排序规则 • 熟悉跨境电商知识产权规则 • 熟悉阿里巴巴国际站禁限售规则	6
2	目标客户分析与整体运营方案拟订	任务1：目标客户分析 任务2：寻找客户的关注点和痛点 任务3：拟订整体运营方案	• 能根据产品生产工艺、特点及卖点，锁定产品的目标市场，开展目标客户需求分析 • 能寻找客户的关注点和痛点 • 能根据客户分析和市场分析对店铺进行定位 • 能根据客户分析结果拟订针对目标客户的整体运营方案	• 了解客户分析的途径 • 熟悉客户分析的方法 • 熟悉店铺定位的方法 • 掌握整体运营方案的拟订方法	6
3	产品图片视频拍摄与文案设计	任务1：图片拍摄制作 任务2：视频拍摄制作 任务3：文案设计制作	• 能拍摄产品图片和视频 • 能对产品图片进行调色、抠图、修图、拼图等美化 • 能对产品视频进行剪辑、添加转场效果等技术处理 • 能设计凸显产品和公司特点的文案	• 掌握产品图片拍摄技术 • 掌握图片拍摄处理技术 • 掌握产品视频拍摄技术 • 掌握视频剪辑处理技术 • 掌握产品文案设计方法	6
4	店铺建设与优化	任务1：店铺开通 任务2：店铺设计 任务3：店铺优化	• 能根据流程指导开通店铺 • 能根据店铺定位设计店铺风格 • 能完成店铺各板块的装修 • 能根据店铺运营情况完成店铺优化	• 熟悉店铺开通流程 • 熟悉店铺的主要板块与功能 • 掌握店铺设计的思路 • 掌握店铺优化的方法	6

续表

序号	工作项目	工作任务	能力要求	知识要求	课时
5	产品上传与管理	任务1：素材准备 任务2：产品上传 任务3：产品管理	• 能根据产品特点做好产品发布的信息素材准备 • 能在阿里巴巴国际站熟练发布产品（含RTS和多语言产品） • 能对关键词、产品标题、详细描述进行优化 • 能根据平台的产品诊断进行优化	• 熟悉产品发布流程 • 掌握关键词的管理与布局 • 掌握产品分类属性、标题描述和详细描述的方法 • 掌握产品优化等管理方法	9
6	平台推广与引流	任务1：制定店铺基础营销方案 任务2：P4P（外贸直通车）应用 任务3：海外社媒营销推广	• 能制定店铺基础营销方案 • 熟练操作P4P营销 • 能运用主流的海外社媒进行推广与引流	• 掌握店铺基础营销方式 • 掌握P4P的基本原理 • 掌握主流海外社媒营销的特点	9
7	数据分析与优化	任务1：平台数据分析 任务2：产品优化 任务3：选品优化	• 掌握数据分析基本思路 • 能进行店铺数据的收集与分析 • 能汇总产品运营数据，并对客户数据进行分析 • 能基于数据分析提出运营优化建议	• 掌握店铺数据分析基本方法 • 掌握客户数据分析基本方法 • 掌握产品数据分析基本方法 • 熟悉数据优化途径	9
合计					54

四、课程实施建议

（一）教学团队

本课程教学团队应由校内专任教师和行业兼职教师共同组成，要求行业兼职教师是来自跨境电商B2B企业的优秀实操手，实现"双元"；校内专任教师到跨境电商B2B企业开展挂职锻炼，提升跨境电商B2B操作能力，行业兼职教师走入校园、走进实训，提升教学能力，实现"双优"；"双元双优"教学团队共同开发课程、共同编写教材、共同备课、共同授课、共同评价，全程参与课堂教学。

（二）教材编写

本课程教材编写要体现"四重转变"：转变教材编写主体，依托"双元双优"教学团队，协同开发课程教材，以外贸行业兼职教师为主，注重真实案例引入；转变教材编写思路，依托课程项目设计开发新型活页工作手册；转变教材呈现形式，通过二维码等途径，实现数字化资源的融入，开发一体化新形态教材；转变教材编写机制，实时对接外贸产业新动态，动态更新教材内容。

（三）教学场所

本课程建议安排在理实一体校内智慧教室和校外外贸实习基地上课。理实一体校内智慧教室配备无线网络，依托省级精品在线开放课程平台以及智能手机、iPad 等智能终端，动态采集学生个体数据、学习过程数据、学习结果数据，开展精准教学；依托跨境 B2B 综合实训软件开展实训操作。建议校外外贸实习基地应涵盖不同类型、不同区域的跨境 B2B 相关企业，实现教学场所与职业场所的一体化，使学生有强烈的职业归属感，以提高学习效率。

（四）教学方法

本课程建议采用精准化教学，基于省级精品在线开放课程平台等所收集的数据开展精准化的学情分析、目标分析、内容分析、路径分析，进行精准教学干预；设置"学习领袖"，应用积分机制，营造竞争氛围，激发学生主动学习意识；全面推进融"教、学、考、做"于一体的项目教学法和线上线下融合教学法，动态组建项目团队，让学生以职业人身份进行业务操作。

（五）教学评价

课程整体教学评价的标准应体现任务驱动、项目导向课程的特征，在教学中按学期分项目任务分别评分，最后进行综合考核。

（1）采用线上线下相结合的方式，兼顾课前自主在线学习与任务完成、课堂任务完成与交流反馈、项目任务的实施过程与成果反馈以及课后拓展的反馈等。

（2）采用师生结合、校内外兼顾的方式，学生、教师和企业导师三方综合对某一个具体任务展开评价。

（3）采用诊断性评价、形成性评价与总结性评价相结合的方式，利用现代信息化手段，实现全过程信息采集，在课程教学实施过程中，及时观测大数据，既把握全员情况，又凸显个体差异，适当调整教学内容与侧重点，以保障教学目标与教学效果的实现。

线上线下（40%）			自评互评（10%）		校内校外（20%）		综合评价（30%）
线上成绩（30%）			线下成绩（10%）	学生自评（5%）	小组互评（5%）	专业教师（10%）	企业导师（10%）	
在线测试（10%）	在线学习（10%）	在线作业（10%）						
总计（100%）							

（六）课程资源

积极利用视频动画、虚拟仿真、实物教具等多样化的课程教学资源，以及省级精品在线开放课程、跨境电商 B2B 实训软件等现代化信息技术平台和软件，充分调动学生的主动性、积极性和创造性。

"跨境电商 B2B 数据分析"课程标准

【课程名称】跨境电商 B2B 数据分析
【适用专业】高等职业院校国际经济与贸易专业
【建议课时】45 课时
【建议学分】3 学分

一、课程性质和设计思路

（一）课程性质

"跨境电商 B2B 数据分析"是高等职业院校国际经济与贸易专业的一门专业核心课程。本课程主要培养具有较强职业能力、专业知识和良好职业素质的跨境电商从业人员。通过本课程的学习，学生能够具有跨境电商 B2B 数据采集与分析能力，掌握跨境电商 B2B 平台和外贸企业自建站各类店铺数据、同类目竞品数据、广告数据分析方法，具备业务数据报表制作、数据运营策略拟定等能力，培养数字素养、责任意识和工匠精神。本课程的铺垫课程是"跨境电商基础"和"跨境电商 B2B 运营"。

（二）课程设计思路

本课程遵循"校企合作、工学结合"的课程设计理念，以学生为中心，以能力为本位，以工作过程为主线，以跨境电商从业人员岗位职业标准为依据，采用企业业务与教学任务相结合，虚拟场景与真实场景相结合，融"教、学、考、做"于一体的工学结合课程建设模式。

本课程的设计体现系统性、开放性、职业性和实践性等特点。系统性体现在对课程的教学内容、活动载体、教学团队、教学场所、教学方法、考核体系等进行了系统的设计；开放性体现在本课程的双元课程建设主体，由校内专任教师和跨境电商行业专家共同进行课程建设；职业性体现在课程培养定位于以跨境电商从业人员岗位职业标准为依据；实践性体现在课程内容以跨境电商从业人员工作过程为主线和以跨境电商从业人员职业能力为本位。

二、课程目标

通过在校内理实一体化实训室的操作（模拟与实务、实训与实践结合），学生能熟悉跨境电商 B2B 数据采集的工具、方法，具备搜集并分析跨境电商 B2B 平台和外贸企业自建站各类店铺数据、同类目竞品数据、广告数据，设计爆款产品和主打产品运营优化方案，搭建业务数据报表体系等能力。

知识目标：

（1）掌握跨境电商 B2B 数据的概念、工作任务；

（2）掌握跨境电商 B2B 数据采集、分析和报告撰写各环节的核心技能；

（3）熟悉数据挖掘和分析的常用工具及各种模型；

（4）掌握运营优化的方法和技能。

能力目标：

（1）能进行跨境电商 B2B 数据采集与处理（制定目标、分析指标、制定方案）；

（2）能进行跨境电商 B2B 数据分析（店铺数据分析、卖家数据分析、市场分析数据分析）；

（3）能撰写跨境电商 B2B 数据监控与应用报告（数据监控、数据分析报告撰写、运营优化建议提出）。

素养目标：

（1）获得收集、处理、加工信息的能力及发现、分析和解决问题的一般能力；

（2）初步养成一定的知识应用能力、数据素养和创新思维；

（3）提高自主学习能力和自我发展能力；

（4）进一步增强人际交往、社会活动和团队协作能力。

三、课程内容和要求

序号	工作项目	工作任务	能力要求	知识要求	课时
1	跨境电商 B2B 数据分析认知	任务1：认识跨境电商 B2B 数据分析 任务2：区别跨境电商 B2B 数据分析类型 任务3：解析跨境电商 B2B 数据分析流程 任务4：跨境电商 B2B 数据分析模型 任务5：跨境电商 B2B 数据分析方法	• 掌握跨境电商 B2B 数据分析的意义 • 掌握跨境电商 B2B 数据分析的思维模式 • 掌握跨境电商 B2B 数据分析的方法	• 掌握跨境电商 B2B 数据分析的定义 • 掌握跨境电商 B2B 数据分析的方法 • 了解跨境电商 B2B 数据分析的意义	8

续表

序号	工作项目	工作任务	能力要求	知识要求	课时
2	数据可视化	任务1：柱状图的制作 任务2：散点图的制作 任务3：折线图的制作 任务4：漏斗图等复杂图形的制作	• 掌握多类型柱状图的制作 • 掌握多类型散点图的制作 • 掌握多类型折线图的制作 • 掌握漏斗图、旋风图等复杂图形的制作	• 掌握数据可视化的作用 • 掌握柱状图、散点图、折线图的可用领域	8
3	店铺数据分析	任务1：初识商家星 任务2：查看并初步分析店铺数据概况 任务3：进行店铺关键数据分析 任务4：撰写店铺运营数据分析报告	• 掌握取得高等级商家星的方法 • 掌握店铺曝光量、点击率、访客数等关键数据的查询方法 • 掌握基于店铺重要数据进行趋势分析、问题分析的方法 • 具备撰写店铺数据分析报告的能力	• 理解商家星的含义、功能及权益 • 熟悉商家星评定机制 • 掌握面板数据分析、预测分析的方法 • 掌握分析报告的撰写要求	8
4	客户数据分析	任务1：查看店铺客户的流量概况 任务2：开展流量来源对比分析 任务3：绘制访客画像	• 掌握流量来源对比分析方法 • 能通过数据流量进行分析和方案优化	• 具备跨境电商B2B平台店铺的流量数据分析能力 • 能用流量数据分析撰写优化方案	8
5	产品数据分析	任务1：查看店铺产品分析概况 任务2：品牌竞争力分析 任务3：撰写产品分析及运营优化报告 任务4：运用Google工具分析行业	• 能够调用产品分析界面 • 具备撰写产品数据分析报告的能力 • 具备通过互联网进行行业分析的能力	• 理解品牌竞争力的概念 • 掌握Google数据、国家公开统计报表等数据分析工具	9
6	数据优化建议	任务1：竞品分析 任务2：店铺整体优化建议	• 能用跨境电商数据分析工具识别竞争对手 • 能用跨境电商数据分析工具进行竞品分析 • 能基于内部数据分析和竞品对比分析，整体提出店铺优化建议	• 理解竞争对手的概念和分类 • 熟练掌握识别竞争对手的方法	4
合计					45

四、课程实施建议

（一）教学团队

本课程教学团队应由校内专任教师和行业兼职教师共同组成，行业兼职教师均为跨境电商行业专家，拥有 10 年以上的从业经验；校内专任教师到跨境电商企业开展挂职锻炼，参与校企合作、横向课题等项目，提升跨境电商运营和沟通能力，行业兼职教师走入校园、走进实训，提升教学能力；教学团队共同开发课程、共同编写教材、共同备课、共同授课、共同评价，全程参与课堂教学。

（二）教材编写

本课程教材编写要秉持"以学习者为中心"的教学理念，紧跟跨境电商行业发展的最新动态，强调教学内容的前瞻性和实用性；开发数字化课程资源，做到讲解生动、案例丰富、图文并茂，增强学习过程的创新性、真实性和趣味性。教材中涉及的案例应是行业真实案例，并贯穿整个跨境电商 B2B 业务的重要环节，旨在将语言学习、沟通技巧与跨境电商专业知识紧密联系在一起，实现教学内容与跨境电商行业工作内容的无缝对接。

（三）教学场所

本课程建议安排在理实一体校内智慧教室和校外跨境电商实习基地上课。理实一体校内智慧教室配备无线网络，依托在线资源平台以及智能手机、iPad 等智能终端，动态采集学生个体数据、学习过程数据、学习结果数据，开展精准教学。校外跨境电商实习基地应涵盖不同类型、不同区域的相关企业，实现教学场所与职业场所的一体化，使学生有强烈的职业归属感，以提高学习效率。

（四）教学方法

本课程建议采用项目化教学，通过工作任务的设定，引导学生根据跨境电商从业人员岗位职业能力要求来掌握专业技能和专业知识。利用线上平台做好学情分析、目标分析、内容分析、路径分析，融项目教学和线上线下混合式教学于一体。

（五）教学评价

课程整体教学评价的标准应体现任务驱动、项目导向课程的特征，在教学中采取项目任务操作过程评价与结果评价相结合的方式。

（1）采用线上线下相结合的方式，兼顾课前自主在线学习与任务完成、课堂任务完成与交流反馈、项目任务的实施过程与成果反馈以及课后拓展的反馈等。

（2）采用师生结合、校内外兼顾的方式，学生、教师和企业导师三方综合对某一个具体任务展开评价。

（3）采用诊断性评价、形成性评价与总结性评价相结合的方式，利用现代信息化手段，实现全过程信息采集，在课程教学实施过程中，及时观测大数据，既把握全员情况，又凸显个体差异，适当调整教学内容与侧重点，以保障教学目标与教学效果的实现。

线上线下（40%）				自评互评（10%）		校内校外（20%）		综合评价（30%）
线上成绩（30%）			线下成绩（10%）	学生自评（5%）	小组互评（5%）	专业教师（10%）	企业导师（10%）	
在线测试（10%）	在线学习（10%）	在线作业（10%）						
总计（100%）								

（六）课程资源

充分利用国家精品在线开放课程、省级精品在线开放课程、"智慧职教"职教云等现代化信息技术平台和软件，搭建多维、动态、活跃、自主的课程学习平台，满足不同学生的差异化需求，充分调动学生的主动性、积极性和创造性。

"跨境电商 B2B 销售"课程标准

【课程名称】跨境电商 B2B 销售
【适用专业】高等职业院校国际经济与贸易专业
【建议课时】54 课时
【建议学分】3 学分

一、课程性质和设计思路

（一）课程性质

"跨境电商 B2B 销售"是高等职业院校国际经济与贸易专业的一门专业核心课程。本课程主要培养具有较强职业能力、专业知识和良好职业素质的跨境电商 B2B 销售专员。通过本课程的学习，学生能熟悉跨境电商 B2B 平台和自建站销售的流程和技巧，具备商机获取与管理、订单签订与跟进、结算与物流交付、客户服务与维护等能力。本课程的铺垫课程是"国际贸易基础""进出口业务操作""跨境电商 B2B 数据分析"和"跨境电商 B2B 运营"。

(二) 课程设计思路

"跨境电商 B2B 销售"课程遵循"校企合作、工学结合"的课程设计理念，采用以跨境电商 B2B 销售专员的岗位职业标准为依据，以职业能力为本位，以工作过程为主导，以校企合作为路径，融"教、学、考、做"于一体的工学结合课程建设模式。

本课程的设计体现系统性、开放性、职业性和实践性等四个特点。系统性体现在对课程的教学内容、活动载体、教学团队、教学场所、教学方法、考核体系等进行了系统的设计；开放性体现在本课程的双元课程建设主体，由校内专任教师和跨境电商 B2B 企业业务专家共同进行课程建设；职业性体现在课程培养定位于跨境电商 B2B 销售专员职业人并以跨境电商 B2B 销售专员岗位职业标准为依据；实践性体现在课程内容以跨境电商 B2B 销售专员工作过程与任务和以跨境电商 B2B 销售专员职业能力为本位。

本课程在工学结合课程建设模式的指导下，首先分析跨境电商 B2B 销售专员工作过程和任务，共同开发跨境电商 B2B 销售专员岗位职业标准；然后依据职业标准，以职业能力为本位，紧扣跨境电商 B2B 行业最新发展趋势，融入 1+X 跨境电商 B2B 数据运营职业技能等级证书考核要求，开发课程标准，设计项目活动载体，编写项目教材；同时，建设双师结构的课程教学团队，在校内外实训基地开展以学生为主体，融"教、学、考、做"于一体，以工作任务为驱动的项目教学；最后，实施过程考核与结果考核相结合、校内考核与企业考核相结合、课程考核与职业考证相结合的多样化课程评价体系。

二、课程目标

通过在校内理实一体化实训室的操作，使学生熟练掌握跨境电商 B2B 销售专员所需的基本业务操作技能，即跨境电商 B2B 商机获取与管理、订单签订与跟进、结算与物流交付、客户服务与维护等业务操作能力，培养学生认真严谨、勇于开拓的工作作风和善于沟通、团队合作的工作品质，为学生今后从事跨境电商 B2B 销售专员岗位工作和其他外贸岗位工作奠定扎实基础。

职业能力目标：
(1) 能熟练进行 RFQ 和询盘的获取、回复和管理操作；
(2) 能掌握成本核算与产品报价的方法与技巧并独立完成产品外币报价；
(3) 能运用线上商务谈判的方法和技巧进行业务相关事务的谈判；
(4) 能独立签订订单、跟进执行订单并及时处理订单执行中的问题；
(5) 能熟练进行跨境结算及物流的安排和操作；
(6) 能识别客户的重要程度并进行分类管理和客户关系维护。

三、课程内容和要求

序号	工作项目	工作任务	能力要求	知识要求	课时
0	导论	任务1：了解行业概况 任务2：了解岗位要求 任务3：了解项目产品	• 能熟练运用合适的调研方法对行业、企业、产品及岗位进行调查研究	• 熟悉跨境电商B2B销售专员的工作任务 • 熟悉跨境电商B2B销售专员岗位对职业能力、职业素质和专业知识的要求	6
1	跨境电商B2B商机获取与管理	任务1：询盘回复与管理 任务2：RFQ的报价权益和获取方法 任务3：在线商务谈判	• 能熟练进行询盘处理和回复操作 • 能熟练运用RFQ获取商机 • 能熟练进行在线商务谈判	• 掌握询盘回复原则和询盘管理功能 • 掌握RFQ的报价权益和获取方法 • 掌握利用工具系统管理商机的方法 • 掌握在线商务谈判类型与技巧	21
2	跨境电商B2B订单签订与跟进	任务1：PI的制作 任务2：外贸合同和生产采购合同的制作与签订 任务3：生产跟单	• 能独立制作PI • 能独立制作外销合同并完成签订 • 能独立制作国内生产采购合同并完成签订 • 能及时处理订单执行中的问题	• 掌握PI的制作方法 • 掌握外贸合同和生产采购合同的制作方法 • 熟悉生产跟单流程	12
3	跨境电商B2B结算与物流交付	任务1：跨境结算方式 任务2：起草信保订单 任务3：一达通物流交付	• 能跟进国际结算、结汇业务 • 能根据业务情况起草信保订单 • 能选择合适的跨境物流，完成产品交付 • 能熟练操作一达通	• 熟悉跨境结算与支付方式 • 熟悉跨境物流方式 • 掌握起草信保订单的方法 • 掌握一达通平台开通和下单流程	6
4	跨境电商B2B客户服务与维护	任务1：客户分析 任务2：客户服务 任务3：客户维护	• 能用多种工具和渠道对客户背景进行调查 • 能识别客户的重要程度并进行分类管理 • 能与潜在客户进行售前、售中的沟通洽谈 • 能及时了解客户订单反馈并跟进 • 能根据国外客户的投诉做出合理的回应和处理 • 能对客户流失的原因进行分析并进行有针对性的处理	• 掌握客户调查内容和方法 • 掌握客户分类管理方法 • 掌握客户服务原则与流程 • 掌握客户投诉处理的几大步骤 • 掌握客户忠诚度分析、客户流失分析和客户流失处理	9
合计					54

四、课程实施建议

（一）教学团队

本课程教学团队应由校内专任教师和行业兼职教师共同组成，要求行业兼职教师是来自跨境电商 B2B 企业的优秀销售专员或销售经理，实现"双元"；校内专任教师到跨境电商 B2B 企业开展挂职锻炼，提升跨境电商 B2B 操作能力，行业兼职教师走入校园、走进实训，提升教学能力，实现"双优"；"双元双优"教学团队共同开发课程、共同编写教材、共同备课、共同授课、共同评价，全程参与课堂教学。

（二）教材编写

本课程教材的编写要体现"四重转变"：一是转变教材编写主体，依托"双元双优"教学团队，协同开发课程教材，以外贸行业兼职教师为主，注重真实案例引入；二是转变教材编写思路，依托课程项目设计开发新型活页工作手册；三是转变教材呈现形式，通过二维码等途径，实现数字化资源的融入，开发一体化新形态教材；四是转变教材编写机制，实时对接外贸产业新动态，动态更新教材内容。

（三）教学场所

本课程建议安排在理实一体校内智慧教室和校外外贸实习基地上课。理实一体校内智慧教室配备无线网络，依托课程平台以及智能手机、iPad 等智能终端，动态采集学生个体数据、学习过程数据、学习结果数据，开展精准教学；依托跨境电商 B2B 综合实训软件开展实训操作。校外外贸实习基地应涵盖不同类型、不同区域的跨境电商 B2B 相关企业，实现教学场所与职业场所的一体化，使学生有强烈的职业归属感，以提高学习效率。

（四）教学方法

本课程建议采用精准化教学，基于课程平台等所收集的数据开展精准化的学情分析、目标分析、内容分析、路径分析，进行精准教学干预；设置"学习领袖"，应用积分机制，营造竞争氛围，激发学生主动学习意识；全面推进融"教、学、考、做"于一体的项目教学法和线上线下融合教学法，动态组建项目团队，让学生以职业人身份进行业务操作。

（五）教学评价

课程整体教学评价的标准应体现任务驱动、项目导向课程的特征，在教学中按学期分项目任务分别评分，最后进行综合考核。

（1）采用线上线下相结合的方式，兼顾课前自主在线学习与任务完成、课堂任务完成与交流反馈、项目任务的实施过程与成果反馈以及课后拓展的反馈等。

（2）采用师生结合、校内外兼顾的方式，学生、教师和企业导师三方综合对某一个具体任务展开评价。

（3）采用诊断性评价、形成性评价与总结性评价相结合的方式，利用现代信息化手段，实现全过程信息采集，在课程教学实施过程中，及时观测大数据，既把握全员情况，又凸显个体差异，适当调整教学内容与侧重点，以保障教学目标与教学效果的实现。

线上线下（40%）				自评互评（10%）		校内校外（20%）		综合评价（30%）
线上成绩（30%）			线下成绩（10%）	学生自评（5%）	小组互评（5%）	专业教师（10%）	企业导师（10%）	
在线测试（10%）	在线学习（10%）	在线作业（10%）						
总计（100%）								

（六）课程资源

积极利用视频动画、虚拟仿真、实物教具等多样化的课程教学资源，以及在线开放课程、跨境电商 B2B 实训软件等现代化信息技术平台和软件，充分调动学生的主动性、积极性和创造性。

"跨境电商 B2B 营销"课程标准

【课程名称】跨境电商 B2B 营销
【适用专业】高等职业院校国际经济与贸易专业
【建议课时】54 课时
【建议学分】3 学分

一、课程性质和设计思路

（一）课程性质

"跨境电商 B2B 营销"是高等职业院校国际经济与贸易专业的一门专业核心课程。本课程主要培养具有较强职业能力、专业知识和良好职业素质的跨境电商 B2B 市场营销专员。通过本课程的学习，学生能进行跨境电商网络市场分析，能利用平台资源开展营销推广,能依据画像结果绘制客户营销方案。本课程的铺垫课程是"跨境电商 B2B 运营"和"跨境电商 B2B 数据分析"。

(二) 课程设计思路

本课程遵循"校企合作、工学结合"的课程设计理念,采用以跨境电商网络营销专员岗位职业标准为依据、学生为中心、能力为本位、工作过程为主线、校企合作为路径,融"教、学、考、做"于一体的在线开放课程建设模式。

本课程的设计体现系统性、开放性、职业性和实践性等特点。系统性体现在对课程的教学内容、活动载体、教学团队、教学场所、教学方法、考核体系等进行了系统的设计;开放性体现在本课程的双元课程建设主体,由校内专任教师和跨境电商网络营销行业专家共同进行课程建设;职业性体现在课程培养定位于跨境电商网络营销专员并以跨境电商网络营销岗位职业标准为依据;实践性体现在课程内容以跨境电商网络营销工作流程为主线和以跨境电商网络营销专业职业能力为本位。

二、课程目标

通过对跨境电商网络营销的理论学习和仿真模拟,使国际经济与贸易专业的学生熟练掌握跨境电商 B2B 营销工具、方法和技能,培养学生团结协作的职业品质、爱岗敬业的劳动态度和精益求精的工匠精神,为今后从事跨境电商 B2B 网络营销岗位工作和其他跨境电商 B2B 运营岗位工作奠定扎实基础。

职业能力目标:

(1) 能结合目标市场特点选择合适的跨境电商 B2B 网络营销方案;
(2) 能利用网络资源开展平台内和平台外的营销推广;
(3) 能利用跨境电商 B2B 网络营销工具进行客户开发和维护。

三、课程内容和要求

序号	工作项目	工作任务	能力要求	知识要求	课时
0	导论			• 掌握跨境电商 B2B 网络营销的概念 • 掌握跨境电商 B2B 网络营销的方法体系 • 熟悉跨境电商 B2B 网络营销专员的工作任务 • 了解跨境电商 B2B 网络营销专员的岗位要求	3

续表

序号	工作项目	工作任务	能力要求	知识要求	课时
1	客户画像精准营销	任务1：客户画像的含义 任务2：客户画像的步骤 任务3：客户画像的策划	• 能根据数据指标，进行客户画像 • 能针对目标市场，进行客户画像精准营销	• 掌握客户画像的特征 • 掌握客户画像的维度 • 理解客户画像的基本流程 • 熟悉客户画像的基本数据指标	9
2	搜索引擎营销	任务1：搜索引擎分类 任务2：搜索引擎选择 任务3：搜索引擎优化	• 能根据市场特点，选择合适的搜索引擎 • 能针对目标市场，选择合适的搜索引擎 • 能利用搜索引擎优化，提升企业品牌形象	• 掌握搜索引擎的分类体系 • 理解搜索引擎营销的基本流程 • 熟悉搜索引擎基本模式 • 熟悉搜索引擎营销特点	6
3	社会化媒体营销	任务1：社会化媒体营销的方式 任务2：社会化媒体营销的平台选择	• 能根据产品特点，选择合适的社会化媒体 • 能根据企业需求，进行社会化媒体的精准营销	• 掌握社会化媒体营销的特征 • 掌握社会化媒体的类型和运作特点 • 理解社会化媒体营销的基本流程	6
4	网络展会营销	任务1：网络展会的选择 任务2：网络展会的前期准备 任务3：网络展会的运营 任务4：网络展会的后期跟进	• 能根据企业需求，选择合适的网络展会 • 能根据企业需求，进行网络展会营销 • 能根据企业需求，进行后期客户跟进	• 掌握网络展会的特征 • 理解网络展会的流程 • 熟悉网络展会的操作要求	6
5	短视频营销	任务1：撰写短视频营销方案 任务2：制作短视频	• 能根据企业需求，选择合适的媒体平台 • 能根据产品特点，制作短视频 • 能根据目标客户特点，进行短视频的精准营销	• 了解短视频的制作要求 • 熟悉短视频的制作流程	9
6	阿里巴巴国际站的营销推广	任务1：了解阿里巴巴国际站的结构与功能 任务2：了解阿里巴巴国际站的运营	• 能根据企业需求，进行阿里巴巴国际站的精准营销	• 了解阿里巴巴国际站的特点 • 熟悉阿里巴巴国际站的结构与功能	6
7	敦煌网的营销推广	任务1：了解敦煌网的结构与功能 任务2：了解敦煌网的运营	• 能根据企业需求，进行敦煌网的精准营销	• 了解敦煌网的特点 • 熟悉敦煌网的结构与功能	3

续表

序号	工作项目	工作任务	能力要求	知识要求	课时
8	中国制造网的营销推广	任务1：了解中国制造网的结构与功能 任务2：了解中国制造网的运营	• 能根据企业需求，进行中国制造网的精准营销	• 了解中国制造网的特点 • 熟悉中国制造网的结构与功能	3
9	环球资源网的营销推广	任务1：了解环球资源网的结构与功能 任务2：了解环球资源网的运营	• 能根据企业需求，进行环球资源网的精准营销	• 了解环球资源网的特点 • 熟悉环球资源网的结构与功能	3
合计					54

四、课程实施建议

（一）教学团队

本课程教学团队应由校内专任教师和行业兼职教师共同组成，要求行业兼职教师具备跨境电商B2B网络营销工作经验，实现"双元"；校内专任教师到跨境电商企业开展挂职锻炼，提升跨境电商网络营销能力，行业兼职教师走入校园、走进实训，提升教学能力，实现"双优"；"双元双优"教学团队共同开发课程、共同编写教材、共同备课、共同授课、共同评价，全程参与课堂教学。

（二）教材编写

本课程教材编写要体现"四重转变"：转变教材编写主体，依托"双元双优"教学团队，协同开发课程教材，以跨境电商行业兼职教师为主，注重真实案例引入；转变教材呈现形式，通过二维码等途径，实现数字化资源的融入，开发一体化新形态教材；转变教材编写机制，实时对接跨境电商网络营销行业新动态，动态更新教材内容。

（三）教学场所

本课程建议安排在理实一体校内智慧教室上课。理实一体校内智慧教室配备无线网络，依托"智慧职教"职教云动态采集学生个体数据、学习过程数据、学习结果数据，开展精准教学，激发学生学习兴趣，提升学生学习效率。

（四）教学方法

本课程建议采用精准化教学，基于"智慧职教"职教云所收集的数据开展精准化的学情分析、目标分析、内容分析、路径分析，进行精准教学干预；全面推进融"教、学、考、做"于一体的项目教学法和线上线下融合教学法。

（五）教学评价

课程整体教学评价的标准应体现任务驱动、项目导向课程的特征，在教学中按学期分项目任务分别评分，最后进行综合考核。

（1）采用线上线下相结合的方式，兼顾课前自主在线学习与任务完成、课堂任务完成与交流反馈、项目任务的实施过程与成果反馈以及课后拓展的反馈等。

（2）采用师生结合、校内外兼顾的方式，学生、教师和企业导师三方综合对某一个具体任务展开评价。

（3）采用诊断性评价、形成性评价与总结性评价相结合的方式，利用现代信息化手段，实现全过程信息采集，在课程教学实施过程中，及时观测大数据，既把握全员情况，又凸显个体差异，适当调整教学内容与侧重点，以保障教学目标与教学效果的实现。

线上线下（40%）			自评互评（10%）		校内校外（20%）		综合评价（30%）
线上成绩（30%）			线下成绩（10%）	学生自评（5%）	小组互评（5%）	专业教师（10%）	企业导师（10%）	
在线测试（10%）	在线学习（10%）	在线作业（10%）						
总计（100%）							

（六）课程资源

积极利用视频动画、实物教具等多样化的课程教学资源，以及"智慧职教"职教云等现代化信息技术平台和软件，充分调动学生的主动性、积极性和创造性。

"外贸单证操作"课程标准

【课程名称】外贸单证操作
【适用专业】高等职业院校国际经济与贸易专业
【建议课时】72课时
【建议学分】4学分

一、课程性质和设计思路

(一) 课程性质

"外贸单证操作"是高等职业院校国际经济与贸易专业的一门专业核心课程。本课程主要培养具有较强职业能力、专业知识和良好职业素质的外贸单证员。通过本课程的学习，学生能制作和办理各种外贸单据，能审核信用证和各种外贸单据，能分析和处理各种外贸单证问题。本课程的铺垫课程是"国际贸易基础"和"国际结算操作"。

(二) 课程设计思路

本课程遵循"校企合作、工学结合"的课程设计理念，采用以外贸单证员岗位职业标准为依据、学生为中心、能力为本位、工作过程为主线、校企合作为路径，融"教、学、考、做"于一体的在线开放课程建设模式。

本课程的设计体现系统性、开放性、职业性和实践性等特点。系统性体现在对课程的教学内容、活动载体、教学团队、教学场所、教学方法、考核体系等进行了系统的设计；开放性体现在本课程的双元课程建设主体，由校内专任教师和外贸企业外贸单证业务专家共同进行课程建设；职业性体现在课程培养定位于外贸单证员并以外贸单证员岗位职业标准为依据；实践性体现在课程内容以外贸单证员工作过程为主线和以外贸单证员职业能力为本位。

二、课程目标

通过外贸单证的仿真操作和全真操作，使学生熟练掌握不同结算方式下外贸单证的制作、办理和审核等操作能力，培养学生团结协作的职业品质、爱岗敬业的劳动态度和精益求精的工匠精神，为今后从事外贸单证岗位工作和其他外贸岗位工作奠定扎实基础。

职业能力目标：

(1) 能根据外贸合同和 UCP600 正确审核和修改信用证内容；

(2) 能根据外贸合同、信用证条款和 UCP600 正确缮制和办理信用证项下常用外贸单证；

(3) 能根据外贸合同和货物装运信息正确缮制和办理汇款和托收项下常用外贸单证；

(4) 能根据外贸合同、信用证条款和 UCP600 审核外贸单证。

三、课程内容和要求

序号	工作项目	工作任务	能力要求	知识要求	课时
0	导论			• 掌握外贸单证员的含义 • 熟悉外贸单证员的工作任务 • 了解外贸单证员岗位要求	3
1	审证和改证业务操作	任务1：审核信用证通知书 任务2：审核信用证 任务3：修改信用证	• 能审核信用证通知书 • 能甄别信用证通知书存在的风险并拟订风险解决方案 • 能审出信用证的问题条款 • 能提出改证意见 • 能根据UCP600，合理处理不同情形下的改证工作，有效防范各种改证风险	• 掌握信用证的含义和特点 • 掌握改证常见情形 • 熟悉改证流程 • 熟悉审证依据和改证原则	9
2	制作发票和装箱单操作	任务1：制作信用证项下商业发票 任务2：制作非信用证项下商业发票 任务3：制作装箱单	• 能根据L/C或合同、UCP600、货物实际出运信息制作商业发票 • 能根据L/C或合同、UCP600、货物实际出运信息制作装箱单	• 掌握商业发票的含义和作用 • 掌握包装单据的含义、作用和种类 • 熟悉制单工作要求	12
3	制作订舱委托书和办理订舱操作	任务1：制作海运订舱委托书和办理订舱 任务2：制作空运订舱委托书和办理订舱	• 能根据信用证、商业发票、装箱单以及货物实际出运信息制作订舱委托书 • 能查找船期，比较运价，选择货代公司并办理订舱手续 • 能确定最迟交货期并据此订舱	• 掌握海运订舱委托书的制作要点、空运运费计算方法 • 熟悉海运订舱的流程 • 熟悉主要世界港口和国际航线知识、空运订舱的流程和注意事项	9
4	制作出境货物报检单和办理报检操作	任务1：制作出境货物报检单 任务2：办理报检	• 能找出并分析L/C或合同中制作出境货物报检单的相关条款 • 能根据L/C或合同准确制作出境货物报检单 • 能制作报检委托书 • 能办理报检	• 了解商品检验检疫基本知识 • 熟悉报检流程 • 熟悉换证凭单、换证凭条和通关单的用途	6

续表

序号	工作项目	工作任务	能力要求	知识要求	课时
5	制作和申领原产地证操作	任务1：制作和申领一般原产地证 任务2：制作和申领其他原产地证	• 能分析 L/C 或合同中制作原产地证的相关条款 • 能根据 L/C 或合同条款、UCP600等准确制作一般原产地证 • 能根据 L/C 或合同条款、UCP600等准确制作其他原产地证	• 了解原产地证申领手续 • 熟悉一般原产地证和普惠制原产地证各栏目的内容	6
6	制作和办理报关单据操作	任务1：制作报关单据 任务2：办理报关单据	• 能熟练运用海关手册寻找到海关代码 • 能制作报关单 • 能制作报关委托书 • 能收集并整理报关随附单据 • 能办理报关	• 了解报关和报关流程 • 熟悉报关单的种类和用途	6
7	制作投保单和办理保险操作	任务1：制作投保单 任务2：办理保险	• 能找出并分析 L/C 或合同中的保险条款 • 能计算保险金额 • 能根据 L/C 或合同、UCP600等制作投保单 • 能办理保险	• 熟悉国际运输保险公约、险种 • 熟悉 UCP600 关于保险单的条款	4
8	制作附属单据操作	任务1：制作受益人证明 任务2：制作装运通知 任务3：制作其他附属单据	• 能根据 L/C 或合同、UCP600等要求制作装运通知 • 能根据 L/C 或合同、UCP600等要求制作受益人证明 • 能根据 L/C 或合同、UCP600等要求制作船公司证明等其他附属单据	• 熟悉装运通知、受益人证明等附属单据的内容 • 熟悉证明类单据的特殊操作 • 熟悉 UCP600 关于其他附属单据的条款	3
9	制作汇票操作	任务1：制作信用证项下汇票 任务2：制作非信用证项下汇票	• 能根据 L/C 或合同条款、UCP600等要求准确制作 L/C 项下汇票 • 能根据 URC522 和合同制作托收项下汇票	• 熟悉汇票的种类 • 熟悉汇票的票据行为 • 熟悉 UCP600 关于汇票的条款	6
10	单据审核操作	任务1：审核信用证项下单据 任务2：审核非信用证项下单据	• 能根据 L/C 或合同、UCP600等审核商业发票和装箱单 • 能根据 L/C 或合同、UCP600等审核运输单据 • 能根据 L/C 或合同、UCP600等审核保险单据 • 能根据 L/C 或合同、UCP600等审核原产地证 • 能根据 L/C 或合同、UCP600等审核汇票 • 能根据 L/C 或合同、UCP600等审核其他单据	• 熟悉审单原则 • 熟悉审单方法 • 熟悉常见的单据不符点 • 熟悉 UCP600 关于审单的条款	6

续表

序号	工作项目	工作任务	能力要求	知识要求	课时
11	交单收汇与单证归档操作	任务1：交单收汇 任务2：单证归档	• 能按L/C或合同交单 • 能办理付汇 • 能检查收回的单据的准确性、完整性和一致性 • 能处理有问题的单据 • 能按业务和其他部门的要求将各类单证归档	• 熟悉L/C交单规定 • 熟悉汇款和托收交单规定 • 了解并在规定时间内及时催收报关单、场站收据等单据 • 了解各类单据移交所规定的时间	2
			合计		72

四、课程实施建议

（一）教学团队

本课程教学团队应由校内专任教师和行业兼职教师共同组成，要求行业兼职教师外贸单证工作经验在10年以上，实现"双元"；校内专任教师到外贸企业开展挂职锻炼，提升外贸单证操作能力，行业兼职教师走入校园、走进实训，提升教学能力，实现"双优"；"双元双优"教学团队共同开发课程、共同编写教材、共同备课、共同授课、共同评价，全程参与课堂教学。

（二）教材编写

本课程教材编写要体现"四重转变"：转变教材编写主体，依托"双元双优"教学团队，协同开发课程教材，以外贸行业兼职教师为主，注重真实案例引入；转变教材编写思路，依托课程项目设计开发新型活页工作手册；转变教材呈现形式，通过二维码等途径，实现数字化资源的融入，开发一体化新形态教材；转变教材编写机制，实时对接外贸产业新动态，动态更新教材内容。

（三）教学场所

本课程建议安排在理实一体校内智慧教室和校外外贸实习基地上课。理实一体校内智慧教室配备无线网络，依托"智慧职教"职教云以及智能手机、iPad等智能终端，动态采集学生个体数据、学习过程数据、学习结果数据，开展精准教学；依托互联网+国际贸易综合技能软件开展审证制单实训操作。校外外贸实习基地应涵盖不同类型、不同区域的外贸单证相关企业，实现教学场所与职业场所的一体化，使学生有强烈的职业归属感，以提高学习效率。

(四)教学方法

本课程建议采用精准化教学,基于"智慧职教"职教云等平台所收集的数据开展精准化的学情分析、目标分析、内容分析、路径分析,进行精准教学干预;设置"学习领袖",应用积分机制,营造竞争氛围,激发学生主动学习意识;全面推进融"教、学、考、做"于一体的项目教学法和线上线下融合教学法,动态组建项目团队,让学生以职业人身份进行业务操作。

(五)教学评价

课程整体教学评价的标准应体现任务驱动、项目导向课程的特征,在教学中按学期分项目任务分别评分,最后进行综合考核。

(1) 采用线上线下相结合的方式,兼顾课前自主在线学习与任务完成、课堂任务完成与交流反馈、项目任务的实施过程与成果反馈以及课后拓展的反馈等。

(2) 采用师生结合、校内外兼顾的方式,学生、教师和企业导师三方综合对某一个具体任务展开评价。

(3) 采用诊断性评价、形成性评价与总结性评价相结合的方式,利用现代信息化手段,实现全过程信息采集,在课程教学实施过程中,及时观测大数据,既把握全员情况,又凸显个体差异,适当调整教学内容与侧重点,以保障教学目标与教学效果的实现。

线上线下(40%)			自评互评(10%)		校内校外(20%)		综合评价(30%)
线上成绩(30%)			线下成绩(10%)	学生自评(5%)	小组互评(5%)	专业教师(10%)	企业导师(10%)	
在线测试(10%)	在线学习(10%)	在线作业(10%)						
总计(100%)							

(六)课程资源

积极利用视频动画、虚拟仿真、实物教具等多样化的课程教学资源,以及国家精品在线开放课程、"智慧职教"职教云、互联网+国际贸易综合技能软件等现代化信息技术平台和软件,充分调动学生的主动性、积极性和创造性。

"进出口业务操作"课程标准

【课程名称】进出口业务操作

【适用专业】 高等职业院校国际经济与贸易专业

【建议课时】 72课时

【建议学分】 4学分

一、课程性质和设计思路

（一）课程性质

"进出口业务操作"是高等职业院校国际经济与贸易专业的专业核心课程，是国际商贸类专业的重要专业课程。本课程旨在通过课程项目教学内容的学习与实训，使学生掌握外贸进出口业务操作的基本流程，具备完成进出口业务中的熟悉产品、了解市场、开发客户，出口价格核算，贸易合同磋商，国内购销合同拟定，生产跟单，出口托运、通关和投保，出口制单结汇，进口价格核算，信用证开立和修改，进口货物运输和保险，进口付汇，进口接货和通关，进出口善后等业务操作的能力。本课程以"国际贸易基础""国际结算操作"等课程的学习为基础，也是进一步学习"外贸单证操作""跨境电商B2B运营"等课程的基础。

（二）课程设计思路

本课程按照高职学生认知特点，以进出口业务操作流程为主线，引导教师开展教学实践，让学生在完成具体项目的过程中构建相关知识体系、训练职业技能、发展职业能力。本课程包括进出口准备，出口价格核算，贸易合同磋商，国内购销合同拟定，生产跟单，出口托运、通关和投保，出口制单结汇，进口价格核算，信用证开立和修改，进口货物运输和保险，进口付汇，进口接货和通关，进出口善后等项目。本课程突出对学生职业能力的训练，理论知识的选取兼顾完成项目的需要及传统知识体系的要求，同时融合了相关职业资格证书对知识、技能和态度的要求。

二、课程目标

"进出口业务操作"课程采用项目教学方法，根据一般贸易进出口业务操作实践将课程主要内容划分为13个项目，每一个项目设计明确的工作任务，项目教学围绕工作任务展开，教师讲授完成具体工作任务所需要的知识点，指导学生实践工作任务覆盖的相关技能点，授课效果以学生完成工作任务的效果来评价，提高授课内容的可操作性，增强授课内容的针对性。

职业能力目标：

（1）能通过有效途径搜集产品信息、国内外市场信息、国内外客户信息；

（2）能准确选择贸易术语并合理报、还价；

（3）能进行外贸财务核算；

（4）能拟定贸易合同条款；

（5）能拟定内贸合同条款；

（6）能进行产品跟踪；

（7）能妥善安排货物出运手续；

（8）能妥善办理出口货物制单结汇手续；

（9）能协助办理出口退税手续；

（10）能完成进口开证与改证操作；

（11）能完成进口货物运输和保险操作；

（12）能完成进口付汇操作；

（13）能完成进口接货和通关操作；

（14）能妥善处理贸易纠纷。

三、课程内容和要求

序号	工作项目	工作任务	能力要求	知识要求	课时
0	导论			• 掌握外贸业务员的含义 • 熟悉外贸业务员的工作任务 • 了解外贸业务员岗位要求	2
1	进出口准备	任务1：熟悉产品 任务2：了解市场 任务3：开发客户	• 能利用多种途径熟悉产品 • 能通过各种途径了解市场 • 能查询货物的HS编码、海关监管证件代码、出口退税率等相关贸易政策 • 能调查目标市场主要贸易政策 • 能利用多种途径开发客户 • 能分析目标客户的类别 • 能对目标客户进行风险分析 • 能办理出口信用保险 • 能根据国外客户的要求安排打样、寄样等样品工作	• 了解熟悉产品的途径 • 掌握了解市场的方法 • 掌握贸易政策调查的主要方法 • 熟悉寻找客户的途径 • 掌握目标客户的类型 • 掌握客户风险的种类和防控要点 • 掌握出口信用保险的类型与性质 • 熟悉样品的种类、打样、寄样、样品管理等相关样品知识	10

续表

序号	工作项目	工作任务	能力要求	知识要求	课时
2	出口价格核算	任务1：核算出口报价 任务2：核算出口还价	• 能核算出口商品的出口成本 • 能核算出口商品的出口费用 • 能核算出口商品的出口利润 • 能核算出口商品的出口报价 • 能根据国外客户的报价进行还价核算	• 掌握主要国际贸易术语的含义 • 掌握主要国际贸易术语的价格构成 • 掌握增值税、出口退税的基本原理 • 掌握出口业务主要费用的种类及计算原理 • 掌握出口报价核算的原理与步骤 • 掌握出口还价核算的原理与步骤	6
3	贸易合同磋商	任务1：拟定合同主要条款 任务2：向国外客户发盘 任务3：根据客户还盘向国外客户、国内供应商还盘 任务4：与国外客户签约	• 能磋商进出口合同品质、数量、包装、价格、运输、支付、保险及其他条款 • 能妥当书写发盘函 • 能与国内供应商和国外客户函电磋商 • 能根据国内外客户还价进行还价核算 • 能防控主要合同条款风险	• 掌握贸易信函的基本构成与相关法律规定 • 掌握进出口合同各主要条款的表示方法和拟定技巧 • 掌握谈判磋商的常用技巧 • 熟悉主要合同条款磋商的影响因素 • 掌握主要结算方式的基本操作原理 • 掌握合同条款风险的主要种类及防控要点	10
4	国内购销合同拟定	任务：签订国内购销合同	• 能根据出口合同条款以及与国内供应商谈判结果拟定国内购销合同	• 熟悉国内采购合同条款 • 了解签订国内购销合同的注意事项	4
5	生产跟单	任务1：原材料跟单 任务2：进度跟单 任务3：质量跟单 任务4：包装跟单	• 能进行原材料采购、生产进度、产品包装等生产跟单工作 • 能进行产品质量检验 • 能防控合同执行中的主要质量风险	• 熟悉原材料采购、生产进度、产品包装等生产跟单工作要求 • 掌握产品质量主要检验指标与检验方法 • 掌握合同执行中质量风险的主要种类及防控要点	4
6	出口托运、通关和投保	任务1：办理出口托运 任务2：办理出口通关 任务3：办理出口投保	• 能根据信用证和/或出口合同条款以及实际备货情况办理出口托运、通关和/或投保业务 • 能防控合同履约过程中的主要合同执行风险	• 熟悉出口托运操作流程 • 掌握法定报检规定和出口报检操作流程 • 了解出口报关操作流程 • 熟悉中国保险条款、货物运输风险与损失、出口投保操作规定 • 掌握合同执行风险的主要种类和防控要点	6

续表

序号	工作项目	工作任务	能力要求	知识要求	课时
7	出口制单结汇	任务1：制作或办理其他结汇单据 任务2：审核出口结汇单据并办理出口收汇	• 能根据信用证条款和/或合同条款以及实际出货信息缮制信用证要求的其他结汇单据 • 能根据信用证和UCP600相关规定对结汇单据进行审核 • 能办理出口收汇操作 • 能处理出口信用保险追偿业务	• 掌握出口制单的工作要求和主要依据 • 掌握审单的原则、依据和要点 • 熟悉信用证和电汇结算方式下的收汇操作 • 了解托收结算方式下的收汇操作 • 掌握出口信用保险追偿操作的业务流程	4
8	进口价格核算	任务1：核算进口报价 任务2：核算进口还价	• 能核算进口商品的进口价格、进口费用、进口利润、国内销售价格、预期销售利润率	• 掌握进口业务主要税费的种类及计算原理 • 掌握进口报价核算的原理与步骤	6
9	信用证开立和修改	任务1：申请开立进口信用证 任务2：要求开证行修改信用证	• 能正确填写开证申请书 • 掌握开立信用证流程 • 掌握修改信用证流程 • 能正确填写信用证修改申请书	• 了解有关信用证的国际惯例与规则 • 掌握银行有关信用证操作的基本程序与要求	4
10	进口货物运输和保险	任务1：办理货物运输 任务2：办理货物保险 任务3：正确书写催装函	• 能正确填写托运委托书 • 能进行运费核算 • 能正确填写投保申请书 • 能进行保费核算 • 能正确书写催装函	• 了解有关国际货运的通行规则与基本做法 • 掌握我国海洋货物运输险的基本内容与范围 • 掌握催装函的基本要求	4
11	进口付汇	任务1：审核单据中存在的问题并做出处理 任务2：进行信用证、汇款和托收业务的对外付汇操作	• 能根据信用证要求正确审核单据 • 掌握各种结算方式下付款操作的基本程序	• 了解有关信用证的国际惯例与规则 • 掌握银行有关信用证操作的基本程序与要求 • 掌握银行其他结算方式的基本程序与要求	4
12	进口接货和通关	任务1：办理进口报关手续 任务2：计算各项税费	• 能正确填写进口报关单 • 能正确进行税费核算	• 了解我国有关进口商品的海关管制措施 • 了解我国海关有关报关的法律法规	4

续表

序号	工作项目	工作任务	能力要求	知识要求	课时
13	进出口善后	任务1：书写业务善后函 任务2：办理出口退税 任务3：妥善处理争议索赔	• 能根据整票业务完成情况给国外客户书写业务善后函 • 能妥善处理出口退税工作 • 能妥善处理贸易争议和索赔	• 熟悉常见业务善后函的书写 • 掌握外贸企业出口退税的操作流程与相关法律规定 • 掌握贸易争议的主要种类及合理解决方案	4
合计					72

四、课程实施建议

（一）教学团队

本课程教学团队应由校内专任教师和行业兼职教师共同组成，要求行业兼职教师进出口工作经验在 10 年以上，实现"双元"；校内专任教师到外贸企业开展挂职锻炼，提升外贸业务操作能力，行业兼职教师走入校园、走进实训，提升教学能力，实现"双优"；"双元双优"教学团队共同开发课程、共同编写教材、共同备课、共同授课、共同评价，全程参与课堂教学。

（二）教材编写

本课程重点培养学生外贸进出口业务的分析能力与操作能力，教材体例采用项目化教材体例，以进出口一般贸易全过程为主线，根据业务顺序拆分工作任务，明确能力目标与知识目标，融入职业素质，以满足课程目标的要求。

（1）课程的教材以及相应的教辅资料编写应当依据本课程标准进行。

（2）教材应充分体现项目驱动、实践导向的高等职业教育专业课程设计思想，以外贸业务员岗位为核心，以进出口业务操作内容为主体，结合岗位职业资格证书的考核要求，合理安排教材内容。

（3）教材应以设计完成的项目活动为基础，通过多媒体演示、情景模拟、角色体验、角色互换、情景再现、案例分析等多种手段，深入浅出、图文并茂地展现教学内容。

（4）教材在内容上要具有实用性和可操作性，同时注重与时俱进，要把外贸业务处理过程中的新知识、新规定、新技术、新方法融入教材中，使教材更贴近外贸业务的发展变化和实际需要。

（三）教学建议

（1）在教学过程中，应根据学生的实际水平以及教学不同阶段的实际情况，合理安排教学内容，项目选取与授课比重应根据学生学习基础及课程体系做适当调整，遵循循序渐进的原则。

（2）在教学方法上，以项目教学为主，通过工作任务的设定，引导学生根据外贸业务员岗位职业能力要求来掌握专业技能与专业知识。

（3）在教学组织形式上，以丰富的教学资源为支撑，鼓励尝试翻转课堂，引导学生课前自学、课中实践、课后拓展，提升学生业务水平与职业素质。

（四）教学方法

本课程建议采用以学生为主体，以职业能力培养为本位，以设计完成的项目活动为基础的项目教学模式，通过多媒体演示、情景模拟、角色体验、角色互换、情景再现、案例分析等多种手段，推动线上线下混合学习、自主学习，增强教学深度，实现专业学习向课堂内外延伸。

（1）课前：教师指导学生用手机、iPad等开展知识、技能的自主学习和测试，实现时时能学和处处能学；教师答疑，学生讨论，实现师生、生生互动。

（2）课中：教师依据学生课前自学的个性化数据分析，采用一键签到、头脑风暴、在线讨论、分组竞赛、实训操作等方式开展精准化教学，使学生成为课堂的中心。

（3）课后：教师帮助学生查漏补缺，巩固所学知识，自学下一课内容；教师根据不同学情，推送不同难度的拓展资源，供学生进行个性拓展学习。

（五）教学评价

教学评价建议采取过程评价与结果评价相结合的方式，逐步过渡到项目任务考核模式。

（1）突出过程与模块评价，结合出勤、学习态度、课堂表现、模块考核等手段，加强实践性教学环节的考核，并注重平时采分。

（2）在进行结果评价时重视基础知识和职业能力相结合。

（3）在项目教学逐步深入本课程的教学环节时，考核方法将逐步增加项目任务考核的比例，最终实现全部以项目考核成绩来评定学生课程成绩。

线上线下（40%）			自评互评（10%）		校内校外（20%）		综合评价（30%）
线上成绩（30%）		线下成绩（10%）	学生自评（5%）	小组互评（5%）	专业教师（10%）	企业导师（10%）	
在线测试（10%）	在线学习（10%）	在线作业（10%）						
总计（100%）								

(六) 教学资源

（1）以系统化设计、碎片化资源为课程资源建设原则，以进出口业务流程为主线拆分建设资源，建设具有内在逻辑关系的内容覆盖主要知识点与技能点。形式丰富的、系统的课程建设资源是教学资源推进课程改革的基础与前提。

（2）充分利用各级各类课堂学习平台组建网络学习空间，如省级精品在线开放课程平台、"智慧职教"职教云平台，辅助课堂教学，搭建多维、动态、活跃、自主的课程学习平台，满足学生的差异化需求，充分调动学生的主动性、积极性和创造性。

（3）建立科学的考评体系，将学生自主学习、项目实践纳入考评体系，不断加大过程考核力度，推进课程考核方法改革，服务于课程改革需要。

"跨境电商采购管理"课程标准

【课程名称】跨境电商采购管理
【适用专业】高等职业院校国际商务专业
【建议课时】60 课时
【建议学分】3 学分

一、课程性质和设计思路

（一）课程性质

"跨境电商采购管理"是高等职业院校国际商务专业的一门专业核心课。本课程安排在第三学期，通过对企业采购物流理论与职业技能的训练，使学生掌握企业中采购的主要业务流程、基本管理技术和方法等，并对典型职业岗位的核心技能进行强化训练。本课程的前导课程是前两个学期国际经济与贸易专业群基础课程，后续课程是国际商务专业供应链方向其他主干课程。

本课程是根据高等职业院校国际商务专业课程体系对高技能人才培养目标要求而设置的。本课程依据杭州跨境电商供应链、杭州区域空港物流和浙江物流要求培养典型基层岗位，能从事企业采购、物流和管理工作需要而选取工作与学习内容。本课程对国际商务专业供应链方向学生的职业核心能力培养和综合职业素质养成能够起到支撑作用。

（二）课程设计思路

本课程遵循"校企合作、工学结合"的课程设计理念，课程团队以"双元双优"为主导，整体课程结构以经教学法设计转化而来的企业采购、物流管理工作项目进行组织，每个工作项目又由若干工作任务组成，按学习目标、任务背景、工具准备、学习任务、考核评价、学习指导的结构进行设计。工作任务以对象载体（岗位业务）的物流资源配置和业务操作训练为主，辅之以必要的采购师国家职业资格标准的学习指导。

二、课程目标

本课程通过采购仿真操作和全真操作，使学生熟练掌握全球采购员的采购计划、采购报价、采购谈判、采购合同和采购物流管理等操作能力，培养学生团结协作的职业品质、爱岗敬业的劳动态度和精益求精的工匠精神，为今后从事外贸采购岗位工作和其他外贸岗位工作奠定扎实基础。

职业能力目标：

（1）具备明确企业需求、分析供应市场的能力；

（2）具备制定采购战略、选择供应商的前瞻性和整合能力；

（3）具备进行商务谈判的较强议价能力；

（4）具备合同及供应商关系管理、采购物流与仓库管理及进行采购过程绩效评价的决策和执行能力；

（5）具备组织供需双方为供应合理化而工作的魄力。

三、课程内容和要求

序号	工作项目	工作任务	能力要求	知识要求	课时
1	导论	任务1：认知采购部门及岗位设置 任务2：设计采购流程	• 了解采购人员工作环境 • 了解采购人员工作性质及工作要求 • 了解采购岗位职责	• 了解采购岗 • 了解采购流程设计及要点分析	3
2	规划供应	任务1：流程分析及制定采购说明 任务2：规划供应流程	• 能进行供应链上的采购价值分析 • 能进行组织类型分析 • 能进行企业文化、使命、目标、政策与战略分析	• 了解采购计划与预算的意义和作用 • 掌握采购、供应的流程	6
3	供应市场分析	任务1：供应市场分析 任务2：评价供应细分市场	• 了解不同企业所适用的不同的组织类型 • 熟悉组织环境分析的方法	• 了解供应市场的特点 • 掌握供应市场分析方法	6

续表

序号	工作项目	工作任务	能力要求	知识要求	课时
4	制定供应战略	任务1：分析供应定位模型 任务2：确定不同采购品项类型的供应战略	• 了解整个供应市场 • 能利用信息进行市场分析 • 掌握供应市场分析的方法 • 学会评价机会与风险，选择最好的供应市场	• 了解供应市场模型 • 掌握供应市场的不同战略	6
5	评估与初选供应商	任务1：确定供应商评估框架和评估标准 任务2：设定权重与评定等级 任务3：进行供应商微观分析	• 能列举供应商评估的主要步骤 • 能识别建立供应定位模型过程中应考虑的主要问题 • 掌握潜在供应商评估的标准	• 了解供应商评估框架 • 确定供应商评估标准	9
6	获取与选择报价	任务1：讨论获取报价的方法 任务2：设置评估报价的标准	• 了解如何评估报价 • 掌握评估报价的方法和标准 • 熟悉依据采购类型确定邀请报价的供应商数量	• 了解报价要素 • 掌握报价方法	6
7	商务谈判	任务1：理解相关信息 任务2：确定谈判目标和策略 任务3：运用适当的谈判技巧	• 了解谈判时机选择的重要性 • 能制定实际的且可实现的谈判目的和目标 • 掌握制定有效的谈判战略的方法 • 熟练运用常用的谈判技巧	• 了解谈判流程 • 掌握谈判方法 • 运用谈判技巧	6
8	管理合同与供应商关系	任务1：准备合同 任务2：运营合同管理	• 了解合同的重要性 • 熟悉合同准备的主要问题 • 掌握合同的常用条款和条件、支付方式、适用法律等	• 熟悉合同要素 • 掌握合同条款	6
9	供应链中的物流管理	任务1：战略问题解决 任务2：操作问题解决	• 了解供应链管理中物流的角色 • 能解释主要的供应链战略类型及各类型包含的要素 • 能识别运输、仓储和库存管理等主要战术性问题 • 掌握库存管理和设计	• 了解供应链管理流程 • 熟悉供应链管理方式	6

续表

序号	工作项目	工作任务	能力要求	知识要求	课时
10	采购供应绩效评价	任务1：设计采购供应绩效评价流程及框架 任务2：确定度量方法和目标 任务3：实施绩效评价	• 了解绩效评价的重要性和行为影响 • 熟悉采购供应管理绩效评价流程 • 掌握绩效度量的方式和目标	• 了解采购供应绩效评价机制 • 熟悉采购供应绩效评价方式	6
合计					60

四、课程实施建议

（一）教学团队

本课程教学团队应由校内专任教师和行业兼职教师共同组成，要求行业兼职教师工作经验在5年以上，实现"双元"；校内专任教师到供应链企业、跨境电商企业开展挂职锻炼，提升采购操作能力，行业兼职教师走入校园、走进实训，提升教学能力，实现"双优"；"双元双优"教学团队共同开发课程、共同编写教材、共同备课、共同授课、共同评价，全程参与课堂教学。

（二）教材编写

本课程教材编写要体现"四重转变"：转变教材编写主体，依托"双元双优"教学团队，协同开发课程教材，以外贸行业兼职教师为主，注重真实案例引入；转变教材编写思路，依托工作项目设计开发新型活页工作手册；转变教材呈现形式，通过二维码等途径，实现数字化资源的融入，开发一体化新形态教材；转变教材编写机制，实时对接外贸产业新动态，动态更新教材内容。

（三）教学场所

本课程建议安排在理实一体校内智慧教室和校外实习基地上课。理实一体校内智慧教室配备无线网络，依托"智慧职教"职教云以及智能手机、iPad等智能终端，动态采集学生个体数据、学习过程数据、学习结果数据，开展精准教学；依托互联网＋国际贸易综合技能软件开展实训操作。校外实习基地应涵盖不同类型、不同区域的跨境电商相关企业，实现教学场所与职业场所的一体化，使学生有强烈的职业归属感，以提高学习效率。

（四）教学方法

本课程建议采用精准化教学，基于"智慧职教"职教云等平台所收集的数据开展精准化的学情分析、目标分析、内容分析、路径分析，进行精准教学干预；设置"学习领袖"，应用积分机制，营造竞争氛围，激发学生主动学习意识；全面推进融"教、学、考、做"于一体的项目教学法和线上线下融合教学法，动态组建项目团队，让学生以职业人身份进行业务操作。

（五）教学评价

课程整体教学评价的标准应体现任务驱动、项目导向课程的特征，在教学中按学期分项目任务分别评分，最后进行综合考核。

（1）采用线上线下相结合的方式，兼顾课前自主在线学习与任务完成、课堂任务完成与交流反馈、项目任务的实施过程与成果反馈以及课后拓展的反馈等。

（2）采用师生结合、校内外兼顾的方式，学生、教师和企业导师三方综合对某一个具体任务展开评价。

（3）采用诊断性评价、形成性评价与总结性评价相结合的方式，利用现代信息化手段，实现全过程信息采集，在课程教学实施过程中，及时观测大数据，既把握全员情况，又凸显个体差异，适当调整教学内容与侧重点，以保障教学目标与教学效果的实现。

线上线下（40%）			自评互评（10%）		校内校外（20%）		综合评价（30%）
线上成绩（30%）			线下成绩（10%）	学生自评（5%）	小组互评（5%）	专业教师（10%）	企业导师（10%）	
在线测试（10%）	在线学习（10%）	在线作业（10%）						
总计（100%）							

（六）课程资源

积极利用视频动画、虚拟仿真、实物教具等多样化的课程教学资源，以及国家精品在线开放课程平台、"智慧职教"职教云、互联网＋国际贸易综合技能软件等现代化信息技术平台和软件，充分调动学生的主动性、积极性和创造性。

"跨境电商通关"课程标准

【课程名称】跨境电商通关

【适用专业】高等职业院校国际商务专业

【建议课时】54 课时

【建议学分】3 学分

一、课程性质和设计思路

（一）课程性质

"跨境电商通关"是高等职业院校国际商务专业的一门专业核心课程。本课程主要培养具有较强职业能力、专业知识和良好职业素质的跨境电商关务人员。通过本课程的学习，学生能够掌握跨境电商通关业务中的操作技能，具备企业备案、商品备案、报关数据的录入与审核、商品归类、税费计算等业务能力。本课程的铺垫课程是"跨境电商基础"和"跨境电商物流"。

（二）课程设计思路

本课程遵循"校企合作、工学结合"的课程设计理念，采用以跨境电商关务人员岗位职业标准为依据、学生为中心、能力为本位、工作过程为主线、校企合作为路径，融"教、学、考、做"于一体的在线开放课程建设模式。

本课程的设计体现系统性、开放性、职业性和实践性等特点。系统性体现在对课程的教学内容、活动载体、教学团队、教学场所、教学方法、考核体系等进行了系统的设计；开放性体现在本课程的双元课程建设主体，由校内专任教师和跨境电商综合服务企业、供应链管理企业关务专家共同进行课程建设；职业性体现在课程培养定位于跨境电商关务员并以跨境电商关务人员岗位职业标准为依据；实践性体现在课程内容以跨境电商关务人员工作过程为主线和以跨境电商关务人员职业能力为本位。

二、课程目标

本课程通过跨境电商业务的仿真操作和全真操作，使学生熟练掌握不同跨境电商模式下电商货物或物品的通关操作能力，培养学生踏实肯干、吃苦耐劳的工作作风以及善于沟通、团队合作的工作品质，为学生走上跨境电商关务岗位和其他跨境电商岗位奠定坚实基础。

职业能力目标：

（1）能调研海关对不同跨境电商模式的通关政策和管理制度；

（2）能根据报关单规范正确填制进出口货物报关单以及海关特殊监管区域进出境货物备案清单；

（3）能完成跨境电商各进出口通关模式业务操作；

（4）能计算进境物品进口税和跨境电商零售进口税。

三、课程内容和要求

序号	工作项目	工作任务	能力要求	知识要求	课时
1	海关与通关管理	任务1：认知海关 任务2：调研跨境电商物流与通关 任务3：调研报关单位管理制度	• 能全方位认知海关 • 能全面掌握跨境电商各模式的物流与通关要点 • 能办理报关单位注册登记并申请海关AEO	• 掌握海关的性质、职责、权力以及领导体制 • 掌握报关的范围和报关的基本内容 • 了解报关单位类型	6
2	通关与外贸管制	任务1：认知对外贸易管制 任务2：调研货物进出口许可管理措施 任务3：调研出入境检验检疫	• 能判断进出口货物是否属于海关禁止、限制、自由进出口管理范围 • 能办理各类进出口许可证件 • 能办理出入境货物、集装箱、物品卫生检疫、出入境动植物检疫以及进出口商品检验	• 熟悉我国对外贸易管制的主要制度 • 掌握货物进出口许可管理措施 • 熟悉出入境检验检疫范围和要求	9
3	申报与保税监管	任务1：调研一般进出口货物通关作业程序 任务2：填制进出口货物报关单 任务3：办理海关保税监管场所和海关特殊监管区域通关	• 能办理一般进出口货物通关 • 能填制进出口货物报关单及进出境货物备案清单 • 能办理海关保税监管场所和海关特殊监管区域通关	• 了解一般进出口货物特征和范围 • 掌握低值货物类快件报关要求 • 掌握进出口货物报关单填制规范 • 熟悉保税物流进出口监管制度	12
4	电商与通关政策	任务1：办理跨境电商B2C出口通关 任务2：办理跨境电商B2C进口通关 任务3：办理跨境电商B2B进口通关	• 能办理跨境电商B2C出口通关 • 能办理跨境电商B2C进口通关 • 能办理跨境电商B2B进口通关	• 掌握跨境电商B2C出口的9610和1210监管方式的海关管理规定 • 掌握跨境电商B2C进口的9610和1210、1239监管方式的海关管理规定 • 熟悉跨境电商零售进出口申报清单填制要求 • 掌握跨境电商B2B出口的9710和9810监管方式的海关管理规定	15

续表

序号	工作项目	工作任务	能力要求	知识要求	课时
5	税费与归类基础	任务1：认知进口税费 任务2：计算进口税费 任务3：认知进出口商品归类	• 能确定完税价格和汇率 • 能申报进口货物原产地 • 能计算进口税费滞纳金 • 能计算货物进口税、物品进口税以及跨境电商零售进口税 • 能进行跨境电商零售进口商品归类	• 熟悉进口关税税率分类及适用规定 • 了解商品名称及编码协调制度及归类总规则 • 熟悉商品归类的一般方法	12
合计					54

四、课程实施建议

（一）教学团队

本课程教学团队应由校内专任教师和行业兼职教师共同组成，要求行业兼职教师跨境电商关务工作经验在5年以上，实现"双元"；校内专任教师到外贸、跨境或关务企业开展挂职锻炼，提升跨境电商关务操作能力，行业兼职教师走入校园、走进实训，提升教学能力，实现"双优"；"双元双优"教学团队共同开发课程、共同编写教材、共同备课、共同授课、共同评价，全程参与课堂教学。

（二）教材编写

本课程教材编写要体现"四重转变"：转变教材编写主体，依托校内专任教师和行业兼职教师教学团队，协同开发课程教材，以跨境电商关务兼职教师为主，注重真实案例引入；转变教材编写思路，依托工作项目设计开发新型活页工作手册；转变教材呈现形式，通过二维码等途径，实现数字化资源的融入，开发一体化新形态教材；转变教材编写机制，实时对接跨境电商关务新动态，动态更新教材内容。

（三）教学场所

本课程建议安排在跨境电商实训室和校外跨境电商实习基地上课。跨境电商实训室配备无线网络，依托"在浙学"App，动态采集学生个体数据、学习过程数据、学习结果数据，开展精准教学；依托国际商学院关务技能大赛单证操作软件以及跨境电商综合服务模拟实训平台开展报关单实训和跨境电商各模式通关操作。校外跨境电商实习基地应涵盖不同类型的跨境电商相关企业，如跨境电商企业、跨境电商综合服务企业及跨境电商供应链管理企业，实现教学场所与职业场所的一体化，使学生有强烈的职业归属感，以提高学习效率。

（四）教学方法

本课程建议采用精准化教学，基于省级精品在线开放课程平台所收集的数据开展精准化的学情分析、目标分析、内容分析、路径分析，进行精准教学干预；应用积分机制，营造竞争氛围，激发学生主动学习意识；全面推进融"教、学、考、做"于一体的项目教学法和线上线下融合教学法，动态组建项目团队，让学生以职业人身份进行业务操作。同时积极指导学生参加包括全国报关职业教育教学指导委员会主办的"IECC"全国职业院校关务技能网络大赛、中国报关协会主办的全国报关与国际货运职业技能竞赛（学生组）、教育厅（教育部）主办的全省（全国）职业院校技能大赛"关务技能"赛项，提高实践教学课时量，将技能大赛作为模块化教学的重要手段，有机融入课程教学过程中。

（五）教学评价

课程整体教学评价的标准应体现任务驱动、项目导向课程的特征，在教学中按学期分项目任务分别评分，最后进行综合考核。

（1）采用线上线下相结合的方式，兼顾课前自主在线学习与任务完成、课堂任务完成与交流反馈、项目任务的实施过程与成果反馈以及课后拓展的反馈等。

（2）采用师生结合、校内外兼顾的方式，学生、教师和企业导师三方综合对某一个具体任务展开评价。

（3）采用诊断性评价、形成性评价与总结性评价相结合的方式，利用现代信息化手段，实现全过程信息采集，在课程教学实施过程中，及时观测大数据，既把握全员情况，又凸显个体差异，适当调整教学内容与侧重点，以保障教学目标与教学效果的实现。

线上线下（40%）			自评互评（10%）		校内校外（20%）		综合评价（30%）
线上成绩（30%）		线下成绩（10%）	学生自评（5%）	小组互评（5%）	专业教师（10%）	企业导师（10%）	
在线测试（10%）	在线学习（10%）	在线作业（10%）					
总计（100%）							

（六）课程资源

积极利用视频动画、虚拟仿真、实物教具等多样化的课程教学资源，以及省级精品在线开放课程、国际商学院关务技能大赛单证操作软件、跨境电商综合服务模拟实训平台等现代化信息技术平台和软件，充分调动学生的主动性、积极性和创造性。

"跨境电商商品归类"课程标准

【课程名称】跨境电商商品归类
【适用专业】高等职业院校国际商务专业
【建议课时】45 课时
【建议学分】3 学分

一、课程性质和设计思路

（一）课程性质

"跨境电商商品归类"是高等职业院校国际商务专业的一门专业核心课程。本课程主要培养具有较强职业能力、专业知识和良好职业素质的跨境电商关务人员。通过本课程的学习，学生能根据跨境电商商品的归类规则来查询具体跨境电商商品的编码，从而正确申报，提高守法、爱国、敬业的素养。

（二）课程设计思路

本课程遵循"校企合作、工学结合"的课程设计理念，采用以跨境电商关务岗位职业标准为依据、学生为中心、能力为本位、工作过程为主线、校企合作为路径，融"教、学、考、做"于一体的在线开放课程建设模式。

本课程的设计体现系统性、开放性、职业性和实践性等特点。系统性体现在对课程的教学内容、活动载体、教学团队、教学场所、教学方法、考核体系等进行了系统的设计；开放性体现在本课程的双元课程建设主体，由校内专任教师和跨境电商综合服务企业、供应链管理企业关务专家共同进行课程建设；职业性体现在课程培养定位于跨境电商关务员并以跨境电商关务岗位职业标准为依据；实践性体现在课程内容以跨境电商关务人员工作过程为主线和以跨境电商关务人员职业能力为本位。

二、课程目标

本课程通过跨境电商商品归类的仿真操作和全真操作，使学生熟练掌握根据《商品名称及编码协调制度》（简称《协调制度》）对进出口商品进行正确归类的操作能力，培养学生团结协作的职业品质、爱岗敬业的劳动态度和精益求精的工匠精神，为今后从事跨境电商关务岗位工作和其他跨境电商岗位工作奠定扎实基础。

职业能力目标：

（1）能区分《中华人民共和国海关进出口税则》（简称《进出口税则》）与《协调制度》，熟练掌握进出口商品归类制度的主要内容；

（2）能根据总规则的原则与方法查询相应商品的海关编码，为报关做准备；

（3）能根据总规则以及各类商品的归类要点查询相应的商品编码；

（4）能根据总规则的内容与各类商品的归类要点掌握外贸商品归类技巧。

三、课程内容和要求

序号	工作项目	工作任务	能力要求	知识要求	课时
1	《协调制度》与《进出口税则》	任务1：《协调制度》与《进出口税则》的比较 任务2：商品归类的法律依据 任务3：《协调制度》的总体框架结构	• 能区分《进出口税则》与《协调制度》 • 能熟练掌握进出口商品归类制度的主要内容	• 掌握《协调制度》的概念与发展过程 • 掌握《进出口税则》的发展历史 • 掌握《协调制度》与《进出口税则》的联系与区别	6
2	商品归类总规则	任务1：根据总规则（一）和（二）的要求进行相应商品的归类 任务2：根据总规则（三）和（四）的要求进行相应商品的归类 任务3：根据总规则（五）和（六）的要求进行相应商品的归类 任务4：根据总规则的原则与方法查询相应商品的海关编码	• 能利用总规则（一）和（二）来查询商品编码 • 能利用总规则（三）和（四）来查询商品编码 • 能利用总规则（五）和（六）来查询商品编码 • 能运用总规则的内容来查询商品编码	• 掌握总规则（一）和（二）的内容 • 掌握总规则（三）和（四）的内容 • 掌握总规则（五）和（六）的内容 • 全面掌握总规则（一）至（六）的全部内容	12
3	第1类至第7类商品	任务：根据归类总规则熟练查询第1～7类的商品编码	• 能根据归类总规则熟练查询第1～7类的商品编码	• 熟悉《协调制度》第1～7类类注、章注以及子目注释	9
4	第8类至第15类商品	任务：根据归类总规则熟练查询第8～15类的商品编码	• 能根据归类总规则熟练查询第8～15类的商品编码	• 熟悉《协调制度》第8～15类类注、章注以及子目注释	9
5	第16类至第23类商品	任务：根据归类总规则熟练查询第16～23类的商品编码	• 能根据归类总规则熟练查询第16～23类的商品编码	• 熟悉《协调制度》第16～23类类注、章注以及子目注释	9
合计					45

四、课程实施建议

（一）教学团队

本课程教学团队应由校内专任教师和行业兼职教师共同组成，要求行业兼职教师跨境电商关务工作经验在 5 年以上，实现"双元"；校内专任教师到跨境电商企业、跨境电商综合服务企业或关务企业开展挂职锻炼，提升商品归类操作能力，行业兼职教师走入校园、走进实训，提升教学能力，实现"双优"；"双元双优"教学团队共同开发课程、共同编写教材、共同备课、共同授课、共同评价，全程参与课堂教学。

（二）教材编写

本课程教材编写要体现"四重转变"：转变教材编写主体，依托校内专任教师和行业兼职教师教学团队，协同开发课程教材，以跨境电商关务兼职教师为主，注重真实案例引入；转变教材编写思路，依托工作项目设计开发新型活页工作手册；转变教材呈现形式，通过二维码等途径，实现数字化资源的融入，开发一体化新形态教材；转变教材编写机制，实时对接跨境电商关务新动态，动态更新教材内容。

（三）教学场所

本课程建议安排在跨境电商实训室和校外跨境电商实习基地上课。跨境电商实训室配备无线网络，依托"智慧职教"职教云，动态采集学生个体数据、学习过程数据、学习结果数据，开展精准教学；依托 TRADE ROAD 关务技能大赛软件商品归类竞赛模块开展商品归类实训操作。校外跨境电商实习基地应涵盖不同类型的跨境电商相关企业，如跨境电商企业、跨境电商综合服务企业及跨境电商供应链管理企业，实现教学场所与职业场所的一体化，使学生有强烈的职业归属感，以提高学习效率。

（四）教学方法

本课程建议采用精准化教学，基于"智慧职教"职教云等平台所收集的数据开展精准化的学情分析、目标分析、内容分析、路径分析，进行精准教学干预；设置"学习领袖"，应用积分机制，营造竞争氛围，激发学生主动学习意识；全面推进融"教、学、考、做"于一体的项目教学法和线上线下融合教学法，动态组建项目团队，让学生以职业人身份进行业务操作。同时积极指导学生参加包括全国报关职业教育教学指导委员会主办的"IECC"全国职业院校关务技能网络大赛、教育厅（教育部）主办的全省（全国）职业院校技能大赛"关务技能"赛项，提高实践教学课时量，将技能大赛作为模块化教学的重要手段，有机融入课程教学过程中。

（五）教学评价

课程整体教学评价的标准应体现任务驱动、项目导向课程的特征，在教学中按学期分项目任务分别评分，最后进行综合考核。

（1）采用线上线下相结合的方式，兼顾课前自主在线学习与任务完成、课堂任务完成与交流反馈、项目任务的实施过程与成果反馈以及课后拓展的反馈等。

（2）采用师生结合、校内外兼顾的方式，学生、教师和企业导师三方综合对某一个具体任务展开评价。

（3）采用诊断性评价、形成性评价与总结性评价相结合的方式，利用现代信息化手段，实现全过程信息采集，在课程教学实施过程中，及时观测大数据，既把握全员情况，又凸显个体差异，适当调整教学内容与侧重点，以保障教学目标与教学效果的实现。

线上线下（40%）			自评互评（10%）		校内校外（20%）		综合评价（30%）
线上成绩（30%）			线下成绩（10%）	学生自评（5%）	小组互评（5%）	专业教师（10%）	企业导师（10%）	
在线测试（10%）	在线学习（10%）	在线作业（10%）						
总计（100%）							

（六）课程资源

积极利用视频动画、虚拟仿真、实物教具等多样化的课程教学资源，以及"智慧职教"职教云、TRADE ROAD 关务技能大赛软件商品归类竞赛模块等现代化信息技术平台和软件，充分调动学生的主动性、积极性和创造性。

"跨境电商物流"课程标准

【课程名称】跨境电商物流
【适用专业】高等职业院校国际商务专业
【建议课时】54 课时
【建议学分】3 学分

一、课程性质和设计思路

（一）课程性质

"跨境电商物流"是高等职业院校国际商务专业的一门专业核心课程。本课程主要培养具有跨境电商物流领域的专业知识、较强职业能力和良好职业素质的跨境电商物流从业人员。通过本课程的学习，学生能熟悉跨境电商物流行业概况、跨境电商物流岗位基本要求，掌握跨境电商物流新业态和新技术、跨境电商出口物流模式及业务操作、跨境电商进口物流模式及业务操作、跨境电商进出口头程物流业务操作、跨境电商清关业务类型及操作。本课程的铺垫课程是"跨境电商基础""跨境电商通关"和"跨境电商商品归类"。

（二）课程设计思路

本课程遵循"就业为导向、能力为本位、职业标准为依据"的课程设计理念，采用以跨境电商物流从业人员职业标准为依据、学生为中心、能力为本位、工作过程为主线、校企合作为路径，体现工学结合、任务驱动、项目教学和线上线下混合式教学的在线开放课程建设模式。

本课程的设计体现系统性、开放性、职业性和实践性等特点。系统性体现在对课程的教学内容、活动载体、教学团队、教学场所、教学方法、考核体系等进行了系统的设计；开放性体现在本课程的双元课程建设主体，由校内专任教师和跨境物流企业专家共同进行课程建设；职业性体现在课程培养定位于跨境电商物流职业人并以跨境电商物流从业人员岗位职业标准为依据；实践性体现在课程内容以跨境电商物流从业人员工作过程为主线和以跨境电商物流从业人员职业能力为本位。

二、课程目标

本课程通过跨境电商物流业务的仿真操作，使学生熟练掌握跨境电商物流相关基础知识、跨境电商物流进出口业务的操作、跨境电商物流清关业务的单证制作及办理等能力；培养学生掌握扎实的专业基础知识与技能、团队协作的职业能力、爱岗敬业的职业精神，为学生今后从事跨境电商物流岗位工作和其他岗位工作奠定扎实基础。

职业能力目标：

（1）了解跨境电商物流的概念、现状及趋势；

（2）熟悉跨境电商供应链与跨境物流的关系；

（3）熟悉跨境电商物流岗位要求；

（4）掌握跨境出口物流模式及操作技巧；

（5）掌握跨境进口物流模式及操作技巧；

（6）掌握跨境电商头程物流的类型和操作技巧；

（7）熟悉跨境电商物流信息管理系统；

（8）掌握跨境电商物流清关模式的操作流程和相关规定；

（9）能设计货物的跨境电商物流方案。

三、课程内容和要求

序号	工作项目	工作任务	能力要求	知识要求	课时
0	导论	任务：跨境电商物流认知	• 了解跨境电商物流的概念 • 了解跨境电商物流的现状和趋势 • 熟悉跨境电商物流企业岗位 • 熟悉跨境电商物流生态环境	• 了解跨境电商物流的概念 • 了解跨境电商物流的发展状况和趋势 • 熟悉跨境电商物流常见模式 • 熟悉跨境电商物流岗位的工作任务、职业能力、职业素质和知识储备	3
1	跨境出口物流模式	任务：中国直邮B2C模式认知	• 了解中国邮政出口物流模式 • 了解空运＋万国邮联组合的商业小包及操作流程 • 了解传统国际商业快递及操作流程 • 了解空运＋商业快递组合的专线产品及操作流程 • 掌握平台集货直邮产品及操作流程	• 掌握中国邮政相关知识 • 了解空运＋万国邮联组合的商业小包相关知识和操作 • 了解传统国际商业快递相关知识和操作 • 了解空运＋商业快递组合的专线产品相关知识和操作 • 了解平台集货直邮产品相关知识和操作 • 了解新型跨境出口模式（如客改货）	9
2	海外仓模式	任务：海外仓备货模式认知	• 了解海外仓运营模式 • 熟悉海外仓运营操作	• 了解海外仓的类型 • 了解海外仓备货模式 • 了解海外仓选品规则 • 熟悉海外仓服务规范 • 了解海外仓费用构成 • 了解海外仓仓储管理原则 • 掌握海外仓本地配送方式 • 掌握海外仓退换货操作 • 掌握现代仓储信息技术及海外仓管理软件	9
3	跨境进口物流模式	任务1：邮政国际邮件进口认知 任务2：商业快件直邮认知 任务3：集货与转运认知 任务4：保税模式认知	• 掌握直邮进口操作流程 • 掌握商业快件直邮操作事项 • 掌握集货与转运操作事项 • 掌握保税模式操作事项	• 了解直邮进口的概念 • 了解直邮进口的类型 • 熟悉集货与转运的操作规则与流程 • 掌握直邮进口和集货直邮的区别 • 掌握保税进口的相关概念	6

续表

序号	工作项目	工作任务	能力要求	知识要求	课时
4	国际货运头程物流	任务1：国际海运头程操作 任务2：国际空运头程操作 任务3：中欧班列高铁物流操作	• 熟悉国际海运头程物流模式 • 掌握国际海运头程物流操作及运费计算 • 掌握国际空运头程物流模式 • 掌握国际空运头程物流操作及运费计算 • 掌握中欧班列高铁物流操作方式	• 熟悉海卡运输方式 • 熟悉海派运输方式 • 熟悉空派运输方式 • 熟悉中欧班列高铁物流运营方式、运费核算和单据处理基本操作	12
5	跨境电商货物包装	任务1：包装的类型、材料与辅助设备 任务2：包装的原则	• 掌握包装类型、材料的选择 • 掌握产品的包装技巧	• 了解包装的类型和材料 • 熟悉包装的辅助设备 • 了解不同平台不同产品的包装原则	3
6	跨境电商清关	任务1：BC进出口清关 任务2：BBC进出口清关	• 了解清关的两种模式 • 熟悉BC进出口清关的流程 • 熟悉BBC进出口清关的流程	• 了解清关的含义 • 了解清关的两种模式的特点 • 了解两种模式下出口清关流程和相关规定的异同 • 了解两种模式下进口清关流程和相关规定的异同	6
7	跨境电商物流综合业务操作	任务1：跨境电商B2C平台物流综合业务操作 任务2：跨境电商B2B平台物流综合业务操作	• 掌握速卖通、亚马逊、eBay、Wish平台的物流线上发货流程 • 掌握敦煌网的物流线上发货流程	• 熟悉速卖通线上发货业务注意事项 • 熟悉亚马逊线上发货业务注意事项 • 熟悉eBay线上发货业务注意事项 • 熟悉Wish线上发货业务注意事项 • 熟悉敦煌网线上发货业务注意事项	6
			合计		54

四、课程实施建议

(一) 教学团队

本课程教学团队应由校内专任教师和行业兼职教师共同组成，行业兼职教师均为跨境电商物流行业专家且拥有 10 年以上从业经验，实现"双元"；校内专任教师到跨境物流企业挂职，参与校企合作、横向课题等项目，专注跨境物流领域的理论与实践研究，实现"双优"；"双元双优"教学团队同开发课程、共同编写教材、共同备课、共同授课、共同评价，全程参与课堂教学。

（二）教材编写

本课程教材编写由跨境电商物流行业专家和教育教学专家共同组成教材开发小组，通过行业企业调研，召开多轮行业论证会，对跨境电商物流从业人员岗位工作任务和职业能力进行分析，在此基础上开发职业岗位标准；按照"就业为导向、能力为本位、职业标准为依据"的原则设置教学模块和子模块，围绕工作任务选取理论知识，训练跨境电商 B2B/B2C 出口、进口物流业务环节操作能力，选取企业真实业务项目载体，体现工学结合、任务驱动、项目教学和线上线下混合式教学的教材编写模式。通过用手机扫描教材中的二维码，读者可以获取配套的微课等数字教学资源。

（三）教学场所

本课程建议安排在智慧教室和校外实习基地上课。智慧教室配备无线网络，依托在线资源平台及智能设备，获得学生学习数据、学习结果，精准开展教学。校外实习基地应涵盖不同类型、不同区域的跨境物流企业，如保税园区、空港园区等，实现教学场所与职业场所的一体化，使学生有强烈的职业归属感，以提高学习效率。

（四）教学方法

本课程建议采用项目教学法，通过工作任务的设定，引导学生根据跨境电商物流从业人员岗位职业能力要求来掌握专业技能与专业知识。利用线上平台做好学情分析，有针对性地微调课程目标和内容，实现项目教学和线上线下混合式教学。

（五）教学评价

课程整体教学评价的标准应体现任务驱动、项目导向课程的特征，在教学中采取项目任务操作过程评价与结果评价相结合的方式。

（1）突出过程与模块评价，结合出勤、学习态度、课堂表现、模块考核等手段，加强学生自主学习效果的考核，并注重平时采分；

（2）在进行结果评价时重视基础知识和职业能力相结合；

（3）在项目教学过程中，强调项目任务操作的过程评价，结合线上学习情况以及项目完成情况做最终考核。

线上线下（40%）			线下成绩（20%）	校内校外（20%）		综合评价（40%）
线上成绩（20%）				专业教师（10%）	企业导师（10%）	
在线测试（5%）	在线学习（10%）	在线作业（5%）				
总计（100%）						

（六）课程资源

充分利用各级各类课堂学习平台组建网络学习空间，利用趣味性的课程教学资源辅助课堂教学，搭建多维、动态、活跃、自主的课程学习平台，满足学生的差异化需求，充分调动学生的主动性、积极性和创造性。

"跨境电商仓储管理"课程标准

【课程名称】 跨境电商仓储管理
【适用专业】 高等职业院校国际商务专业
【建议课时】 54课时
【建议学分】 3学分

一、课程性质和设计思路

（一）课程性质

"跨境电商仓储管理"是高等职业院校国际商务专业的一门专业核心课程。本课程主要培养具有较强职业能力、专业知识和良好职业素质的跨境电商仓储管理员。通过本课程的学习，学生能掌握跨境电商仓储业务流程，以及跨境电商仓储设施规划、保税仓及海外仓管理方案设计、库存管理等各工作环节的岗位技能。本课程的铺垫课程是"跨境电商物流"。

（二）课程设计思路

本课程遵循"校企合作、工学结合"的课程设计理念，采用以跨境电商仓储管理员岗位职业标准为依据、学生为中心、能力为本位、工作过程为主线、校企合作为路径，融"教、学、考、做"于一体的在线开放课程建设模式。

本课程的设计体现系统性、开放性、职业性和实践性等特点。系统性体现在对课程的教学内容、活动载体、教学团队、教学场所、教学方法、考核体系等进行了系统的设计；开放性体现在本课程的双元课程建设主体，由校内专任教师和跨境电商企业物流仓储业务专家共同进行课程建设；职业性体现在课程培养定位于跨境电商仓储管理职业人并以跨境电商仓储管理员岗位职业标准为依据；实践性体现在课程内容以跨境电商仓储管理员工作过程为主线和以跨境电商仓储管理员职业能力为本位。

二、课程目标

本课程通过跨境电商仓储工作的仿真操作和全真操作，使学生熟练掌握跨境电商仓储业务流程，以及跨境电商仓储设施规划、保税仓及海外仓管理方案设计、库存管理等各工作环节的岗位技能，培养学生团结协作的职业品质、爱岗敬业的劳动态度和精益求精的工匠精神，为今后从事跨境电商仓储管理岗位工作和其他跨境电商岗位工作奠定扎实基础。

职业能力目标：

（1）掌握仓储管理基本概念及模式；
（2）能对跨境电商仓储设施进行规划设计；
（3）掌握仓储的入库、在库、出库作业流程；
（4）能根据特殊仓特点设计特殊仓仓配物流管理系统解决方案；
（5）能根据仓储管理绩效标准对跨境电商仓储绩效进行考核。

三、课程内容和要求

序号	工作项目	工作任务	能力要求	知识要求	课时
0	导论			• 掌握跨境电商仓储管理员的含义 • 熟悉跨境电商仓储管理员的工作任务 • 了解跨境电商仓储管理员岗位要求	3
1	仓储管理概述	任务1：调研跨境电商仓储企业 任务2：对仓储管理模式进行分类 任务3：调研跨境电商仓储类型	• 能认识跨境电商仓储企业的特点 • 能分辨跨境电商仓储管理的模式 • 能甄别跨境电商仓储的类型	• 掌握跨境电商仓储企业的概念及特点 • 掌握仓储管理的概念及模式 • 掌握跨境电商仓储的类型	6
2	仓储设施规划	任务1：调研仓库网点的分布 任务2：仓库选址 任务3：仓库功能布局规划	• 能设计仓库网点的规划方案 • 能根据要求进行仓库选址 • 能设计仓库的区域布局	• 掌握仓库网点的规划设计方法 • 掌握仓库选址的影响因素和工作流程 • 掌握仓库库区布局的类型 • 掌握仓库货位规划与管理方法	8

续表

序号	工作项目	工作任务	能力要求	知识要求	课时
3	仓储设备管理	任务1：对仓储设备进行分类 任务2：调研仓储设备管理方法	• 能分辨仓储设备的种类 • 能对仓储设备进行分类管理	• 掌握跨境电商仓储设备的种类 • 掌握仓储设备管理方法	4
4	入库作业管理	任务1：进行入库验收 任务2：进行入库理货 任务3：进行入库上架	• 能对货物进行入库验收 • 能整理已入库货物 • 能入库上架货物	• 熟悉入库验收流程 • 熟悉入库理货方法 • 熟悉入库上架流程	6
5	在库作业管理	任务1：盘点在库货物 任务2：养护管理在库货物	• 能对在库货物进行盘点 • 能对在库货物进行养护	• 熟悉在库盘点流程 • 了解货物养护管理	4
6	出库作业管理	任务1：调研出库流程 任务2：进行出库拣选和补货作业	• 能管理出库拣选作业 • 能管理出库补货作业 • 能管理出库装卸搬运作业	• 熟悉出库拣选作业 • 熟悉出库补货作业 • 熟悉出库装卸搬运作业	4
7	保税仓管理	任务1：调研保税仓仓库类型 任务2：设计保税仓仓配物流管理系统解决方案	• 能甄别保税仓的类型 • 能熟练运用保税仓仓配物流管理系统（eBWMS）	• 熟悉保税仓的类型及保税政策 • 熟悉保税仓仓配物流管理系统（eBWMS）的构成及特点	6
8	海外仓管理	任务1：调研海外仓仓库类型及特点 任务2：设计海外仓仓配物流管理系统解决方案	• 能甄别海外仓的类型 • 能熟练运用海外仓仓配物流管理系统（eGWMS）	• 熟悉海外仓的类型及特点 • 熟悉海外仓仓配物流管理系统（eGWMS）的构成及特点	6
9	仓储安全管理	任务1：调研仓储设备安全管理方法 任务2：调研仓库消防安全管理方法	• 能设计仓储设备安全管理方案 • 能设计仓库消防安全管理方案	• 熟悉仓储设备安全管理方法 • 熟悉仓库消防安全管理方法	3
10	仓储成本与绩效管理	任务1：计算仓储成本 任务2：制定仓储绩效考核标准	• 能计算仓储成本 • 能制定仓储绩效考核标准	• 熟悉仓储成本核算方法 • 熟悉仓储绩效考核方法	4
		合计			54

四、课程实施建议

（一）教学团队

本课程教学团队应由校内专任教师和行业兼职教师共同组成，要求行业兼职教师跨境电商仓储管理工作经验在 5 年以上，实现"双元"；校内专任教师到跨境电商企业开展挂职锻炼，提升跨境电商仓储管理操作能力，行业兼职教师走入校园、走进实训，提升教学能力，实现"双优"；"双元双优"教学团队共同开发课程、共同编写教材、共同备课、共同授课、共同评价，全程参与课堂教学。

（二）教材编写

本课程教材编写要体现"四重转变"：转变教材编写主体，依托"双元双优"教学团队，协同开发课程教材，以跨境电商行业兼职教师为主，注重真实案例引入；转变教材编写思路，依托工作项目设计开发新型活页工作手册；转变教材呈现形式，通过二维码等途径，实现数字化资源的融入，开发一体化新形态教材；转变教材编写机制，实时对接跨境电商产业新动态，动态更新教材内容。

（三）教学场所

本课程建议安排在理实一体校内智慧教室和校外跨境电商实习基地上课。理实一体校内智慧教室配备无线网络，依托"智慧职教"职教云、慕课以及智能手机、iPad 等智能终端，动态采集学生个体数据、学习过程数据、学习结果数据，开展精准教学；依托跨境电商仓储管理技能软件、仓配物流管理系统开展仓储管理实训操作。校外跨境电商实习基地应涵盖不同类型、不同区域的跨境电商仓储相关企业，实现教学场所与职业场所的一体化，使学生有强烈的职业归属感，以提高学习效率。

（四）教学方法

本课程建议采用精准化教学，基于"智慧职教"职教云、慕课等平台所收集的数据开展精准化的学情分析、目标分析、内容分析、路径分析，进行精准教学干预；设置"学习领袖"，应用积分机制，营造竞争氛围，激发学生主动学习意识；全面推进融"教、学、考、做"于一体的项目教学法和线上线下融合教学法，动态组建项目团队，让学生以职业人身份进行业务操作。

（五）教学评价

课程整体教学评价的标准应体现任务驱动、项目导向课程的特征，在教学中按学期分项目任务分别评分，最后进行综合考核。

（1）采用线上线下相结合的方式，兼顾课前自主在线学习与任务完成、课堂任务完成与交流反馈、项目任务的实施过程与成果反馈以及课后拓展的反馈等。

（2）采用师生结合、校内外兼顾的方式，学生、教师和企业导师三方综合对某一个具体任务展开评价。

（3）采用诊断性评价、形成性评价与总结性评价相结合的方式，利用现代信息化手段，实现全过程信息采集，在课程教学实施过程中，及时观测大数据，既把握全员情况，又凸显个体差异，适当调整教学内容与侧重点，以保障教学目标与教学效果的实现。

线上线下（40%）			自评互评（10%）		校内校外（20%）		综合评价（30%）
线上成绩（30%）			线下成绩（10%）	学生自评（5%）	小组互评（5%）	专业教师（10%）	企业导师（10%）	
在线测试（10%）	在线学习（10%）	在线作业（10%）						
总计（100%）							

（六）课程资源

积极利用视频动画、虚拟仿真、实物教具等多样化的课程教学资源，以及国家精品在线开放课程、"智慧职教"职教云、跨境电商仓储管理技能软件、仓配物流管理系统软件等现代化信息技术平台和软件，充分调动学生的主动性、积极性和创造性。

"跨境电商供应链管理综合实训"课程标准

【课程名称】跨境电商供应链管理综合实训
【适用专业】高等职业院校国际商务专业
【建议课时】36课时
【建议学分】2学分

一、课程性质和设计思路

（一）课程性质

"跨境电商供应链管理综合实训"是高等职业院校国际商务专业的一门专业核心课程。本课程主要培养具有较强职业能力、专业知识和良好职业素质的跨境电商供应链操作员和管理人员。通过本课程的学习，学生能分析和处理跨境电商供应链流程中各节点的业务操作和管理工作及相关软件操作问题。本课程的铺垫课程是"全球采购管理""跨境电商仓储管理"和"跨境电商通关"。

（二）课程设计思路

本课程遵循"校企合作、工学结合"的课程设计理念，采用以跨境电商供应链管理岗位职业标准为依据、学生为中心、能力为本位、工作过程为主线、校企合作为路径，融"教、学、考、做"于一体的在线开放课程建设模式。

本课程的设计体现系统性、开放性、职业性和实践性等特点。系统性体现在对课程的教学内容、活动载体、教学团队、教学场所、教学方法、考核体系等进行了系统的设计；开放性体现在本课程的双元课程建设主体，由校内专任教师和跨境电商供应链业务专家共同进行课程建设；职业性体现在课程培养定位于跨境电商供应链管理职业人并以跨境电商供应链管理岗位职业标准为依据；实践性体现在课程内容以跨境电商供应链管理过程为主线和以跨境电商供应链管理职业能力为本位。

二、课程目标

本课程通过跨境电商供应链管理仿真软件的操作，使学生熟练掌握跨境电商供应链全流程各个阶段的流程设计、人员管理、产品进出库和发货操作、相关单据填制等管理工作，培养学生团结协作的职业品质、爱岗敬业的劳动态度和精益求精的工匠精神，为今后从事跨境电商供应链管理岗位工作和跨境电商其他岗位工作奠定扎实基础。

职业能力目标：

（1）能根据跨境电商供应链管理要求设计流程和工作职责；

（2）能在跨境电商供应链管理软件中设计供应商管理指标并进行操作；

（3）能在跨境电商供应链管理软件中开展采购管理、发货管理、物流管理、出入库和盘点、海外仓管理等操作；

（4）能在跨境电商供应链管理软件中进行数据统计和财务统计分析。

三、课程内容和要求

序号	工作项目	工作任务	能力要求	知识要求	课时
1	跨境电商供应链管理系统设置	任务1：系统角色设置 任务2：组织结构管理设置 任务3：权限管理设置 任务4：产品状态规则设置	• 能甄别跨境电商供应链管理系统中不同角色的工作任务 • 能开展跨境电商供应链管理系统各个角色的设置 • 能进行产品状态规则的设置	• 掌握跨境电商供应链管理系统中不同角色的职责和工作任务 • 掌握跨境电商供应链中各类产品状态	2

续表

序号	工作项目	工作任务	能力要求	知识要求	课时
2	跨境电商供应商管理	任务1：供应商KPI设置 任务2：供应商产品管理 任务3：供应商价格管理 任务4：支付周期管理 任务5：更换供应商/采购员操作	• 能根据供应商类型和供应商管理战略设置供应商KPI • 能在系统中管理和监控供应商产品 • 能在系统中管理和监控供应商价格和支付周期	• 理解供应商类型和供应商管理战略 • 掌握供应商KPI设置的基本指标、原则和方法 • 掌握供应商产品、价格、付款期管理的原则和方法	4
3	跨境电商采购管理	任务1：跨境电商采购申请 任务2：跨境电商采购订货 任务3：跨境电商采购到货 任务4：跨境电商采购入库 任务5：核算采购入库成本 任务6：财务确认、付款及核销	• 能运用采购管理系统对普通采购业务进行处理，及时进行采购结算 • 能与应付款管理系统、总账系统集成使用，以便及时处理采购款项 • 能在供应链管理系统中对采购业务进行相应的账务处理	• 掌握采购管理的流程和方法 • 理解采购管理在供应链系统中的作用，及其与其他子系统之间的数据传递关系	6
4	跨境电商订单管理	任务1：跨境电商平台订单导入 任务2：跨境电商订单审核管理 任务3：跨境电商订单提醒管理 任务4：跨境电商订单标记发货管理	• 能从跨境电商平台导入订单 • 能根据订单情况对跨境电商订单进行审核 • 能设计相应指标对跨境电商订单进行提醒管理 • 能对跨境电商订单进行标记发货管理	• 了解各跨境电商平台订单相关规则 • 熟悉跨境电商订单操作流程和常见问题	4
5	跨境电商物流管理	任务1：跨境电商运输方式管理 任务2：运输服务商管理 任务3：跨境电商物流价格管理 任务4：跨境电商物流分区方案管理 任务5：跨境电商物流发货装箱管理 任务6：跨境电商物流面单管理	• 能设计合适的跨境电商物流方式 • 能与跨境电商物流服务商进行接洽和管理 • 能对跨境电商物流分区进行管理 • 能开展跨境电商物流发货装箱管理 • 能开展跨境电商物流面单管理	• 熟悉跨境电商各种运输方式、服务商和对应的价格 • 熟悉跨境电商各种物流方案和常见问题 • 熟悉跨境电商各种物流装箱要求和单据要求	6

续表

序号	工作项目	工作任务	能力要求	知识要求	课时
6	跨境电商海外仓管理	任务1：跨境电商订单自动分仓设置 任务2：商品打包贴标管理 任务3：商品出货管理 任务4：商品退货管理 任务5：跨境电商仓库日报表管理 任务6：海外仓库内KPI考核	• 能设置跨境电商订单自动分仓规则 • 能设置商品打包贴标内容并进行管理 • 能进行出货管理、退货管理设置 • 能整理跨境电商仓库日报表并进行分析 • 能设置海外仓库内KPI考核指标	• 了解跨境电商订单分仓需求因素和影响因素 • 熟悉商品打包贴标要求 • 掌握出货、退货管理要求 • 理解跨境电商仓库日报表分析指标 • 熟悉海外仓库内KPI考核指标要求	6
7	跨境电商库存管理	任务1：跨境电商海外仓之间商品调拨 任务2：仓库全部存货盘点 任务3：指定存货盘点	• 能运用库存管理系统合理地进行库存商品调拨 • 能适时进行仓库盘点、库存盘点 • 能分析库存问题并进行处理	• 掌握库存管理中库存商品调拨、仓库盘点、库存盘点的流程和方法 • 了解库存管理在供应链系统中的作用，及其与其他子系统之间的数据传递关系	4
8	跨境电商财务及统计管理	任务1：跨境电商运营报表分析 任务2：跨境电商盘盈盘亏报表分析 任务3：跨境电商商品销售统计分析 任务4：跨境电商销售利润统计分析	• 能分析跨境电商运营报表 • 能分析跨境电商盘盈盘亏报表 • 能分析跨境电商商品销售 • 能分析跨境电商销售利润	• 熟悉跨境电商运营报表指标 • 熟悉跨境电商盘盈盘亏报表指标 • 熟悉跨境电商商品销售指标 • 熟悉跨境电商销售利润指标	4
合计					36

四、课程实施建议

（一）教学团队

本课程教学团队应由校内专任教师和行业兼职教师共同组成，要求行业兼职教师跨境电商供应链相关行业工作经验在5年以上，实现"双元"；校内专任教师到跨境电商供应链企业开展挂职锻炼，提升跨境电商供应链操作能力，行业兼职教师走入校园、走进实训，提升教学能力，实现"双优"；"双元双优"教学团队共同开发课程、共同编写教材、共同备课、共同授课、共同评价，全程参与课堂教学。

（二）教材编写

本课程教材编写要体现"四重转变"：转变教材编写主体，依托"双元双优"教学团队，协同开发课程教材，以跨境电商供应链行业兼职教师为主，注重真实案例引入；转变教材编写思路，依托工作项目设计开发新型活页工作手册；转变教材呈现形式，通过二维码等途径，实现数字化资源的融入，开发一体化新形态教材；转变教材编写机制，实时对接跨境电商供应链产业新动态，动态更新教材内容。

（三）教学场所

本课程建议安排在理实一体校内智慧教室和校外跨境电商供应链实习基地上课。理实一体校内智慧教室配备无线网络，依托"智慧职教"职教云以及智能手机、iPad等智能终端，动态采集学生个体数据、学习过程数据、学习结果数据，开展精准教学；依托跨境电商供应链综合技能软件开展采购、物流、仓储等环节的实训操作。校外跨境电商供应链实习基地应涵盖不同类型、不同区域的企业，实现教学场所与职业场所的一体化，使学生有强烈的职业归属感，以提高学习效率。

（四）教学方法

本课程建议采用精准化教学，基于"智慧职教"职教云等平台所收集的数据开展精准化的学情分析、目标分析、内容分析、路径分析，进行精准教学干预；分设学习小组，应用小组积分赛机制，营造竞争氛围，激发学生主动学习意识；全面推进融"教、学、考、做"于一体的项目教学法和线上线下融合教学法，动态组建项目团队，让学生以职业人身份进行业务操作。

（五）教学评价

课程整体教学评价的标准应体现任务驱动、项目导向课程的特征，在教学中按学期分项目任务分别评分，最后进行综合考核。

（1）采用线上线下相结合的方式，兼顾课前自主在线学习与任务完成、课堂任务完成与交流反馈、项目任务的实施过程与成果反馈以及课后拓展的反馈等。

（2）采用师生结合、校内外兼顾的方式，学生、教师和企业导师三方综合对某一个具体任务展开评价。

（3）采用诊断性评价、形成性评价与总结性评价相结合的方式，利用现代信息化手段，实现全过程信息采集，在课程教学实施过程中，及时观测大数据，既把握全员情况，又凸显个体差异，适当调整教学内容与侧重点，以保障教学目标与教学效果的实现。

线上线下（40%）			自评互评（10%）		校内校外（20%）		综合评价（30%）
线上成绩（30%）		线下成绩（10%）	学生自评（5%）	小组互评（5%）	专业教师（10%）	企业导师（10%）	
在线测试（10%）	在线学习（10%）	在线作业（10%）					
总计（100%）						

（六）课程资源

积极利用视频动画、虚拟仿真、实物教具等多样化的课程教学资源，以及国家精品在线开放课程、"智慧职教"职教云、跨境电商供应链综合技能软件等现代化信息技术平台和软件，充分调动学生的主动性、积极性和创造性。

"跨境电商 B2C 运营"课程标准

【课程名称】跨境电商 B2C 运营
【适用专业】高等职业院校跨境电子商务专业
【建议课时】54 课时
【建议学分】3 学分

一、课程性质和设计思路

（一）课程性质

"跨境电商 B2C 运营"是高等职业院校跨境电子商务专业的一门专业核心课程。本课程主要培养具有互联网思维、大数据思维等创新思维以及较强职业能力、专业知识和良好职业素质的跨境电商专员。通过本课程的学习，学生能理解跨境电子商务的基本概念，了解跨境电商基本政策，熟悉跨境电商第三方操作平台规则，掌握跨境电商操作基本工作过程，具备跨境店铺运营管理、客户服务和电商操作技术等业务能力。本课程以"国际贸易基础""跨境电商基础"等课程为基础。

（二）课程设计思路

本课程在工学结合课程建设模式的指导下，首先分析跨境电商专员工作过程和工作任务，共同开发岗位职业标准；然后依据岗位职业标准，以职业能力为本位，开发课程标准，设计项目活动载体，编写项目教材；同时，建设双元主体的课程教学团队，在校内外实训基地开展以学生为主体，融"教、学、做、考、创业"于一体，以工作任务驱动的项目教学；最后，实施过程考核与结果考核相结合、校内考核与企业考核相结合、课程考核与创业考核相结合的多样化课程评价体系。

二、课程目标

本课程通过在校内理实一体化实训室的全真操作（跨境电商企业的全真操作），根据项目教学要求，让学生掌握七项基本业务操作技能，即跨境店铺注册操作、跨境物流操作、海外市场调研操作、数据化选品和产品信息化操作、产品发布操作、店铺运营及推广操作、线上订单处理操作等业务操作能力，培养学生踏实肯干、吃苦耐劳的工作作风和善于沟通、团队合作的工作品质，为学生走上跨境电商工作岗位和进行跨境电商创业打下坚实的基础。

职业能力目标：

（1）能顺利开通跨境电商店铺账号；

（2）能熟练设计跨境物流方案、合理选择跨境物流方式；

（3）能使用Google系列工具调研海外市场跨境电商发展情况，形成可供企业采纳的调研报告；

（4）能独立完成跨境电商选品及产品的信息化工作；

（5）能合理设置跨境电商产品价格，完成产品刊登和发布工作；

（6）能制定跨境产品和店铺优化方案，通过合适的方法和渠道在平台内外进行推广；

（7）能及时处理订单，提升客户体验感和满意度；

（8）能及时处理争议订单，维护老客户、开发新客户。

三、课程内容和要求

序号	工作项目	工作任务	能力要求	知识要求	课时
0	跨境电商专员岗位职责			• 了解跨境电商专员的含义 • 熟悉跨境电商专员职业素质要求、职业能力要求、专业知识要求和工作任务	2

续表

序号	工作项目	工作任务	能力要求	知识要求	课时
1	跨境店铺注册操作	任务1：模拟完成速卖通平台店铺注册 任务2：模拟完成Wish平台店铺注册 任务3：模拟完成亚马逊平台账号注册	• 熟悉速卖通、Wish等跨境第三方平台店铺注册的规定和要求 • 能为跨境店铺注册准备相应材料和基本信息 • 能分组或独立完成跨境店铺注册并获得平台认可通过	• 熟悉速卖通店铺注册流程及实名认证操作 • 熟悉Wish平台店铺注册流程及认证操作 • 熟悉亚马逊平台店铺注册流程及认证操作 • 了解其他跨境电商平台店铺注册流程及认证操作	4
2	跨境物流操作	任务1：调研速卖通平台10个品类产品的跨境物流运费及物流选择 任务2：计算跨境小包物流运费 任务3：计算国际商业快递物流运费 任务4：计算跨境专线物流运费 任务5：计算国际海/空运头程物流费用 任务6：计算海外仓及海外本地物流相关费用 任务拓展1：调研Wish跨境物流方案 任务拓展2：调研其他跨境第三方平台物流运费及物流选择	• 能选择中国邮政小包作为跨境物流方式 • 能选择e邮宝作为跨境物流方式 • 能选择四大国际商业快递（FedEx、DHL、TNT、UPS）作为跨境物流方式 • 能选择跨境专线物流作为跨境物流方式 • 能选择海外仓及海外本地物流作为跨境物流方式 • 能选择其他综合物流作为跨境物流方式（如亚马逊物流） • 能计算跨境物流费用 • 能设计跨境电商物流方案	• 掌握中国邮政小包的含义、特点、包装尺寸、价格、优劣势、操作流程等 • 了解中国邮政大包的含义、特点、包装尺寸、价格、优劣势等 • 熟悉e邮宝的含义、特点、包装尺寸、价格、优劣势、操作流程等 • 熟悉四大国际商业快递（FedEx、DHL、TNT、UPS）的特点、包装、价格、优劣势等 • 熟悉跨境专线物流（美国专线、欧洲专线、大洋洲专线、俄罗斯专线、中东专线、南美专线）的特点、包装、价格、优劣势等 • 掌握海外仓的含义、特点、优劣势、操作流程 • 熟悉海外仓本地物流（美国、英国、德国、澳大利亚）的特点、费用、优劣势、操作流程 • 了解其他综合物流（如亚马逊物流）的特点、价格、优劣势 • 熟悉国际海/空运头程物流的含义、特点、运费计算及操作流程	8

续表

序号	工作项目	工作任务	能力要求	知识要求	课时
3	海外市场调研操作	任务1：调研我国与海外某国跨境电商发展情况 任务2：调研海外市场消费者电商产品消费习惯并形成研究报告	• 能对海外市场（欧盟、美国、日本、东南亚国家、金砖国家）的电商发展情况进行调研并形成调研报告	• 了解欧盟、美国、日本、东南亚国家、金砖国家等国家和地区电子商务发展现状及特点 • 掌握海外市场调研的一般方法 • 熟悉海外消费者行为和习惯分析的一般方法 • 熟悉不同国家的假日、商业习惯和消费习惯	4
4	数据化选品和产品信息化操作	任务1：调研速卖通平台产品品类、产品标题描述和详细描述并形成调研报告 任务2：运用速卖通店铺后台数据对某类产品进行行业分析并形成分析报告 任务3：从1688、淘宝、义乌购等平台选择产品并处理产品图片 任务4：从工厂自选产品并对产品进行信息化处理 任务5：在店铺对产品分类属性进行设置 任务6：对产品标题进行描述，对产品其他情况进行详细描述 任务拓展：调研Wish平台产品品类、产品标题描述、标签和详细描述，形成报告	• 能对产品进行正确的定位 • 能分析竞争者和行业产品 • 能选择合适的供应商 • 能对产品进行品牌化管理和营运 • 能根据市场情况对产品做出合理调整 • 能分析平台数据，撰写调研报告，发现新的市场机会	• 掌握跨境电商产品的特点和选择标准 • 熟悉速卖通选品规则 • 了解其他第三方平台选品规则 • 熟悉供应商选择标准、产品采购流程 • 熟悉跨境电商大类产品生产、包装、质量检验标准、验货等知识 • 熟悉常用的平台数据分析工具和调研报告的写作方法 • 掌握速卖通产品分类属性、标题描述和详细描述的方法 • 掌握图片拍摄等处理技术 • 掌握视频拍摄、制作技术	6

续表

序号	工作项目	工作任务	能力要求	知识要求	课时
5	产品发布操作	任务1：核算产品成本、费用和利润，设置产品上架价格 任务2：审核产品标题描述和详细描述，在速卖通平台模拟发布产品 任务3：在速卖通平台后台模拟设置跨境物流解决方案 任务拓展1：审核产品标题描述和详细描述，在Wish平台模拟上传产品 任务拓展2：在Wish平台模拟设置跨境物流解决方案	• 能对跨境电商产品进行对外报价 • 能在跨境电商平台后台设置跨境物流方案 • 能在速卖通平台发布产品信息 • 能在Wish平台上传产品信息	• 熟悉成本、费用、利润等基本概念 • 熟悉速卖通、Wish平台佣金扣点和银行卡等的手续费扣款 • 掌握上架价格（LP：List Price）、销售价格（DP：Discount Price）和订单价格（OP：Order Price）三个术语的基本含义 • 熟悉速卖通平台产品定价规则 • 熟悉Wish平台定价规则 • 了解其他第三方跨境电商平台定价规则 • 熟悉速卖通平台产品刊登规则 • 了解其他第三方跨境电商平台产品刊登规则	10
6	店铺运营及推广操作	任务1：对产品标题描述进行优化 任务2：对产品详细描述进行优化 任务3：对产品价格进行优化 任务4：对店铺进行优化 任务5：制定营销方案，对产品和店铺进行推广 任务拓展：对Wish平台产品进行优化并制定营销推广方案	• 能在速卖通平台对产品标题、详细信息、店铺等进行优化 • 能制定营销方案并进行推广 • 能根据店铺和产品的流量表现情况调整营销策略	• 熟悉速卖通店铺后台使用规则（产品管理、店铺中心、营销中心、数据纵横等） • 熟悉曝光量、浏览量、访客数、询盘数、订单数、成交转化率等的含义 • 熟悉速卖通产品标题优化、图片优化、详细信息优化等的一般做法 • 熟悉速卖通价格优化的常规做法 • 熟悉速卖通店铺优化、营销推广的一般手段 • 熟悉第三方跨境电商平台以外的营销推广的一般手段和方法（SEO、SNS、DT等）	12

续表

序号	工作项目	工作任务	能力要求	知识要求	课时
7	线上订单处理操作	任务1：处理客户询盘函 任务2：接受订单并拟写感谢函 任务3：选择跨境物流及对产品进行包装 任务4：填写跨境物流单据及报关凭证 任务5：上传发货凭证，及时与买家沟通	• 能及时处理国外客户的订单（询盘、还价、物流选择等） • 能正确选择跨境物流方式并及时发货 • 能合理处理产品跨境报检和报关	• 熟悉常见英文函电交流词汇、短语和句子（咨询、还价、产品描述、物流选择、货到时间等） • 掌握跨境电商物流选择、产品包装及发货操作流程 • 熟悉速卖通平台发货规则 • 了解世界各国对进口产品征收关税的标准 • 了解海关对跨境电商产品的法规、政策和单据要求 • 了解其他第三方跨境电商平台发货规则	8
合计					54

四、课程实施建议

（一）教学团队

本课程建议采用校内专任教师和行业兼职教师共同组建双师结构课程教学团队，行业兼职教师与校内专任教师比例达到1∶1；建议校内专任教师到跨境电商企业相关部门开展挂职锻炼，提升业务操作能力，培养双师素质教师；建议行业兼职教师来源应包括跨境电商企业、知名跨境物流公司、外贸企业、海关等部门；建议双师结构课程教学团队共同开发课程、共同编写教材、共同备课、共同授课、共同评价，全程参与课程建设。

（二）教材编写

本课程教材编写人员应由校内专任教师和跨境电商行业企业一线业务专家共同组成。教材编写模式建议打破以知识体系为线索的传统编写模式，采用以跨境电商专员工作过程为线索，体现工学结合、任务驱动、项目教学的项目教材编写模式；教材编写内容建议依据本课程标准，即跨境店铺注册操作、跨境物流操作、海外市场调研操作、数据化跨境选品和产品信息化操作、产品发布操作、店铺运营及推广操作、线上订单处理操作等业务操作能力，强调各环节对跨境电商操作能力的训练，紧紧围绕工作任务的需要来选取理论知识。

（三）教学场所

本课程建议全部放在校内实训室和校外实习基地上课和考试，实现教学场所与职业场所的一体化，使学生更容易找到强烈的职业归属感，以提高学习效率。本课程应配套至少1个实训室和多个校外实习基地，采用与跨境电商企业合作的方式，引进真实的跨境电商产品开展实训，确保有较多数量的产品能满足实施开店和学生实习的需要。

（四）教学方法

本课程建议采用以学生为主体，以职业能力培养为本位，以工作过程和工作任务为主线，任务驱动，融"教、学、做、创业"于一体的项目教学法。教学通过项目导入、学生操作、教师示范、归纳总结、能力实训五个环节循序渐进，让学生以职业人身份进行业务操作，突出学生主体地位，实现课堂与实习地点一体化教学模式，实习与创业相结合，让学生在做中学，让教师在做中教，融"教、学、做、创业"为一体。

（五）教学评价

课程整体教学评价的标准应体现任务驱动、项目导向课程的特征，在教学中按学期分项目任务分别评分，最后进行综合考核。

（1）采用线上线下相结合的方式，兼顾课前自主在线学习与任务完成、课堂任务完成与交流反馈、项目任务的实施过程与成果反馈以及课后拓展的反馈等。

（2）采用师生结合、校内外兼顾的方式，学生、教师和企业导师三方综合对某一个具体任务展开评价。

（3）采用诊断性评价、形成性评价与总结性评价相结合的方式，利用现代信息化手段，实现全过程信息采集，在课程教学实施过程中，及时观测大数据，既把握全员情况，又凸显个体差异，适当调整教学内容与侧重点，以保障教学目标与教学效果的实现。

线上线下（40%）				自评互评（10%）		校内校外（20%）		综合评价（30%）
线上成绩（30%）			线下成绩（10%）	学生自评（5%）	小组互评（5%）	专业教师（10%）	企业导师（10%）	
在线测试（10%）	在线学习（10%）	在线作业（10%）						
总计（100%）								

（六）课程资源

积极利用跨境电商第三方平台的教学资源，拓展学习的渠道，使教学内容呈现多元性、多样性，使学生的知识和能力得到进一步拓展。注重建设和开发本课程的电子教材、项目活动载体、教学单元设计、学习指导、多媒体课件、实训实习项目库、习题集、案例集、试题库等教学资源，并上传到教学平台，使教师和学生能够通过教学平台有效地开展高效、灵活的教与学活动。

"跨境电商视觉设计"课程标准

【课程名称】 跨境电商视觉设计
【适用专业】 高等职业院校跨境电子商务专业
【建议课时】 54课时
【建议学分】 3学分

一、课程性质和设计思路

(一)课程性质

"跨境电商视觉设计"是高等职业院校跨境电子商务专业的一门专业核心课程。本课程主要培养具有较强职业能力、专业知识和良好职业素质的跨境电商从业人员。本课程旨在培养学生跨境电商专业文献英语阅读能力、发展工作岗位中跨境电商美工图片设计技能,并为以后的跨境电商专业实践类课程提供专业知识与美工技能基础。本课程的铺垫课程是"跨境电商基础"和"跨境电商B2C运营"。

(二)课程设计思路

本课程遵循"就业为导向、能力为本位、职业标准为依据"的课程设计理念,以学生为中心、能力为本位、工作过程为主线、校企合作为路径,实现企业业务与教学任务相结合、虚拟场景与真实场景相结合、线上与线下相结合、模拟实训与企业实习相结合的课程建设模式。

本课程的设计体现系统性、开放性、职业性和实践性等特点。系统性体现在对课程的教学内容、活动载体、教学团队、教学场所、教学方法、考核体系等进行了系统的设计;开放性体现在本课程的双元课程建设主体,由校内专任教师和跨境电商行业专家共同进行课程建设;职业性体现在课程培养定位于以跨境电商从业人员岗位职业标准为依据;实践性体现在课程内容以跨境电商从业人员工作过程为主线和以跨境电商从业人员职业能力为本位。

二、课程目标

本课程旨在"以专业为背景培养美工视觉营销能力,以图片设计为载体传授专业知识"。通过本课程的学习，学生应该获得初步的图片处理应用能力，进一步了解跨境电商专业基本知识。学生应当具有跨境电商图片处理与操作能力，应当获得跨境电商岗位工作必需的基本的主图与详情图的设计能力。同时，学生应当在专业能力、方法能力和社会能力等方面得到进一步的培养与训练。课程目标具体分解为：

知识目标：

（1）掌握跨境电商基础岗位的基本图片处理技能与跨境电商店铺图片规则与图片制作技能；

（2）了解跨境电商美工岗位职责，掌握美工基本业务操作流程；

（3）掌握跨境电商平台产品及店铺描述、旺铺装修，以及轮播图、主图、详情图的制作技巧。

能力目标：

（1）能用 Photoshop 处理跨境电商平台主图和详情图；

（2）能用英语开展跨境电商店铺描述；

（3）能用英语开展跨境电商营销推广；

（4）能用英语开展跨境电商售前交流；

（5）能用英语开展跨境电商售中交流；

（6）能用英语开展跨境电商售后交流；

（7）能用英语表达跨境电商常见商品分类。

素养目标：

（1）获得收集、处理、加工信息的能力及发现、分析、解决问题的一般能力；

（2）初步养成一定的知识应用能力和创新思维能力；

（3）提高自主学习能力和自我发展能力；

（4）进一步增强人际交往、社会活动和团队协作能力。

三、课程内容和要求

序号	工作项目	工作任务	能力要求	知识要求	课时
1	视觉营销及文案策划	任务1：3C商品视觉营销应用 任务2：店铺的文案策划应用	• 掌握跨境电商视觉营销的重要意义 • 能分析3C商品视觉营销的特点与应用 • 能对店铺文案策划进行分析与总结，能针对某个商品提炼出卖点与痛点	• 掌握视觉营销的定义 • 掌握3C商品的特点 • 了解视觉营销的应用流程 • 了解文案策划的提炼技巧与应用	6

续表

序号	工作项目	工作任务	能力要求	知识要求	课时
2	商品拍摄技巧及流程	任务1：认识商品图片的特征和要求 任务2：准备摄影器材 任务3：环境与布光 任务4：基本构图及商品摆放技巧	• 掌握商品图片的特征和要求 • 掌握摄影器材基本功能的应用 • 能学会环境与布光技巧，提升图片摄影效果	• 掌握主要跨境电商平台对商品图片的要求 • 掌握摄影器材的使用技巧	9
3	商品主图的设计制作	任务1：商品图片的基础处理 任务2：商品图片的裁剪及调色处理 任务3：商品图片的抠图 任务4：商品主图的设计制作要点及方法	• 掌握商品图片的处理基础 • 能对图片进行裁剪与调色处理 • 掌握抠图技巧 • 掌握商品主图的设计要点和方法	• 掌握图片处理基础 • 掌握商品图片裁剪和调色的技巧 • 掌握商品抠图的技巧	9
4	轮播海报及商品详情页的设计制作	任务1：轮播海报的设计制作 任务2：商品详情页的设计制作	• 能针对店铺风格完成轮播海报的设计 • 能完成店铺商品详情页的制作	• 了解店铺轮播海报图片规则 • 掌握商品详情页制作的技巧 • 熟悉店铺海报设计与商品详情页的规则与设计技巧	9
5	速卖通旺铺装修指南	任务1：了解速卖通店铺装修 任务2：速卖通店铺首页装修 任务3：店铺装修第三方模板	• 能完成速卖通店铺首页和内页装修 • 能利用第三方模板完成店铺装修	• 了解店铺装修的规则与要求 • 掌握店铺装修的流程	9
6	移动端视觉设计制作	任务1：移动端店招、焦点图及Mini Banner的制作 任务2：移动端店铺布局及商品详情页制作	• 能完成店铺移动端店招、焦点图及Mini Banner的制作 • 能完成移动端店铺布局及商品详情页的制作	• 了解移动端店招的图片规则与要求 • 掌握店铺焦点图的图片规则与要求 • 掌握Mini Banner的图片规则与要求 • 掌握店铺整体布局的设计技巧	6
7	视频美工设计制作	任务1：店铺主图视频的设计与制作 任务2：商品详情页视频的设计与制作	• 能完成店铺主图视频的设计与制作 • 能完成商品详情页视频的设计与制作	• 掌握店铺主图视频的规则与要求 • 熟悉商品详情页视频的规则与要求	6
合计					54

四、课程实施建议

（一）教学团队

本课程教学团队应由校内专任教师和行业兼职教师共同组成，行业兼职教师均为跨境电商行业专家，拥有 10 年以上的从业经验；校内专任教师到跨境电商企业开展挂职锻炼，参与校企合作、横向课题等项目，提升跨境电商运营和沟通能力，行业兼职教师走入校园、走进实训，提升教学能力。教学团队共同开发课程、共同编写教材、共同备课、共同授课、共同评价，全程参与课堂教学。

（二）教材编写

本课程教材编写要秉持"以学习者为中心"的教学理念，紧跟跨境电商行业发展的最新动态，强调教学内容的前瞻性和实用性，开发网络课程视频资源，做到讲解生动、案例丰富、图文并茂，增强学习过程的创新性、真实性和趣味性。教材中涉及的案例应是行业活动中真实的案例，并贯穿整个跨境电商业务的重要环节，旨在将美工图片处理技能、店铺装修技巧与跨境电商专业知识紧密联系在一起，实现教学内容与跨境电商行业工作内容的无缝对接。

（三）教学场所

本课程建议安排在理实一体校内智慧教室和校外跨境电商实习基地上课。理实一体校内智慧教室配备无线网络，依托在线资源平台以及智能手机、iPad 等智能终端，动态采集学生个体数据、学习过程数据、学习结果数据，开展精准教学。校外跨境电商实习基地应涵盖不同类型、不同区域的相关企业，实现教学场所与职业场所的一体化，使学生有强烈的职业归属感，以提高学习效率。

（四）教学方法

本课程建议采用项目化教学，通过工作任务的设定，引导学生根据跨境电商从业人员岗位职业能力要求来掌握专业技能和专业知识。利用线上平台做好学情分析、目标分析、内容分析、路径分析，实现项目教学和线上线下混合式教学为一体。

（五）教学评价

课程整体教学评价的标准应体现任务驱动、项目导向课程的特征，在教学中采取项目任务操作过程评价与结果评价相结合的方式。

（1）采用线上线下相结合的方式，兼顾课前自主在线学习与任务完成、课堂任务完成与交流反馈、项目任务的实施过程与成果反馈以及课后拓展的反馈等。

（2）采用师生结合、校内外兼顾的方式，学生、教师和企业导师三方综合对某一个具体任务展开评价。

（3）采用诊断性评价、形成性评价与总结性评价相结合的方式，利用现代信息化手段，实现全过程信息采集，在课程教学实施过程中，及时观测大数据，既把握全员情况，又凸显个体差异，适当调整教学内容与侧重点，以保障教学目标与教学效果的实现。

线上线下（40%）				自评互评（10%）		校内校外（20%）		综合评价（30%）
线上成绩（30%）			线下成绩（10%）	学生自评（5%）	小组互评（5%）	专业教师（10%）	企业导师（10%）	
在线测试（10%）	在线学习（10%）	在线作业（10%）						
总计（100%）								

（六）课程资源

充分利用国家精品在线开放课程、省级精品在线开放课程、"智慧职教"职教云等现代化信息技术平台和软件，搭建多维、动态、活跃、自主的课程学习平台，满足学生的差异化需求，充分调动学生的主动性、积极性和创造性。

"跨境电商 B2C 数据分析"课程标准

【课程名称】跨境电商 B2C 数据分析
【适用专业】高等职业院校跨境电子商务专业
【建议课时】45 课时
【建议学分】3 学分

一、课程性质和设计思路

（一）课程性质

"跨境电商 B2C 数据分析"是高等职业院校跨境电子商务专业的一门专业核心课程。本课程主要培养具有较强职业能力、专业知识和良好职业素质的跨境电商从业人员。本课程旨在培养学生跨境电商数据采集与处理的能力，以及学生的数字素养、责任意识和守约精神。在方法育人方面，本课程通过项目教学、案例教学等，融入互联网思维能力培养和家国情怀等精神等培养；在实践育人方面，本课程借助各种项目实训，培养学生劳动意识和工匠精神。本课程的铺垫课程是"跨境电商基础"和"跨境电商 B2C 运营"。

（二）课程设计思路

本课程遵循"就业为导向、能力为本位、职业标准为依据"的课程设计理念，以学生为中心、能力为本位、工作过程为主线、校企合作为路径，实现企业业务与教学任务相结合、虚拟场景与真实场景相结合、线上与线下相结合、模拟实训与企业实习相结合的课程建设模式。

本课程的设计体现系统性、开放性、职业性和实践性等特点。系统性体现在对课程的教学内容、活动载体、教学团队、教学场所、教学方法、考核体系等进行了系统的设计；开放性体现在本课程的双元课程建设主体，由校内专任教师和跨境电商行业业务专家共同进行课程建设；职业性体现在课程培养定位于以跨境电商从业人员岗位职业标准为依据；实践性体现在课程内容以跨境电商从业人员工作过程为主线和以跨境电商从业人员职业能力为本位。

二、课程目标

本课程以"契合区域数据人才需求、兼顾职业发展能力"为原则，以跨境电商企业数据分析员、数据运营专员、市场分析专员等典型工作岗位为切入点，选取教学内容。通过本课程的学习，学生能熟悉跨境电商数据采集的工具、方法，掌握数据采集与处理方案制定等技能，掌握挖掘行业数据、竞争对手数据、运营数据、客户行为数据等技巧，掌握数据监控能力，能够根据企业要求撰写分析报告。课程目标具体分解为：

知识目标：

（1）掌握跨境电商数据分析三要素，即数据采集、分析和报告撰写各环节的核心技能；

（2）熟悉数据挖掘和分析的常用工具及各种模型；

（3）掌握运营优化的方法和技能。

能力目标：

（1）能进行跨境电商数据采集与处理（制定目标、分析指标、制定方案）；

（2）能进行跨境电商数据（行业数据、竞争对手数据、运营数据、客户行为数据、供应链数据等）分析；

（3）能撰写跨境电商 B2C 数据监控与应用报告（数据监控、数据分析报告撰写、运营优化建议提出）。

素养目标：

（1）培养发现、分析和解决问题的一般能力；

（2）初步养成一定的知识应用能力和创新思维能力；

（3）培养谦虚、谨慎和务实的工作精神；

（4）提高自主学习能力、自我发展能力和终身学习能力；

（5）进一步增强人际交往、社会活动和团队协作能力。

三、课程内容和要求

序号	工作项目	工作任务	能力要求	知识要求	课时
1	跨境电商数据分析认知	任务1：跨境电商数据分析概述 任务2：跨境电商数据分析模型 任务3：跨境电商数据分析方法	● 掌握跨境电商数据分析的意义 ● 掌握跨境电商数据分析的思维模式 ● 掌握跨境电商数据分析的方法	● 掌握跨境电商数据分析的定义 ● 了解跨境电商数据分析的指标分类和基本流程 ● 了解跨境电商数据分析人员的基本要求	6
2	技能操作	任务1：Excel在跨境电商B2C数据分析中的应用 任务2：Power BI在跨境电商B2C数据分析中的应用 任务3：爬虫软件在跨境电商B2C数据分析中的应用	● 能够使用Excel进行典型数据分析操作 ● 能够使用Power BI进行数据可视化展现 ● 能够使用爬虫软件进行数据采集	● 了解Excel在跨境电商B2C数据分析中的应用 ● 了解Power BI在跨境电商B2C数据分析中的应用 ● 了解爬虫软件在跨境电商B2C数据分析中的应用	9
3	行业数据分析	任务1：流量来源分析 任务2：细分市场分析 任务3：行业竞争分析	● 掌握流量来源对比分析方法 ● 能够运用多种信息渠道和工具，收集整理行业数据 ● 具备运用Google工具进行行业分析的能力	● 理解行业数据分析的内涵和意义 ● 了解行业数据分析工具与方法 ● 了解行业数据分析的相关模型	6
4	竞品数据分析	任务1：竞争对手识别 任务2：竞品分析	● 能用跨境电商数据分析工具识别竞争对手 ● 能用跨境电商数据分析工具进行竞品分析	● 理解竞争对手的概念和分类 ● 掌握竞争对手识别方法	6

续表

序号	工作项目	工作任务	能力要求	知识要求	课时
5	运营数据分析	任务1：店铺实时数据分析 任务2：店铺转化率分析 任务3：店铺营销数据分析 任务4：店铺供应链数据分析 任务5：员工绩效分析	• 掌握店铺实时数据 • 掌握店铺转化率数据 • 能够进行数据化运营诊断 • 能够进行KPI绩效分析	• 理解运营数据的概念和分类 • 掌握运营数据分析的方法和理论模型	6
6	客户行为分析	任务1：客户画像 任务2：客户行为分析 任务3：客户价值评估	• 能够运用多种信息渠道和工具，获取客户人口统计学档案、消费记录与营销历史记录 • 掌握客户画像的方法 • 能够使用RFM模型进行客户价值分析	• 理解客户行为分析的意义和流程 • 熟悉客户价格评估的理论模型	6
7	数据分析报告撰写	任务1：数据分析报告的概念 任务2：数据分析报告的结构 任务3：数据分析报告的注意事项	• 能够描述商务数据分析报告的构成与编写步骤 • 能够编制网店运营数据报表 • 能够撰写简单数据分析报告	• 理解数据分析报告的意义和撰写流程 • 了解撰写数据分析报告的注意事项	6
			合计		45

四、课程实施建议

（一）教学团队

本课程教学团队应由校内专任教师和行业兼职教师共同组成，行业兼职教师均为跨境电商行业专家，拥有10年以上的从业经验；校内专任教师到跨境电商企业开展挂职锻炼，参与校企合作、横向课题等项目，提升跨境电商运营和沟通能力，行业兼职教师走入校园、走进实训，提升教学能力；教学团队共同开发课程、共同编写教材、共同备课、共同授课、共同评价，全程参与课堂教学。

（二）教材编写

本课程教材编写秉持"以学习者为中心"的教学理念，紧跟跨境电商行业发展的最新动态，强调教学内容的前瞻性和实用性，开发网络课程视频资源，做到讲解生动、案例丰富、图文并茂，增强学习过程的创新性、真实性和趣味性。教材中涉及的案例应是行业活动中真实的文本材料，并贯穿整个跨境电商业务的重要环节，旨在将语言学习、沟通技巧与跨境电商专业知识紧密联系在一起，实现教学内容与跨境电商行业工作内容的无缝对接。

（三）教学场所

本课程建议安排在理实一体校内智慧教室和校外跨境电商实习基地上课。理实一体校内智慧教室配备无线网络，依托在线资源平台以及智能手机、iPad 等智能终端，动态采集学生个体数据、学习过程数据、学习结果数据，开展精准教学。校外跨境电商实习基地应涵盖不同类型、不同区域的相关企业，实现教学场所与职业场所的一体化，使学生有强烈的职业归属感，以提高学习效率。

（四）教学方法

本课程建议采用项目化教学，通过工作任务的设定，引导学生根据跨境电商从业人员岗位职业能力要求掌握专业技能和专业知识。利用线上平台做好学情分析、目标分析、内容分析、路径分析，实现项目教学和线上线下混合式教学为一体。

（五）教学评价

课程整体教学评价的标准应体现任务驱动、项目导向课程的特征，在教学中采取项目任务操作过程评价与结果评价相结合的方式。课程期末考核占课程总成绩的50%，形成性考核占课程总成绩的50%。

（1）期末考核采取闭卷书面考查的方式，包含单选题、多选题、名词解释题、简答题、分析题等题型，全面考查课程中跨境电商B2C数据分析的意义、作用、一般流程、典型分析任务、常用分析模型、常用分析方法，常用数据存储查询工具、数据分析工具、数据可视化工具等，行业数据分析、竞品数据分析、运营数据分析、客户行为分析的内容、方法、工具与流程，商务数据分析报告的概念、类型、构成等知识点。

（2）形成性考核由考勤、课堂表现、课后作业、上机作业构成，各占形成性成绩的10%、10%、40%、40%。考勤情况以课堂点名为主要依据，并参考学生在课堂上的纪律情况来评分；课堂表现指学生遵守课堂纪律、回答教师提问的情况，根据学生表现打分；课后作业共5次，主要针对学生对知识点的理解、应用情况进行考查，根据回答情况打分；上机作业共8次，通过学生的实验操作完成情况、参考实验报告的完成状况等，给出考核成绩。

在整个考核过程中，利用现代信息化手段，实现全过程信息采集，在课程教学实施过程中,及时观测大数据,既把握全员情况,又凸显个体差异,适当调整教学内容与侧重点,以保障教学目标与教学效果的实现。

期末考核(50%)	形成性考核(50%)			
^	考勤(5%)	课堂表现(5%)	课后作业(20%)	上机作业(20%)
总计(100%)				

(六)课程资源

充分利用国家精品在线开放课程、省级精品在线开放课程、"智慧职教"职教云等现代化信息技术平台和软件,搭建多维、动态、活跃、自主的课程学习平台,满足学生的差异化需求,充分调动学生的主动性、积极性和创造性。

"跨境电商 B2C 营销"课程标准

【课程名称】跨境电商 B2C 营销
【适用专业】高等职业院校跨境电子商务专业
【建议课时】54 课时
【建议学分】3 学分

一、课程性质和设计思路

(一)课程性质

"跨境电商 B2C 营销"是高等职业院校跨境电子商务专业的一门专业核心课程。本课程主要培养具有较强职业能力、专业知识和良好职业素质的跨境电商 B2C 营销专员。通过本课程的学习,学生能调研跨境电商市场环境和发展趋势,能分析海外消费者的网购行为,能制定有针对性的市场营销策略。本课程的铺垫课程是"跨境电商基础"和"跨文化交际"。

(二)课程设计思路

本课程遵循"校企合作、工学结合"的课程设计理念,采用以跨境电商 B2C 营销专员岗位职业标准为依据、学生为中心、能力为本位、工作过程为主线、校企合作为路径,融"教、学、考、做"于一体的在线开放课程建设模式。

本课程的设计体现系统性、开放性、职业性和实践性等特点。系统性体现在对课程的教学内容、活动载体、教学团队、教学场所、教学方法、考核体系等进行了系统的设计；开放性体现在本课程的双元课程建设主体，由校内专任教师和跨境电商企业营销业务专家共同进行课程建设；职业性体现在课程培养定位于跨境电商营销专员并以跨境电商营销专员岗位职业标准为依据；实践性体现在课程内容以跨境电商 B2C 营销专员工作过程为主线和以跨境电商营销专员职业能力为本位。

二、课程目标

本课程通过跨境电商 B2C 营销的全流程学习和仿真操作，使学生熟练掌握跨境电商市场调研和目标客户分析的方法，掌握跨境电商市场营销方案拟订与推广的操作能力，培养学生团结协作的职业品质、爱岗敬业的劳动态度和精益求精的工匠精神，为今后从事跨境电商 B2C 营销岗位工作和其他跨境电商岗位工作奠定扎实基础。

职业能力目标：

（1）熟悉跨境电商宏观、中观和微观市场调研；

（2）具备目标客户分析与整体营销方案拟订的能力；

（3）掌握主要社交媒体如 Facebook、Twitter[①]、Instagram、TikTok 等的营销推广技巧；

（4）掌握内容营销、视频营销等的推广技巧。

三、课程内容和要求

序号	工作项目	工作任务	能力要求	知识要求	课时
0	导论			• 掌握跨境电商营销的含义 • 熟悉跨境电商 B2C 营销专员工作任务 • 了解跨境电商 B2C 营销岗位要求	3
1	跨境电商营销认知	任务1：跨境电商营销岗位认知 任务2：跨境电商营销思维认知	• 能区分跨境电商平台营销和独立站营销的特征 • 能对跨境电商营销目标有整体思路 • 能区分跨境电商营销和传统营销的特征，掌握全球互联网营销思维	• 掌握跨境电商和跨境电商营销的概念 • 熟悉跨境电商核心监管要求 • 掌握跨境电商营销岗位工作范围和职责 • 掌握跨境电商营销研究的基本框架，熟悉营销基本理论	3

---

① 2023 年 7 月，Twitter 改名为 X。

续表

序号	工作项目	工作任务	能力要求	知识要求	课时
2	跨境电商市场机会分析	任务1：制定跨境电商营销调研方案 任务2：跨境电商宏观环境分析 任务3：跨境电商中观环境分析 任务4：跨境电商微观环境分析	• 掌握调研的步骤，能制定系统的调研方案 • 能设计简单的网络调研问卷并了解发放问卷的工具 • 能使用宏观环境分析模型开展分析 • 能使用 Google 相关工具开展行业调研 • 能分析竞争者的类型和竞争策略 • 能运用简单的模型绘制客户画像	• 掌握跨境电商营销调研的概念和意义 • 掌握宏观环境分析的含义和重要性 • 掌握波特五力模型各项要素，并能依据模型分析竞争格局 • 掌握客户画像的概念和作用 • 掌握客户触点的含义和特征	9
3	跨境电商商品文案与广告	任务1：跨境电商文案策划与写作 任务2：跨境电商网络广告策划 任务3：跨境电商网络广告投放	• 掌握跨境电商文案写作的主要技巧，能完成基本的跨境电商文案写作 • 掌握跨境电商网络广告策划的主要方法并能完成基本的策划 • 掌握 Google 广告投放的基本内容并能完成基本的操作	• 熟悉跨境电商文案的定义和作用 • 了解广告策划的定义和基本流程 • 熟悉跨境电商网络广告策划的主要内容 • 了解网络广告投放的主要步骤	6
4	跨境电商促销活动	任务1：节日营销策划 任务2：事件营销策划 任务3：网红营销策划	• 掌握节日营销推广的步骤并能进行基本的节日营销推广 • 能制定跨境电商事件营销方案并能开展事件营销推广 • 能开展网红营销的方案策划并能开展网红营销推广	• 熟悉主要目标市场国的重要节日及特征 • 掌握节日营销方案制定的要点 • 掌握事件营销的概念和特征 • 掌握网红营销的概念和重要性	6
5	搜索引擎优化	任务1：搜索引擎推广 任务2：设计搜索引擎优化方案	• 掌握制定搜索引擎营销的流程 • 能进行关键词优化 • 能运用第三方工具查询网站排名、关键词排名	• 掌握搜索引擎营销的概念和具体内容 • 熟悉主要市场国主流搜索引擎 • 掌握 Google 等平台搜索引擎优化方法	3
6	视频营销	任务1：视频营销策划 任务2：视频营销发布	• 能制定简单的视频营销方案 • 掌握视频营销的基本模式	• 掌握视频营销的特点和优势 • 熟悉主要视频营销发布平台	6

续表

序号	工作项目	工作任务	能力要求	知识要求	课时
7	社交媒体营销	任务1：主要社交媒体认知 任务2：Facebook注册和营销 任务3：Instagram注册和营销 任务4：Pinterest注册和营销	• 能列举全球主流的社交媒体平台 • 能完成Facebook账号注册，并通过各种途径增长粉丝 • 熟悉Facebook营销的主要内容和方法，并能开展相关营销活动 • 能进行Instagram账号注册，并通过各种途径增长粉丝 • 熟悉Instagram营销的主要内容和方法，并能开展营销活动 • 能完成Pinterest账号注册，并通过各种途径增长粉丝 • 熟悉Pinterest营销的主要内容和方法，并能开展相关营销活动	• 掌握社交媒体和社交媒体营销的基本概念和特点 • 能分辨社交媒体营销相比于其他传统营销方式的优势 • 掌握Facebook的发展历程和特点 • 掌握Instagram的发展历程、主要特点和基本功能 • 能分辨Instagram的用户特点和适宜开展营销的产品类型 • 掌握Pinterest的发展历程、主要特点和基本功能 • 能分辨Pinterest的用户特点和适宜开展营销的产品类型	9
8	跨境电商企业品牌出海	任务1：跨境电商企业品牌出海认知 任务2：跨境电商企业品牌出海机遇分析 任务3：跨境电商企业品牌出海路径	• 能分辨跨境电商企业品牌出海的常见误区 • 能完成对跨境电商企业品牌出海实现路径之定位 • 能完成对跨境电商企业品牌出海实现路径之塑造 • 能完成对跨境电商企业品牌出海实现路径之传播	• 掌握跨境电商企业品牌出海的概念 • 正确了解跨境电商企业品牌出海的机遇 • 正确认识跨境电商企业走品牌出海之路的意义	6
9	跨境电商营销实施效果评价	任务1：跨境电商营销实施效果评价体系 任务2：跨境电商营销实施效果评价方法和指标	• 能说明营销实施效果评价的主要内容 • 掌握跨境电商营销实施效果评价体系 • 能说明跨境电商营销实施效果评价的主要指标	• 了解营销实施效果评价的定义和作用 • 了解跨境电商营销实施效果评价的主要方法	3
合计					54

四、课程实施建议

（一）教学团队

本课程教学团队应由校内专任教师和行业兼职教师共同组成，要求行业兼职教师外贸单证工作经验在 10 年以上，实现"双元"；校内专任教师到跨境电商企业开展挂职锻炼，提升跨境电商 B2C 营销操作能力，行业兼职教师走入校园、走进实训，提升教学能力，实现"双优"；"双元双优"教学团队共同开发课程、共同编写教材、共同备课、共同授课、共同评价，全程参与课堂教学。

（二）教材编写

本课程教材编写要体现"四重转变"：转变教材编写主体，依托"双元双优"教学团队，协同开发课程教材，以跨境电商行业兼职教师为主，注重真实案例引入；转变教材编写思路，依托工作项目设计开发新型活页工作手册；转变教材呈现形式，通过二维码等途径，实现数字化资源的融入，开发一体化新形态教材；转变教材编写机制，实时对接跨境电商产业新动态，动态更新教材内容。

（三）教学场所

本课程建议安排在理实一体校内智慧教室和校外跨境电商实习基地上课。理实一体校内智慧教室配备无线网络，依托"智慧职教"职教云以及智能手机、iPad 等智能终端，动态采集学生个体数据、学习过程数据、学习结果数据，开展精准教学；依托模拟跨境电商公司业务流程开展跨境电商 B2C 营销实训操作。校外跨境电商实习基地应涵盖不同类型、不同区域的跨境电商相关企业，实现教学场所与职业场所的一体化，使学生有强烈的职业归属感，以提高学习效率。

（四）教学方法

本课程建议采用精准化教学，基于"智慧职教"职教云等平台所收集的数据开展精准化的学情分析、目标分析、内容分析、路径分析，进行精准教学干预；设置"学习领袖"，应用积分机制，营造竞争氛围，激发学生主动学习意识；全面推进融"教、学、考、做"于一体的项目教学法和线上线下融合教学法，动态组建项目团队，让学生以职业人身份进行业务操作。

（五）教学评价

课程整体教学评价的标准应体现任务驱动、项目导向课程的特征，在教学中按学期分项目任务分别评分，最后进行综合考核。

（1）采用线上线下相结合的方式，兼顾课前自主在线学习与任务完成、课堂任务完成与交流反馈、项目任务的实施过程与成果反馈以及课后拓展的反馈等。

（2）采用师生结合、校内外兼顾的方式，学生、教师和企业导师三方综合对某一个具体任务展开评价。

（3）采用诊断性评价、形成性评价与总结性评价相结合的方式，利用现代信息化手段，实现全过程信息采集，在课程教学实施过程中，及时观测大数据，既把握全员情况，又凸显个体差异，适当调整教学内容与侧重点，以保障教学目标与教学效果的实现。

线上线下（40%）				自评互评（10%）		校内校外（20%）		综合评价（30%）
线上成绩（30%）			线下成绩（10%）	学生自评（5%）	小组互评（5%）	专业教师（10%）	企业导师（10%）	
在线测试（10%）	在线学习（10%）	在线作业（10%）						
总计（100%）								

（六）课程资源

积极利用视频动画、虚拟仿真、实物教具等多样化的课程教学资源，以及国家精品在线开放课程、"智慧职教"职教云等现代化信息技术平台和软件，充分调动学生的主动性、积极性和创造性。

"跨境电商创业实践"课程标准

【课程名称】跨境电商创业实践
【适用专业】高等职业院校跨境电子商务专业
【建议课时】54 课时
【建议学分】3 学分

一、课程性质和设计思路

（一）课程性质

"跨境电商创业实践"是高等职业院校跨境电子商务专业的一门专业核心课程。本课程主要培养具有较强职业能力、专业知识和良好职业素质的跨境电商专员。通过本课程的学习，学生能模拟完成公司注册，基于某跨境电商B2C平台完成全流程模拟或真实业务交易，撰写创业实践报告。本课程的铺垫课程是"跨境电商 B2C 运营""跨境电商 B2C 数据分析""跨境电商 B2C 营销""跨境电商物流"。

（二）课程设计思路

本课程遵循"校企合作、工学结合"的课程设计理念，采用以跨境电商岗位职业标准为依据、学生为中心、能力为本位、工作过程为主线、校企合作为路径，融"教、学、考、做"于一体的在线开放课程建设模式。

本课程的设计体现系统性、开放性、职业性和实践性等特点。系统性体现在对课程的教学内容、活动载体、教学团队、教学场所、教学方法、考核体系等进行了系统的设计；开放性体现在本课程的双元课程建设主体，由校内专任教师和跨境电商专家共同进行课程建设；职业性体现在课程培养定位于以跨境电商从业人员岗位职业标准为依据；实践性体现在课程内容以跨境电商创业过程为主线和以跨境电商职业能力为本位。

二、课程目标

本课程通过跨境电商平台的仿真操作和全真操作，使学生熟练掌握大学生创业政策和公司注册要求，完成亚马逊、速卖通、eBay、Wish、Shopee 等平台全流程业务；通过跨境电商企业注册、公司运营等课程内容，培养学生责任意识、创业意识和守约精神；通过项目教学、案例教学等，融入互联网思维能力培养和家国情怀等精神等培养；通过借助各种创业项目，培养学生劳动意识和工匠精神。

职业能力目标：

（1）能完成公司注册，及时掌握大学生创业政策信息；

（2）能熟练操作各跨境电商 B2C 出口平台全流程业务；

（3）能熟练撰写创业实践报告。

三、课程内容和要求

序号	工作项目	工作任务	能力要求	知识要求	课时
0	导论			● 熟悉大学生创业政策 ● 熟悉跨境电商创业流程	3
1	注册跨境电商企业	任务1：注册跨境电商企业路径 任务2：注册跨境电商企业准备工作 任务3：注册流程	● 熟悉注册企业流程 ● 能准备注册企业所需材料 ● 熟练完成企业注册	● 掌握注册企业要求和材料要求 ● 掌握注册注意事项	6

续表

序号	工作项目	工作任务	能力要求	知识要求	课时
2	开通亚马逊平台账号	任务：完成亚马逊平台账号开通任务	• 能根据亚马逊平台要求递交全套资料完成账号注册工作	• 熟悉亚马逊平台账号规定	3
3	完成亚马逊平台全流程业务	任务：账号开通后，按照亚马逊平台规定，完成一个产品的全程业务	• 能根据亚马逊平台规定，完成产品上架工作 • 能完成产品物流工作 • 能完成产品营销工作 • 能完成产品售后工作	• 熟悉亚马逊平台规则 • 掌握亚马逊平台运营流程和注意事项	6
4	开通速卖通平台账号	任务：完成速卖通平台账号开通任务	• 能根据速卖通平台要求递交全套资料完成账号注册工作	• 熟悉速卖通平台账号规定	3
5	完成速卖通平台全流程业务	任务：账号开通后，按照速卖通平台规定，完成一个产品的全程业务	• 能根据速卖通平台规定，完成产品上架工作 • 能完成产品物流工作 • 能完成产品营销工作 • 能完成产品售后工作	• 熟悉速卖通平台规则 • 掌握速卖通平台运营流程和注意事项	6
6	开通 eBay、Wish 平台账号	任务：完成 eBay、Wish 平台账号开通任务	• 能根据 eBay、Wish 平台要求递交全套资料完成账号注册工作	• 熟悉 eBay、Wish 平台账号规定	3
7	完成 eBay 平台全流程业务	任务：账号开通后，按照 eBay 平台规定，完成一个产品的全程业务	• 能根据 eBay 平台规定，完成产品上架工作 • 能完成产品物流工作 • 能完成产品营销工作 • 能完成产品售后工作	• 熟悉 eBay 平台规则 • 掌握 eBay 平台运营流程和注意事项	3
8	完成 Wish 平台全流程业务	任务：账号开通后，按照 Wish 平台规定，完成一个产品的全程业务	• 能根据 Wish 平台规定，完成产品上架工作 • 能完成产品物流工作 • 能完成产品营销工作 • 能完成产品售后工作	• 熟悉 Wish 平台规则 • 掌握 Wish 平台运营流程和注意事项	3
9	开通 Shopee 平台账号	任务：完成 Shopee 平台账号开通任务	• 能根据 Shopee 平台要求递交全套资料完成账号注册工作	• 熟悉 Shopee 平台账号规定	3
10	完成 Shopee 平台全流程业务	任务：账号开通后，按照 Shopee 平台规定，完成一个产品的全程业务	• 能根据 Shopee 平台规定，完成产品上架工作 • 能完成产品物流工作 • 能完成产品营销工作 • 能完成产品售后工作	• 熟悉 Shopee 平台规则 • 掌握 Shopee 平台运营流程和注意事项	6

续表

序号	工作项目	工作任务	能力要求	知识要求	课时
11	撰写创业报告	任务1：撰写创业报告要素 任务2：以某个跨境电商平台为依据，撰写一份创业报告	• 能根据要求，完成创业报告的撰写 • 能根据店铺特点，撰写详细的创业报告	• 熟悉创业报告的撰写要领 • 熟练撰写创业报告	9
合计					54

四、课程实施建议

（一）教学团队

本课程教学团队应由校内专任教师和行业兼职教师共同组成，校内专任教师有在跨境电商公司挂职锻炼经历，有实际的跨境电商平台运营经验和能力；行业兼职教师有丰富的平台运营经历或跨境电商创业经历，能较好地指导学生完成跨境电商创业项目；双师教学团队共同开发课程、共同编写教材、共同备课、共同授课、共同评价，全程参与课堂教学。

（二）教材编写

本课程教材编写依托双师教学团队，融入数字化资源，协同开发课程一体化新形态教材和课程平台建设；以跨境电商兼职教师为主，注重真实案例引入；实时对接跨境电商各平台新动态，动态更新教材内容。

（三）教学场所

本课程建议安排在实训室上课。实训室配备无线网络，依托"智慧职教"职教云、慕课、省级在线开放课程共享平台以及智能手机、iPad等智能终端，动态采集学生个体数据、学习过程数据、学习结果数据，开展精准教学；依托跨境电商综合技能软件开展各平台运营操作。

（四）教学方法

本课程建议采用精准化教学，基于"智慧职教"职教云等平台所收集的数据开展精准化的学情分析、目标分析、内容分析、路径分析，进行精准教学干预；设置"学习领袖"，应用积分机制，营造竞争氛围，激发学生主动学习意识；全面推进融"教、学、考、做"于一体的项目教学法和线上线下融合教学法，动态组建项目团队，让学生以职业人身份进行业务操作；积极鼓励学生参与各项跨境电商、"互联网＋"相关创新创业比赛，切实将课程内容融入比赛中，以赛促学，不断提高学习能力、表达能力、思考问题能力、应变能力、团队合作能力等综合能力。

（五）教学评价

课程整体教学评价的标准应体现任务驱动、项目导向课程的特征，在教学中按学期分项目任务分别评分，最后进行综合考核。

（1）采用线上线下相结合的方式，兼顾课前自主在线学习与任务完成、课堂任务完成与交流反馈、项目任务的实施过程与成果反馈以及课后拓展的反馈等。

（2）采用师生结合、校内外兼顾的方式，学生、教师和企业导师三方综合对某一个具体任务展开评价。

（3）采用诊断性评价、形成性评价与总结性评价相结合的方式，利用现代信息化手段，实现全过程信息采集，在课程教学实施过程中，及时观测大数据，既把握全员情况，又凸显个体差异，适当调整教学内容与侧重点，以保障教学目标与教学效果的实现。

线上线下（40%）				自评互评（10%）		校内校外（20%）		综合评价（30%）
线上成绩（30%）			线下成绩（10%）	学生自评（5%）	小组互评（5%）	专业教师（10%）	企业导师（10%）	
在线测试（10%）	在线学习（10%）	在线作业（10%）						
总计（100%）									

（六）课程资源

积极利用视频动画、虚拟仿真、实物教具等多样化的课程教学资源，"智慧职教"职教云、跨境电商综合技能软件等现代化信息技术平台和软件，充分调动学生的主动性、积极性和创造性。

"商务英语读写"课程标准

【课程名称】商务英语读写

【适用专业】高等职业院校商务英语专业

【建议课时】38 课时

【建议学分】2 学分

一、课程性质和设计思路

（一）课程性质

"商务英语读写"是高等职业院校商务英语专业的一门专业核心课程。本课程是将英语语言读写能力与国际商务及跨境电子商务知识有机融合的综合应用型课程，是从事涉外经济活动、跨境电商服务必须掌握的基础性技能课程。本课程以市场需求和就业为导向，在1＋X证书制度指导下，旨在培养既具备商务知识与职业能力，熟悉国际商务环境，又具有较强适应能力，熟练掌握在国际商务及跨境电子商务背景下的沟通和书写能力的高素质复合型人才。

（二）课程设计思路

本课程遵循"校企合作、工学结合"的课程设计理念，在1＋X证书制度指导下，采用以学生为中心、能力为本位、校企合作为路径，融"教、学、考、做"于一体的在线开放课程建设模式。

本课程的设计体现系统性、开放性、职业性和实践性等特点。系统性体现在对课程的教学内容、活动载体、教学团队、教学场所、教学方法、考核体系等进行了系统的设计；开放性体现在本课程的双元课程建设主体，由校内专任教师和行业专家共同进行课程建设；职业性体现在课程以1＋X证书制度为指导，根据证书考试内容优化英语课程教学内容，以证书考核激发学生英语学习动力；实践性体现在课程内容以"课证融合、课赛融合"的方式营造英语读写学习环境，通过社会实践锻炼学生专业技能，以"课证融通、书证融通"的形式，构建科学的教学考核机制。

二、课程目标

本课程从任务与职业能力分析出发，以工作项目为主线，打破传统的知识传授方式，构建多维度的互动教学模式和仿真项目情景。本课程在教学设计上以国际商务及跨境电子商务背景下实用英语读写为课程主线，以职业能力的培养为重点，通过课堂学习、角色扮演、案例教学、项目开发等完成"教、学、做"的有机统一，在师生交际、合作、协商的语言教学环境中，使学生熟悉商务文体的语言形式及各类体裁，掌握商务写作的专业术语及表达方式，提高英语写作技巧，具备理解及撰写规范的国际商务英语文书的能力，通过商务交际活动读写实践，提高英语沟通能力及解决实际问题的能力，最终培养学生的语言能力、交际能力和职业技能。

职业能力目标：

（1）熟悉商务英语文体的语言形式及各类体裁，掌握商务英语写作的专业术语及表达方式，提高英语写作技巧；

（2）具备撰写规范的国际商务英语文书的能力；

（3）通过商务交际活动读写实践，提高英语沟通能力及解决实际问题的能力。

三、课程内容和要求

序号	工作项目	工作任务	能力要求	知识要求	课时
0	导论			• 知识写作：系统性写作训练 • 应试写作：为在校期间英语写作考试、竞赛及证书的写作任务做准备 • 其他常见应用文写作：为职业自主表达和自由写作做准备	2
1	基础读写	任务1：句子读写 任务2：段落读写 任务3：篇章读写	• 从结构角度、说话目的角度、修辞角度和长度角度了解句子的分类 • 了解各种类型的句子，实现句式多样化 • 注意避免词法、句法、语法三方面的错误	• 简单句和复合句 • 并列句和并列复合句 • 英语句式的多样性及句子的规范性	2
				• 段落结构、主题句和结尾句 • 段落发展及段落规范	2
				• 开头段、结尾段、段落衔接及三段作文法 • 语篇模式及文章类型	2
2	应试读写	任务1：应试应用读写 任务2：应试短文读写	• 了解大学英语四/六级考试、高等学校英语应用能力考试（A、B级）、国际人才英语考试等的读写要求 • 掌握不同文体的读写方法和技巧，抓住解题核心	• 英文信函格式及常见书信读写	2
				• 电子邮件格式和常见电子邮件读写	2
				• 备忘录读写	2
				• 通知、海报与启事读写	2
				• 议论文短文读写	2
				• 图表类短文读写	2

续表

序号	工作项目	工作任务	能力要求	知识要求	课时
3	应用型读写	任务1：求职读写 任务2：职场读写	• 了解并掌握求职相关文书的文体及规范性 • 了解并掌握职场相关文书的文体及规范性	• 简历	2
				• 求职信	2
				• 行程和议程	2
				• 会议纪要	2
				• 电商产品描述	2
				• 商务报告	4
				• 商务提案	4
合计					38

四、课程实施建议

（一）教学团队

本课程教学团队应由校内专任教师和行业兼职教师共同组成，要求行业兼职教师外贸工作经验在 10 年以上，实现"双元"；校内专任教师到政行企开展挂职锻炼，提升国际商务、外贸实操能力，行业兼职教师走入校园、走进实训，提升教学能力，实现"双优"；"双元双优"教学团队共同开发课程、共同编写教材、共同备课、共同授课、共同评价，全程参与课堂教学。

（二）教材编写

本课程教材编写要体现"四重转变"：转变教材编写主体，依托"双元双优"教学团队，协同开发课程教材，以行业兼职专家团队为主，注重真实案例引入；转变教材编写思路，根据工作项目设计开发新型活页教学教案手册；转变教材呈现形式，通过二维码等途径，实现数字化资源的融入，开发一体化新形态教材；转变教材编写机制，实时对接国际商务及外贸产业新动态，动态更新教材内容。

（三）教学场所

本课程建议安排在理实一体校内智慧教室和校外外贸实习基地上课。理实一体校内智慧教室配备无线网络，依托"智慧职教"职教云、在线分级阅读教学系统以及智能手机、iPad 等智能终端，动态采集学生个体数据、学习过程数据、学习结果数据，开展精准教学；校外实习基地应涵盖不同类型、不同区域，做到政府、行业、企业三联动，实现教学场所与职业场所的一体化，使学生有强烈的职业归属感，激发学生学习效率，提高教学质量。

(四) 教学方法

本课程建议采用精准化教学，基于"智慧职教"职教云等平台所收集的数据开展精准化的学情分析、目标分析、内容分析、路径分析，进行精准教学干预；利用在线阅读分级软件，应用积分机制和"课赛融合"营造竞争氛围，激发学生主动学习意识，同时养成阅读习惯，提高学生在国际商务环境下英语阅读能力、思辨能力和创新思维能力；全面推进融"教、学、考、做"于一体的项目教学法和线上线下融合教学法，动态组建项目团队，让学生以职业人身份进行业务操作。

(五) 教学评价

课程整体教学评价的标准应体现任务驱动、项目导向课程的特征，在教学中按学期分项目任务分别评分，最后进行综合考核。

(1) 采用线上线下相结合的方式，兼顾课前自主在线学习与任务完成、课堂任务完成与交流反馈、项目任务的实施过程与成果反馈以及课后拓展的反馈等。

(2) 采用师生结合、校内外兼顾的方式，学生、教师和企业导师三方综合对某一个具体任务展开评价。

(3) 采用诊断性评价、形成性评价与总结性评价相结合的方式，引进在线阅读分级系统，利用现代信息化手段，实现全过程信息采集，在课程教学实施过程中，及时观测大数据，既把握全员情况，又凸显个体差异，适当调整教学内容与侧重点，以保障教学目标与教学效果的实现。

线上线下 (40%)			自评互评 (10%)		校内校外 (20%)		综合评价 (30%)
线上成绩 (30%)			线下成绩 (10%)	学生自评 (5%)	小组互评 (5%)	专业教师 (10%)	企业导师 (10%)	
在线测试 (10%)	在线学习 (10%)	在线作业 (10%)						
总计 (100%)							

(六) 课程资源

积极利用视频动画、虚拟仿真、实物教具等多样化的课程教学资源，以及在线阅读分级系统的海量题材及文库、国家精品在线开放课程、"智慧职教"职教云、互联网＋国际贸易综合技能国赛软件等现代化信息技术平台和软件，充分调动学生的主动性、积极性和创造性。

"商务英语翻译"课程标准

【课程名称】商务英语翻译
【适用专业】高等职业院校商务英语专业
【建议课时】54 课时
【建议学分】3 学分

一、课程性质和设计思路

（一）课程性质

"商务英语翻译"是高等职业院校商务英语专业的一门专业核心课程。本课程主要培养具有较强职业能力、专业知识和良好职业素质的跨境电商客服与商务助理。通过本课程的学习，学生能掌握关键的翻译技能，能利用参考书、字典、网络和权威的平行文本，具备独立翻译商务文本的能力。本课程的铺垫课程是"跨文化交际"和"基础英语"。

（二）课程设计思路

本课程遵循"校企合作、工学结合"的课程设计理念，采用以跨境电商客服与商务助理岗位职业标准为依据、学生为中心、能力为本位、工作过程为主线、校企合作为路径，融"教、学、考、做"于一体的在线开放课程建设模式。

本课程的设计体现系统性、开放性、职业性和实践性等特点。系统性体现在对课程的教学内容、活动载体、教学团队、教学场所、教学方法、考核体系等进行了系统的设计；开放性体现在本课程的双元课程建设主体，由校内专任教师和跨境电商企业语言专家和外籍专家共同进行课程建设；职业性体现在课程培养定位于以跨境电商客服与商务助理岗位职业标准为依据；实践性体现在课程内容以商务助理常见翻译口译工作任务为主线和以跨境电商客服与商务助理职业能力为本位。

二、课程目标

通过本课程的学习，学生能够掌握和运用一些基本的翻译理论；能够在一些参考书的辅助下，熟练翻译名片、公司名称、公司简介、产品介绍等商务英语方面的资料；能够辨识一些商务文本存在的翻译问题和错误；能够运用所学翻译技巧和方法，翻译一些基本的商务文本和材料。本课程培养学生团结协作的职业品质、爱岗敬业的劳动态度和精益求精的工匠精神，为今后从事跨境电商客服与商务助理工作和其他跨境电商岗位工作奠定扎实基础。

职业能力目标：

（1）能运用基础翻译方法，熟练翻译日常交际用语；

（2）能翻译常见的商标和商号；

（3）能翻译、制作常见的商务名片；

（4）能为企业机构翻译常见的产品说明书；

（5）能翻译简单的广告词和句子；

（6）能翻译基本的商务信函（含建交函、询盘函、投诉函）；

（7）掌握公司简介的常用表达法，能翻译简单的汉语公司介绍；

（8）能翻译常见的金融文本，如汇票和信用证；

（9）能运用旅游翻译方法与技巧，翻译主要的旅游文本；

（10）能欣赏、翻译简单、常见的菜名。

三、课程内容和要求

序号	工作项目	工作任务	能力要求	知识要求	课时
0	导论			• 掌握商务英语翻译的含义 • 熟悉跨境电商商务助理工作任务 • 了解跨境电商商务助理岗位要求	2
1	商标、商号的翻译	任务1：商标的翻译 任务2：商号的翻译	• 能运用音译法翻译商标、商号 • 能运用意译法翻译商标、商号 • 能运用音意结合法翻译商标、商号	• 掌握商标、商号的定义、语言特点 • 理解音译法、意译法、音译结合法、创译法的概念 • 理解商标、商号翻译的标准	4
2	公示语的翻译	任务1：公司公示语翻译 任务2：公共场所公示语翻译	• 能运用"看、易、写"的公示语翻译方法 • 能运用公示语语料库辅助翻译	• 掌握公示语的定义、语言特点 • 理解"看、易、写"的概念 • 理解公示语翻译的标准	6

续表

序号	工作项目	工作任务	能力要求	知识要求	课时
3	商务名片的翻译	任务1：公司商务名片翻译 任务2：外籍客户商务名片翻译	● 能翻译公司商务名片（C/E） ● 能翻译外籍客户商务名片（E/C）	● 掌握商务名片的定义、语言特点 ● 掌握企业固定译名的查证方法 ● 掌握职位、职称等基本译法	4
4	商务广告翻译	任务1：商务广告套译 任务2：商务广告创译	● 能运用套译的方法翻译商务广告 ● 能针对某一类别的产品创译商务广告	● 掌握广告词的定义、语言特点 ● 掌握套译、创译方法 ● 掌握中文广告词常见四字词翻译	4
5	产品说明书的翻译	任务1：汉英产品说明书翻译 任务2：英汉产品说明书翻译 任务3：生产说明翻译	● 能流利口译进口产品说明书的要点 ● 能将进口产品说明书翻译成中文并符合印刷需求 ● 能准确翻译生产说明	● 掌握产品说明书的定义、语言特点 ● 掌握产品说明书的常见词汇和句型	6
6	商务信函翻译	任务1：建交函翻译 任务2：报盘函翻译 任务3：还盘函翻译 任务4：投诉函翻译	● 能运用翻译搜索技能寻找、定位潜在客户 ● 能熟练翻译建交函 ● 能熟练翻译报盘函 ● 能熟练翻译还盘函 ● 能熟练翻译投诉函	● 掌握商务信函的定义、语言特点 ● 掌握商务信函的常见词汇和句型	4
7	公司简介翻译	任务1：完成公司简介翻译 任务2：完成公司简介页面翻译	● 能翻译公司简介 ● 能完成公司简介页面翻译	● 理解平行文本的概念 ● 掌握公司简介的定义、语言特点 ● 熟悉网络文本的国际写作标准	6
8	金融文本翻译	任务1：翻译汇票 任务2：翻译信用证 任务3：翻译相关证明文件	● 能翻译汇票、信用证 ● 能翻译相关证明文件	● 掌握相关业务中金融文本术语翻译 ● 掌握金融文本的定义、语言特点	4
9	商务合同翻译	任务1：商务合同翻译 任务2：总经销、转销协议翻译	● 能根据商务合同语言特点翻译商务合同 ● 能根据卖方意向翻译商务合同	● 熟悉商务合同、协议的定义、语言特点 ● 熟悉商务合同的要素和常见句型 ● 掌握商务合同相关法律背景	6

续表

序号	工作项目	工作任务	能力要求	知识要求	课时
10	旅游文本翻译	任务1：国内旅游景点简介翻译 任务2：涉外会展目的地旅游文本翻译	• 能根据当地特色口译旅游景点概况（C/E） • 能对国外参展目的城市旅游景点概况进行口译（E/C）	• 熟悉旅游文本的定义、语言特点 • 熟悉旅游资源中常见词汇和句型翻译 • 掌握旅游资源中的文化关键词翻译方法	4
11	菜名的翻译	任务1：菜名翻译（C/E） 任务2：菜名翻译（E/C）	• 能在境外商务旅行中口译就餐时的菜名 • 能在国内涉外客户宴请时口译中式菜名	• 熟悉归化与异化翻译法 • 熟悉中式菜名常见词汇的翻译	4
合计					54

四、课程实施建议

（一）教学团队

本课程教学团队应由校内专任教师和行业兼职教师共同组成，要求行业兼职教师外贸工作经验在10年以上，实现"双元"；校内专任教师到外贸企业开展挂职锻炼，提升商务英语翻译能力，行业兼职教师走入校园、走进实训，提升教学能力，实现"双优"；"双元双优"教学团队共同开发课程、共同编写教材、共同备课、共同授课、共同评价，全程参与课堂教学。

（二）教材编写

本课程教材编写要体现"四重转变"：转变教材编写主体，依托"双元双优"教学团队，协同开发课程教材，以外贸行业兼职教师为主，注重真实案例引入；转变教材编写思路，依托工作项目设计开发新型活页工作手册；转变教材呈现形式，通过二维码等途径，实现数字化资源的融入，开发一体化新形态教材；转变教材编写机制，实时对接外贸产业新动态，动态更新教材内容。

（三）教学场所

本课程建议安排在理实一体校内智慧教室和校外外贸实习基地上课。理实一体校内智慧教室配备无线网络，依托"智慧职教"职教云以及智能手机、iPad等智能终端，动态采集学生个体数据、学习过程数据、学习结果数据，开展精准教学；依托翻译软件开展翻译实训操作。校外外贸实习基地应涵盖不同类型、不同区域的商务英语翻译相关企业，实现教学场所与职业场所的一体化，使学生有强烈的职业归属感，以提高学习效率。

（四）教学方法

本课程建议采用精准化教学，基于"智慧职教"职教云等平台所收集的数据开展精准化的学情分析、目标分析、内容分析、路径分析，进行精准教学干预；采用"课程社团化"模式，提高学生实践、调研、竞赛的积极性，激发学生主动学习意识；全面推进融"教、学、考、做"于一体的项目教学法和线上线下融合教学法，动态组建项目团队，让学生以职业人身份进行业务操作。

（五）教学评价

课程整体教学评价的标准应体现任务驱动、项目导向课程的特征，在教学中按学期分项目任务分别评分，最后进行综合考核。

（1）采用线上线下相结合的方式，兼顾课前自主在线学习与任务完成、课堂任务完成与交流反馈、项目任务的实施过程与成果反馈以及课后拓展的反馈等。

（2）采用师生结合、校内外兼顾的方式，学生、教师和企业导师三方综合对某一个具体任务展开评价。

（3）采用诊断性评价、形成性评价与总结性评价相结合的方式，利用现代信息化手段，实现全过程信息采集，在课程教学实施过程中，及时观测大数据，既把握全员情况，又凸显个体差异，适当调整教学内容与侧重点，以保障教学目标与教学效果的实现。

线上线下（40%）			自评互评（10%）		校内校外（20%）		综合评价（30%）
线上成绩（30%）			线下成绩（10%）	学生自评（5%）	小组互评（5%）	专业教师（10%）	企业导师（10%）	
在线测试（10%）	在线学习（10%）	在线作业（10%）						
总计（100%）							

（六）课程资源

积极利用视频动画、虚拟仿真、实物教具等多样化的课程教学资源，以及国家精品在线开放课程、"智慧职教"职教云、互联网＋国际贸易综合技能国赛软件等现代化信息技术平台和软件，充分调动学生的主动性、积极性和创造性。

"跨境电商英语"课程标准

【课程名称】跨境电商英语
【适用专业】高等职业院校商务英语专业
【建议课时】54 课时
【建议学分】3 学分

一、课程性质和设计思路

(一) 课程性质

"跨境电商英语"是高等职业院校商务英语专业的一门专业核心课程。本课程主要培养具有较强职业能力、专业知识和良好职业素质的跨境电商从业人员。通过本课程，学生能够具备跨境电商专业文献英语阅读能力、工作岗位跨境电商英语沟通技能，并为学习以后的跨境电商专业实践类课程提供专业知识与语言技能基础。本课程的铺垫课程是"跨境电商基础"和"跨境电商 B2C 运营"。

(二) 课程设计思路

本课程遵循"就业为导向、能力为本位、职业标准为依据"的课程设计理念，采用以学生为中心、能力为本位、工作过程为主线、校企合作为路径，实现企业业务与教学任务相结合、虚拟场景与真实场景相结合、线上与线下相结合、模拟实训与企业实习相结合的课程建设模式。

本课程的设计体现系统性、开放性、职业性和实践性等特点。系统性体现在对课程的教学内容、活动载体、教学团队、教学场所、教学方法、考核体系等进行了系统的设计；开放性体现在本课程的双元课程建设主体，由校内专任教师和跨境电商行业专家共同进行课程建设；职业性体现在课程培养定位于以跨境电商从业人员岗位职业标准为依据；实践性体现在课程内容以跨境电商从业人员工作过程为主线和以跨境电商从业人员职业能力为本位。

二、课程目标

本课程旨在"以专业为背景培养英语应用能力，以英语为载体传授专业知识"。通过本课程的学习，学生应该获得初步的专业英语应用能力，进一步了解跨境电商专业基本知识。学生应当了解一定数量的跨境电商专业英语术语，获得跨境电商岗位工作必需的基本的英语写作能力和沟通能力。同时，学生应当在专业能力、方法能力和社会能力等方面得到进一步的培养与训练。课程目标具体分解为：

知识目标：

（1）掌握跨境电商基础岗位的基本英语专业术语、表达法和基本沟通技能；

（2）了解跨境电商英文平台各岗位职责，掌握英文平台基本业务操作运作流程；

（3）掌握跨境电商平台产品及店铺描述、营销推广、售前/售中/售后服务所需的专业术语和表达法；

（4）在特定的跨文化交际语境中，使用符合英语国家文化风俗和商务惯例的语言处理文化差异，并达成业务磋商。

能力目标：

（1）能用英语开展跨境电商产品描述；

（2）能用英语开展跨境电商店铺描述；

（3）能用英语开展跨境电商营销推广；

（4）能用英语开展跨境电商售前交流；

（5）能用英语开展跨境电商售中交流；

（6）能用英语开展跨境电商售后交流；

（7）能用英语表达跨境电商常见商品分类。

素养目标：

（1）获得收集、处理、加工信息的能力及发现、分析和解决问题的一般能力；

（2）初步养成一定的知识应用能力和创新思维能力；

（3）提高自主学习能力和自我发展能力；

（4）进一步增强人际交往、社会活动和团队协作能力。

三、课程内容和要求

序号	工作项目	工作任务	能力要求	知识要求	课时
1	跨境电商概念和特点	任务1：跨境电商定义 任务2：跨境电商特点 任务3：跨境电商意义 任务4：中国跨境电商发展趋势	• 掌握跨境电商定义的相关英文术语 • 能用英语说明跨境电商与传统外贸的区别 • 掌握跨境电商发展特点和中国跨境电商发展趋势的相关英文表达	• 掌握跨境电商定义 • 掌握跨境电商特点 • 了解跨境电商进出口流程 • 了解跨境电商发展的重要意义	3

续表

序号	工作项目	工作任务	能力要求	知识要求	课时
2	跨境电商主要平台介绍	任务1：阿里巴巴平台介绍 任务2：亚马逊平台介绍 任务3：速卖通平台介绍 任务4：Wish平台介绍 任务5：敦煌网平台介绍 任务6：eBay平台介绍	• 掌握主要跨境电商平台的特点、平台规则、交易政策的相关英文术语 • 能用英文介绍主要跨境电商平台	• 掌握主要跨境电商平台的特点、平台规则、交易政策等 • 掌握主要跨境电商平台注册店铺的流程	6
3	店铺和产品描述	任务1：产品标题描述 任务2：产品描述 任务3：店铺描述	• 能用英文进行产品标题描述 • 能用英文进行产品特点、性能、质量、材质、尺码等描述 • 能用英文进行店铺描述，展现店铺特点和实力	• 掌握产品标题描述的方法和技巧 • 掌握产品描述的方法和技巧 • 掌握店铺描述的方法和技巧	9
4	站内营销	任务1：直通车 任务2：关联营销 任务3：满立减、限时折扣、全店铺打折、优惠券	• 掌握站内营销活动的相关英文术语 • 掌握创建站内营销活动流程 • 能撰写产品营销方案	• 了解站内营销的重要性 • 掌握速卖通平台站内营销工具特点 • 熟悉速卖通平台创建营销活动的方法和技巧	6
5	SNS/SEO/SEM 营销	任务1：SNS 营销 任务2：SEO 营销 任务3：SEM 营销	• 能用英文撰写社交网络营销方案 • 能运用 SEO＋SEM 提高产品点击率和转化率	• 了解主要社交网站 • 掌握社交网络营销的方法和技巧 • 掌握搜索引擎优化的方法和技巧 • 掌握搜索引擎营销的方法和技巧	6
6	跨境电商平台售前咨询	任务1：产品信息 任务2：支付方式 任务3：议价	• 能用英语回复买家关于产品信息的询问 • 能用英语回复买家关于产品支付方式的询问 • 能用英语回复买家议价（接受/拒绝降价）	• 了解跨境电商在线沟通工具 • 掌握回复买家有关产品信息的技巧 • 掌握回复买家有关支付方式的表达 • 掌握回复买家议价的沟通技巧	6

续表

序号	工作项目	工作任务	能力要求	知识要求	课时
7	跨境电商平台售中沟通	任务1：产品包装 任务2：物流方式 任务3：运输时间	• 能用英语回复买家有关产品包装的询问 • 能用英语回复买家有关产品物流方式的询问 • 能用英语回复买家关于产品到货时间的询问	• 熟悉产品包装方式和相关术语 • 熟悉产品物流方式和相关术语 • 掌握回复买家有关产品运输时间的表达和技巧	6
8	跨境电商平台售后沟通	任务1：投诉和纠纷 任务2：客户评价	• 能处理因客户未收到货、货不对版导致的投诉与纠纷 • 能邀请客户留好评 • 能回复客户的好评或差评	• 了解引起客户投诉和纠纷的常见原因 • 熟悉处理投诉与纠纷的实用表达和技巧 • 了解纠纷升级为平台纠纷的处理流程和技巧 • 掌握邀请客户留好评的表达和技巧 • 掌握回复客户好评和差评的表达和技巧	6
9	客户维系	任务1：维护老客户 任务2：开发新客户	• 能定期维护老客户关系 • 能开发新客户	• 熟悉给老客户发送日常邮件和节假日邮件的常用表达 • 熟悉给新老客户发送新品推送邮件的常用表达 • 熟悉给新老客户发送产品促销活动邮件的常用表达	6
		合计			54

四、课程实施建议

（一）教学团队

本课程教学团队应由校内专任教师和行业兼职教师共同组成，行业兼职教师均为跨境电商行业专家，拥有10年以上的从业经验；校内专任教师到跨境电商企业开展挂职锻炼，参与校企合作、横向课题等项目，提升跨境电商运营和沟通能力，行业兼职教师走入校园、走进实训，提升教学能力。教学团队共同开发课程、共同编写教材、共同备课、共同授课、共同评价，全程参与课堂教学。

（二）教材编写

本课程教材编写要秉持"以学习者为中心"的教学理念，紧跟跨境电商行业发展的最新动态，强调教学内容的前瞻性和实用性。开发网络课程视频资源，做到讲解生动、案例丰富、图文并茂，增强学习过程的创新性、真实性和趣味性。教材中涉及的案例应是行业活动中真实的文本材料，并贯穿整个跨境电商业务的重要环节，旨在将语言学习、沟通技巧与跨境电商专业知识紧密联系在一起，实现教学内容与跨境电商行业工作内容的无缝对接。

（三）教学场所

本课程建议安排在理实一体校内智慧教室和校外跨境电商实习基地上课。理实一体校内智慧教室配备无线网络，依托在线资源平台以及智能手机、iPad 等智能终端，动态采集学生个体数据、学习过程数据、学习结果数据，开展精准教学。校外跨境电商实习基地应涵盖不同类型、不同区域的相关企业，实现教学场所与职业场所的一体化，使学生有强烈的职业归属感，以提高学习效率。

（四）教学方法

本课程建议采用项目化教学，通过工作任务的设定，引导学生根据跨境电商从业人员岗位职业能力要求掌握专业技能和专业知识。利用线上平台做好学情分析、目标分析、内容分析、路径分析，融项目教学和线上线下混合式教学于一体。

（五）教学评价

课程整体教学评价的标准应体现任务驱动、项目导向课程的特征，在教学中采取项目任务操作过程评价与结果评价相结合的方式。

（1）采用线上线下相结合的方式，兼顾课前自主在线学习与任务完成、课堂任务完成与交流反馈、项目任务的实施过程与成果反馈以及课后拓展的反馈等。

（2）采用师生结合、校内外兼顾的方式，学生、教师和企业导师三方综合对某一个具体任务展开评价。

（3）采用诊断性评价、形成性评价与总结性评价相结合的方式，利用现代信息化手段，实现全过程信息采集，在课程教学实施过程中，及时观测大数据，既把握全员情况，又凸显个体差异，适当调整教学内容与侧重点，以保障教学目标与教学效果的实现。

线上线下（40%）			自评互评（10%）		校内校外（20%）		综合评价 (30%)
线上成绩（30%）			线下成绩（10%）	学生自评（5%）	小组互评（5%）	专业教师（10%）	企业导师（10%）	
在线测试（10%）	在线学习（10%）	在线作业（10%）						
总计（100%）							

（六）课程资源

充分利用国家精品在线开放课程、省级精品在线开放课程、"智慧职教"职教云等现代化信息技术平台和软件，搭建多维、动态、活跃、自主的课程学习平台，满足学生的差异化需求，充分调动学生的主动性、积极性和创造性。

"跨境电商文案策划与撰写"课程标准

【课程名称】跨境电商文案策划与撰写
【适用专业】高等职业院校商务英语专业
【建议课时】54 课时
【建议学分】3 学分

一、课程性质和设计思路

（一）课程性质

"跨境电商文案策划与撰写"是高等职业院校商务英语专业的一门专业核心课程。本课程主要培养具有较强职业能力、专业知识和良好职业素质的跨境电商商务助理。本课程旨在培养学生针对不同区域、国家和不同文化背景人群的文案策划与撰写能力，使学生通过学习新媒体环境下文案策划与创意技术，具备运用多种文案制作工具策划与撰写品牌文案、商品文案、新媒体传播文案、活动推广文案、关键词设置等文案的能力，为从事跨境电子商务业务中的文案策划工作奠定基础。本课程的铺垫课程是"商务英语翻译"和"商务英语视听说"。

（二）课程设计思路

本课程遵循"校企合作、工学结合"的课程设计理念，采用以跨境电商商务助理岗位职业标准为依据、学生为中心、能力为本位、工作过程为主线、校企合作为路径，融

"教、学、考、做"于一体的在线开放课程建设模式。

本课程的设计体现系统性、开放性、职业性和实践性等特点。系统性体现在对课程的教学内容、活动载体、教学团队、教学场所、教学方法、考核体系等进行了系统的设计；开放性体现在本课程的双元课程建设主体，由校内专任教师和外贸企业专家共同进行课程建设；职业性体现在课程培养定位于跨境电商商务助理并以跨境电商人才岗位职业标准为依据；实践性体现在课程内容以跨境电商文案撰写与策划典型工作任务为主线和以跨境电商商务助理职业能力为本位。

二、课程目标

通过跨境电商文案策划与撰写的仿真操作和全真操作，使学生能够综合运用多种文案撰写的软件工具进行跨境电子商务业务中品牌商品文案、新媒体传播文案、活动推广文案、关键词设置文案等的设计制作并通过多种渠道开展文案推广，培养学生团结协作的职业品质、爱岗敬业的劳动态度和精益求精的工匠精神，为今后从事跨境电商商务助理岗位工作和其他相关岗位工作奠定扎实基础。

职业能力目标：

（1）能分析不同国家对跨境电子商务商品文案策划的要求；

（2）能对当前跨境电子商务的营销热点进行分析筛选，提炼出符合企业文化、产品特性的文案素材；

（3）能根据企业文化、产品特点、目标市场特征并结合所选文案主题，撰写符合不同目标市场需求的多语种文案；

（4）能根据跨境电子商务店铺数据反馈结果，对文案内容进行优化调整，促进曝光率、点击率、转化率的提高；

（5）具备互联网思维和创新精神，文案设计具有一定的创意；

（6）具备洞察国际市场的能力，能分析全球竞争对手的特点，进行文案编辑。

三、课程内容和要求

序号	工作项目	工作任务	能力要求	知识要求	课时
0	导论		• 能对跨境电子商务文案工作有初步认识 • 能对跨境电子商务公司文案岗位有初步认识 • 具备对新事物的学习能力	• 了解跨境电子商务业务文案相关知识 • 了解跨境电子商务业务用户需求 • 熟悉跨境电子商务企业文案岗位要求	3

续表

序号	工作项目	工作任务	能力要求	知识要求	课时
1	跨境电商企业网站首页策划与撰写	任务1：企业简介译写 任务2：企业品牌广告译写 任务3：企业销售团队、生产条件、荣誉等多模态译写	• 能根据中外文化差异、消费者需求译写企业简介 • 能根据产品和目标消费者译写品牌广告 • 能以多模态的理念策划译写企业生产条件、荣誉等	• 了解中外企业文化差异 • 掌握企业简介译写常见的词汇和句型 • 掌握基于多模态手段的企业简介译写方法	9
2	跨境电商产品关键词写作	任务1：跨境电商产品关键词查证 任务2：跨境电商产品关键词写作	• 能从客户角度、产品角度、对手角度进行跨境电子商务业务中关键词的设置 • 具备互联网思维及敏锐的洞察力，具有耐心细致的工作习惯 • 具备端正的工作态度和精益求精的工匠精神	• 掌握跨境电子商务业务中关键词的选取原则 • 掌握跨境电子商务业务中关键词分析方法及排名规则	12
3	跨境电商产品文案撰写与策划	任务1：网络热销典型产品文案撰写与策划 任务2：浙江省典型产品品类文案撰写	• 能分析不同国家对跨境电子商务商品文案的策划要求 • 能撰写外文跨境电子商务商品文案 • 具备跨文化交流意识和创新发展的前瞻性眼光	• 掌握不同国家对跨境电子商务产品文案策划的要求 • 掌握跨境电子商务产品文案策划的要点、方法	6
4	跨境电商产品社交平台文案撰写与策划	任务1：社交平台文案撰写 任务2：社交平台文案多模态策划与撰写 任务3：社交平台产品how-to系列文案译写	• 能撰写不同国家社交平台文案 • 能撰写不同国家社交平台导购型软文 • 具备对产品、新专业的学习和分析能力，紧跟技术发展的最新动态，学习新媒体、传播学等知识	• 掌握不同国家社交平台文案的写作方法 • 掌握不同国家社交平台导购型软文的写作方法	12
5	跨境电商促销文案策划与撰写	任务：撰写与策划节日促销文案	• 能根据目的国的节庆日策划跨境电子商务营销活动 • 能借助关键事件策划营销活动 • 具备跨文化理解敏感事件的把控能力和应变能力	• 熟悉国外的传统节日和便于进行促销的节日 • 掌握根据节日策划跨境电子商务营销活动的方法	6

续表

序号	工作项目	工作任务	能力要求	知识要求	课时
6	跨境电商品牌文案策划与撰写	任务1：撰写品牌策划方案 任务2：撰写策划品牌广告 任务3：根据中外文化差异与产品品类译写品牌	• 能立足品牌营销策划目标，根据特定产品与服务的特点，制定长期性与阶段性品牌营销内容 • 能撰写品牌策划方案 • 具有品牌发展意识和创新创意营销思维	• 了解跨境电子商务中的品牌策划特点和优势 • 掌握不同国家对品牌策划的要求 • 掌握跨境电子商务品牌策划的要点、方法	6
合计					54

四、课程实施建议

（一）教学团队

本课程教学团队应由校内专任教师和行业兼职教师共同组成，要求行业兼职教师具备跨境电商文案写作多年工作经验，实现"双元"；校内专任教师到外贸企业开展挂职锻炼，提升跨境电商文案策划与撰写能力，行业兼职教师走入校园、走进实训，提升教学能力，实现"双优"；"双元双优"教学团队共同开发课程、共同编写教材、共同备课、共同授课、共同评价，全程参与课堂教学。

（二）教材编写

本课程教材编写要体现"四重转变"：转变教材编写主体，依托"双元双优"教学团队，协同开发课程教材，以跨境电商行业兼职教师为主，注重真实案例引入；转变教材编写思路，依托工作项目设计开发新型活页工作手册；转变教材呈现形式，通过二维码等途径，实现数字化资源的融入，开发一体化新形态教材；转变教材编写机制，实时对接外贸产业新动态，动态更新教材内容。

（三）教学场所

本课程建议安排在理实一体校内智慧教室和校外外贸实习基地上课。理实一体校内智慧教室配备无线网络，依托"智慧职教"职教云以及智能手机、iPad等智能终端，动态采集学生个体数据、学习过程数据、学习结果数据，开展精准教学。校外外贸实习基地应涵盖不同类型、不同区域的外贸相关企业，实现教学场所与职业场所的一体化，使学生有强烈的职业归属感，以提高学习效率。

（四）教学方法

本课程建议采用精准化教学，基于"智慧职教"职教云等平台所收集的数据开展精准化的学情分析、目标分析、内容分析、路径分析，进行精准教学干预；设计"课赛融合"，以跨境电商大赛为平台，促进学生开展实训；全面推进融"教、学、考、做"于一体的项目教学法和线上线下融合教学法，动态组建项目团队，让学生以职业人身份进行业务操作。

(五) 教学评价

课程整体教学评价的标准应体现任务驱动、项目导向课程的特征，在教学中按学期分项目任务分别评分，最后进行综合考核。

(1) 采用线上线下相结合的方式，兼顾课前自主在线学习与任务完成、课堂任务完成与交流反馈、项目任务的实施过程与成果反馈以及课后拓展的反馈等。

(2) 采用师生结合、校内外兼顾的方式，学生、教师和企业导师三方综合对某一个具体任务展开评价。

(3) 采用诊断性评价、形成性评价与总结性评价相结合的方式，利用现代信息化手段，实现全过程信息采集，在课程教学实施过程中，及时观测大数据，既把握全员情况，又凸显个体差异，适当调整教学内容与侧重点，以保障教学目标与教学效果的实现。

线上线下（40%）				自评互评（10%）		校内校外（20%）		综合评价 （30%）
线上成绩（30%）			线下成绩 （10%）	学生自评 （5%）	小组互评 （5%）	专业教师 （10%）	企业导师 （10%）	
在线测试 （10%）	在线学习 （10%）	在线作业 （10%）						
总计（100%）								

(六) 课程资源

积极利用视频动画、虚拟仿真、实物教具等多样化的课程教学资源，以及国家精品在线开放课程、"智慧职教"职教云、互联网+国际贸易综合技能国赛软件等现代化信息技术平台和软件，充分调动学生的主动性、积极性和创造性。

"跨境电商客服"课程标准

【课程名称】跨境电商客服
【适用专业】高等职业院校商务英语专业
【建议课时】54 课时
【建议学分】3 学分

一、课程性质和设计思路

（一）课程性质

"跨境电商客服"是高等职业院校商务英语专业的一门专业核心课程。本课程主要培养具有较强职业能力、专业知识和良好职业素质的跨境电商客服专员。通过本课程的学习，学生能够面向 B2B 客户和 B2C 客户解决售前、售中、售后的各种问题，并提供优质服务。本课程的铺垫课程是"国际贸易基础"和"综合英语"。

（二）课程设计思路

本课程设计的基本理念是以跨境电商客服专员岗位职业标准为依据，采用以就业为导向、应用为目标、实践为主线、能力为中心，加强校企合作，融"教、学、考、做"于一体的在线开放课程建设模式。

本课程的设计体现系统性、开放性、职业性和实践性等特点。系统性体现在对课程的教学内容、活动载体、教学团队、教学场所、教学方法、考核体系等进行了系统的设计；开放性体现在本课程的双元课程建设主体，由校内专任教师和跨境电商客服业务专家共同进行课程建设；职业性体现在课程培养定位于以跨境电商客服专员岗位为职业标准；实践性体现在课程内容以跨境电商客服专员工作过程为主线和以跨境电商客服专员职业能力为本位。

二、课程目标

本课程通过跨境电商客服的仿真操作和全真操作，使学生熟练掌握国外客户开发和维护能力、询盘处理能力和服务营销能力、订单处理能力和售后问题解决能力；培养学生国际化视野、跨文化交际意识以及团结协作的职业品质、爱岗敬业的劳动态度和精益求精的工匠精神，为今后从事跨境电商客服岗位工作和其他相关岗位工作奠定扎实基础。

职业能力目标：

（1）能通过多种渠道及方法寻找潜在客户资源；

（2）能根据各国客户特点撰写具有针对性的客户开发信；

（3）能解答客户产品咨询和服务咨询；

（4）能使用各种必备及创新型工具辅助沟通；

（5）能根据买家的需求提出售后问题处理办法；

（6）能积极有效地回应客户或竞争者的投诉；

（7）能进行有效的客户关系维护。

三、课程内容和要求

序号	工作项目	工作任务	能力要求	知识要求	课时
0	导论	任务1：掌握跨境电商客服专员的界定 任务2：了解跨境电商客服专员的工作任务和岗位要求	• 能界定跨境电商客服专员的工作范围和工作职责	• 掌握跨境电商客服专员的含义 • 熟悉跨境电商客服专员的工作任务 • 了解跨境电商客服专员的岗位要求	2
1	跨境电商客户准备工作	任务1：安装和设置沟通工具 任务2：安装和使用翻译工具 任务3：认识跨文化交际	• 能熟练安装使用沟通软件 • 能熟练安装使用翻译软件	• 掌握沟通软件的安装步骤及使用方法 • 掌握翻译软件的安装步骤及使用方法 • 掌握跨文化交际基本原则	6
2	跨境电商售前客服	任务1：收集国外潜在客户资源 任务2：建立客户信息库 任务3：发送跨境电商客户开发信	• 能寻找潜在客户资源 • 能分析辨别客户价值、成交的可能性，并建立客户信息库 • 能根据各国客户特点撰写有针对性的客户开发信 • 能辨别询盘真伪并评估询盘价值 • 能解答客户产品咨询和服务咨询 • 能使用各种必备及创新型工具辅助沟通	• 掌握常用沟通工具的使用技巧 • 掌握常用翻译工具的使用技巧 • 熟悉电商主流市场的客户文化背景及沟通特点 • 熟悉针对不同国家客户撰写开发信的模板 • 了解询盘的类别及特点	10
3	跨境电商售中客服	任务1：认识订单管理界面 任务2：解答产品咨询和服务咨询	• 能进行订单管理 • 能解答客户关于交易、物流等方面的问题 • 能协调相关部门解决客户问题 • 能积极反馈客户需求	• 掌握订单管理的操作流程 • 掌握产品交易及物流方面的问题类别及回复模板 • 理解客服工作的重要性	10
4	跨境电商售后客服	任务1：处理差评 任务2：处理纠纷和投诉 任务3：维护客户关系	• 能根据客户的需求提出售后问题处理办法 • 能积极有效地回应客户或竞争者投诉 • 能进行有效的客户关系维护	• 掌握纠纷的类型及相应的解决方法 • 熟悉处理纠纷、投诉、差评的流程 • 掌握客户的类型及维护方法	14

续表

序号	工作项目	工作任务	能力要求	知识要求	课时
5	跨境电商B2B平台店铺的客户服务	任务1：结合给定背景为老客户提供服务 任务2：结合给定背景为潜在客户提供服务	• 能基于网络进行信息搜索和整合客户信息 • 能开发新客户 • 能使用Excel或CRM客户管理软件建立和维护客户信息库 • 能分析询盘案例的真实性、客户购买意向、客户交际风格并给出有效回复	• 了解搜索过程 • 掌握搜索技巧 • 熟悉英语等语种的客户沟通模板 • 熟悉Excel应用 • 熟悉主流市场文化背景 • 掌握营销邮件的写作方法	6
6	跨境电商B2C平台店铺的客户服务	任务1：结合给定背景为正常订单客户提供服务 任务2：结合给定背景为异常订单客户提供服务	• 能针对某一国家或文化背景的客户撰写营销邮件 • 能在给定的订单案例中，利用跨文化交际、消费心理学相关理论引导客户达成交易 • 能在给定的订单案例中妥善解决售后问题	• 掌握跨文化交际的基本原则 • 掌握消费心理学相关理论 • 熟悉售后问题的解决流程	6
		合计			54

四、课程实施建议

（一）教学团队

本课程教学团队应由校内专任教师和行业兼职教师共同组成，要求行业兼职教师跨境电商客服工作经验在5年以上，实现"双元"；校内专任教师到跨境电商企业开展挂职锻炼，提升跨境电商客服操作能力，行业兼职教师走入校园、走进实训，提升教学能力，实现"双优"；"双元双优"教学团队共同开发课程、共同编写教材、共同备课、共同授课、共同评价，全程参与课堂教学。

（二）教材编写

本课程教材编写要体现"四重转变"：转变教材编写主体，依托"双元双优"教学团队，协同开发课程教材，以跨境电商行业兼职教师为主，注重真实案例引入；转变教材编写思路，依托工作项目设计开发学习内容；转变教材呈现形式，通过二维码等途径，实现数字化资源的融入，开发一体化新形态教材；转变教材编写机制，实时对接跨境电商产业新动态，动态更新教材内容。

（三）教学场所

本课程建议安排在理实一体校内智慧教室和校外跨境电商客服实习基地上课。理实一体校内智慧教室配备无线网络，依托"智慧职教"职教云以及智能手机、iPad 等智能终端，动态采集学生个体数据、学习过程数据、学习结果数据，开展精准教学。校外跨境电商客服实习基地应涵盖不同类型、不同区域的跨境电商相关企业，实现教学场所与职业场所的一体化，使学生有强烈的职业归属感，以提高学习效率。

（四）教学方法

本课程建议采用基于内容的以教师为主导、以学生为主体的 CBI "双主" 教学，以跨境电商客服实操为学习主题，以社会主义核心价值观为思政要素，借助课程平台、雨课堂等信息化手段，以启发式、互动式、可视化、案例分析等方法促进学生主动参与课堂教学，全面推进融"教、学、考、做"于一体的项目教学法和线上线下融合教学法。

（五）教学评价

课程整体教学评价的标准应体现任务驱动、项目导向课程的特征，在教学中按学期分项目任务分别评分，最后进行综合考核。

（1）采用线上线下相结合的方式，兼顾课前自主在线学习与任务完成、课堂任务完成与交流反馈、项目任务的实施过程与成果反馈以及课后拓展的反馈等。

（2）采用师生结合、校内外兼顾的方式，学生、教师和企业导师三方综合对某一个具体任务展开评价。

（3）采用诊断性评价、形成性评价与总结性评价相结合的方式，利用现代信息化手段，实现全过程信息采集，在课程教学实施过程中，及时观测大数据，既把握全员情况，又凸显个体差异，适当调整教学内容与侧重点，以保障教学目标与教学效果的实现。

线上线下（40%）			自评互评（10%）		校内校外（20%）		综合评价（30%）
线上成绩（30%）			线下成绩（10%）	学生自评（5%）	小组互评（5%）	专业教师（10%）	企业导师（10%）	
在线测试（10%）	在线学习（10%）	在线作业（10%）						
总计（100%）							

（六）课程资源

积极利用视频动画、虚拟仿真、实物教具等多样化的课程教学资源，以及国家精品在线开放课程、"智慧职教"职教云等现代化信息技术平台和软件，充分调动学生的主动性、积极性和创造性。

"跨境电商跟单"课程标准

【课程名称】跨境电商跟单
【适用专业】高等职业院校商务英语专业
【建议课时】54 课时
【建议学分】3 学分

一、课程性质和设计思路

（一）课程性质

"跨境电商跟单"是高等职业院校商务英语专业的一门专业核心课程。本课程以实训为主导，通过让学生参与项目实训来认识、熟悉、掌握跨境电商跟单的各项工作知识和能力。本课程学习安排在大二，要求学生掌握外贸基础知识，因此前期课程包括"国际贸易基础""跨境电商基础"等课程。本课程旨在培养学生管理跨境电商平台（阿里巴巴国际站）、选择供应商、样品跟单、订单分析、原材料采购跟单、生产进度和生产品质跟单、产品包装跟单、线上/线下运输发货及报关、出口结汇跟单等工作环节的操作能力。

（二）课程设计思路

本课程以跨境贸易方式下跟单员岗位标准为指导，紧密结合当前跨境电商 B2B 业务的操作特点，以典型外贸产品（纺织服装）为载体、跟单操作流程为主线，按照高职学生的认知特点展示教学内容，让学生在完成具体项目的过程中构建知识体系，训练职业技能，培养职业素质。为此，本课程首先通过对跨境电商方式下跟单员岗位的调研和分析确定本课程学习目标，根据跨境电商跟单员工作流程将课程分为跨境电商平台（阿里巴巴国际站）操作，选择生产供应商，样品跟单及验厂准备，订单确认及分析，生产前跟单，生产过程跟单，产品包装跟单，线上/线下运输发货及报关，出口结汇跟单等项目，再将每个项目分解成若干个具体的任务。本课程紧紧围绕跨境电商跟单的工作任务开展教学，既突出对学生职业能力的训练，又充分考虑理论知识学习的需要，课程理论知识按照"必需、够用"原则进行选取。教学方法根据跨境电商跟单的工作流程采用以学生实训为主的项目教学法。教学场所选择校内实训室，实现教、学、练的一体化。

二、课程目标

本课程引入项目教学法，根据跨境电商跟单一线操作实践将课程内容分为若干工作项目，每一个工作项目设计明确的工作任务，教学工作围绕每个工作项目的工作任务展开，设计具体的任务内容，授课与实训围绕核心任务展开，授课的效果以学生完成工作任务的效果来评价，提高授课内容的操作性，增强授课内容的针对性。在项目教学所贯彻的指导思路上，该项目的工作任务需要学生掌握哪些知识，具备哪些能力，教师在教学设计中就围绕这一任务传授专业知识，训练学生的专业能力，即教学紧紧围绕岗位职业能力的需要展开，而不再像传统教学方法中以知识的理论体系来搭建授课的知识体系。课程总体目标是培养学生适应跨境跟单岗位所必需的知识、操作能力和综合素养。

职业能力目标：

（1）能操作跨境电商平台（阿里巴巴国际站）；

（2）能通过有效途径搜集国内供货商；

（3）能处理出口打样、寄样工作；

（4）能配合外商做好验厂工作；

（5）能进行原材料采购确认工作；

（6）能跟踪产品的生产进度和生产品质；

（7）能处理货物包装工作；

（8）能办理线下运输发货和报关操作；

（9）能办理线上运输发货和报关操作。

三、课程内容和要求

序号	工作项目	工作任务	能力要求	知识要求	课时
0	导论			• 掌握跨境电商跟单员的含义 • 了解跨境电商跟单员的工作内容、工作特点 • 了解跨境电商跟单员的岗位要求	3

续表

序号	工作项目	工作任务	能力要求	知识要求	课时
1	跨境电商平台（阿里巴巴国际站）操作	任务1：发布产品信息 任务2：在线磋商	• 能操作跨境电商平台（阿里巴巴国际站）的产品发布和管理，熟悉平台各项功能 • 能处理客户询盘，制作报价单	• 熟悉跨境平台规则 • 熟悉产品定位与品牌策略	6
2	选择生产供应商	任务1：明确客户对生产供应商的要求 任务2：寻找符合客户要求的生产厂商 任务3：考察工厂生产经营条件	• 能选择合适的生产供应商 • 能实地考察供应商 • 能制作验厂报告	• 熟悉与选择供应商相关的国际标准及其内容 • 熟悉寻找供应商的途径 • 熟悉寻找供应商的标准 • 熟悉如何考察供应生产经营条件	6
3	样品跟单及验厂准备	任务1：样品资料翻译整理 任务2：给工厂书写打样函 任务3：寄送样品给客户 任务4：样品修改及确认 任务5：验厂准备，接受外商验厂	• 能翻译、整理外商的样品资料 • 能指示工厂制作样品 • 能办理样品的寄送工作 • 能配合外商做好验厂工作	• 了解外贸样品的作用 • 熟悉一般外贸样品的种类及作用 • 熟悉服装样品的种类及作用 • 熟悉处理客户索样要求的一般原则 • 熟悉如何选择样品、推荐样品 • 熟悉样品制作费的处理原则 • 熟悉样品快递费的处理原则 • 了解样品快递的注意事项 • 熟悉外商验厂的方式 • 熟悉外商验厂的主要内容 • 熟悉外商验厂的制度 • 熟悉外商验厂的基本流程	6
4	订单确认及分析	任务1：制作发送PI以确定进口商的订单，使双方合同生效 任务2：根据合同品质条款，明确品质跟单工作任务 任务3：根据合同数量条款，明确数量跟单工作任务 任务4：根据合同包装条款，明确包装跟单工作任务 任务5：根据合同运输条款，明确运输跟单工作任务	• 能翻译、理解外贸订单各条款内容 • 能对外贸订单内容进行准确的分析并做好跟单规划	• 了解外贸合同的基本形式 • 熟悉外贸合同的基本构成 • 熟悉买卖双方的权利和义务 • 熟悉外贸合同的生效条件 • 熟悉外贸合同的主要条款	6

续表

序号	工作项目	工作任务	能力要求	知识要求	课时
5	生产前跟单	任务1：核实工厂的采购单内容 任务2：确认所采购原、辅料正确无误 任务3：核实工厂的技术准备情况 任务4：发送产前样给进口商	• 能明确原材料的采购数量和质量要求 • 能填写、审核原材料采购单 • 能核实工厂的生产技术准备工作	• 了解签订国内购销合同的意义 • 熟悉原材料采购工作的要点 • 熟悉原材料采购工作的流程 • 熟悉生产前跟单的工作安排 • 熟悉纺织服装商品知识	3
6	生产过程跟单	任务1：会同工厂技术部门下达生产通知单 任务2：跟踪工厂的生产进度，确保能按时出货 任务3：实施生产全过程的质量监控 任务4：协调和处理生产过程中的异常情况 任务5：对成品进行抽样检验，验收货物	• 能准确下达生产通知单 • 能跟踪货物生产进度 • 能进行生产各环节质量控制 • 能处理各种生产异常情况 • 能在完工后对成品实施抽样检验	• 熟悉生产进度跟踪的主要方法 • 了解常见生产异常问题及其处理原则 • 熟悉生产质量跟单的工作内容 • 熟悉产品质量抽样检查方法 • 了解外包跟单工作的原因、形式、注意事项	6
7	产品包装跟单	任务1：制作和下达装箱计划单 任务2：选择合适的瓦楞纸箱 任务3：监督工厂按照要求落实包装	• 能准确理解客户的包装要求 • 能按客户或订单的规定落实包装材料 • 能正确地制作和下达装箱计划 • 能正确刷制运输标志	• 熟悉服装包装的方法、方式 • 熟悉主要出口包装材料及特点 • 熟悉包装跟单常见工作及要点 • 熟悉出口包装环保要求 • 了解出口包装条形码	6
8	线下运输发货及报关操作	任务1：协助办理服装出口订舱手续 任务2：协助办理服装出口集港工作 任务3：委托报关 任务4：结算费用，换取提单	• 能处理与货代的往来业务 • 能计算集装箱堆码 • 能协助办理出口货物的订舱手续 • 能协助安排货物运输、集港等业务 • 能协助办理货物报检、报关工作	• 熟悉货代公司的选择、询价和选价 • 熟悉出口海运操作流程 • 熟悉出口托运操作注意事项 • 了解海运主要费用构成 • 熟悉海运中的主要单据 • 了解海运以外的其他运输方式 • 熟悉集装箱运输 • 熟悉出口货物报检的主要流程及相关业务知识 • 熟悉出口货物报关的主要流程及相关业务知识 • 熟悉运输保险基础知识	6

续表

序号	工作项目	工作任务	能力要求	知识要求	课时
9	线上运输发货及报关操作	任务：一达通国际物流在线下单操作	• 能熟练操作一达通	• 熟悉阿里巴巴国际站一达通规则	3
10	出口结汇跟单	任务1：审核结汇单据 任务2：办理结汇手续	• 能办理制单、审单业务 • 能办理结汇手续	• 熟悉出口制单工作要求 • 熟悉出口制单依据和单据种类 • 熟悉出口审单原则、依据和要点 • 熟悉出口收汇基本流程和相关业务知识	3
合计					54

四、课程实施建议

（一）教学团队

本课程教学团队应由校内专任教师和行业兼职教师共同组成，要求行业兼职教师外贸跟单工作经验在10年以上，实现"双元"；校内专任教师到外贸企业开展挂职锻炼，提升外贸跟单操作能力，行业兼职教师走入校园、走进实训，提升教学能力，实现"双优"；"双元双优"教学团队共同开发课程、共同编写教材、共同备课、共同授课、共同评价，全程参与课堂教学。

（二）教材编写

本课程服务于商务英语专业跨境B2B贸易方式下跟单员岗位职业能力培养的需要，采用工学交替的项目教学改革模式，所以教材应充分体现项目驱动、实践导向的高等职业教育专业课程设计思想，教材内容必须反映最新的跨境电商模式下跟单岗位的业务变化，体现岗位的实际工作要求，具有实用性和可操作性，注重与时俱进。

本课程教材编写要体现"四重转变"：转变教材编写主体，依托"双元双优"教学团队，协同开发课程教材，以跨境电商行业兼职教师为主，注重真实案例引入；转变教材编写思路，依托工作项目设计开发学习内容；转变教材呈现形式，通过二维码等途径，实现数字化资源的融入，开发一体化新形态教材；转变教材编写机制，实时对接跨境电商产业新动态，动态更新教材内容。

（三）教学场所

本课程建议安排在理实一体校内智慧教室和校外外贸实习基地上课。理实一体校内智慧教室配备无线网络，依托"智慧职教"职教云以及智能手机、iPad等智能终端，动态采集学生个体数据、学习过程数据、学习结果数据，开展精准教学；依托"博星卓越全球贸易通教学实训平台"开发实训操作。校外外贸实习基地应涵盖不同类型、不同区域的外贸相关企业，实现教学场所与职业场所的一体化，使学生有强烈的职业归属感，以提高学习效率。

（四）教学方法

（1）在教学过程中，应根据学生的实际水平以及教学不同阶段的实际情况，合理安排教学内容，遵循循序渐进的原则。

（2）在教学方法上，以项目教学为主，通过工作任务的设定，引导学生根据跨境电商跟单员岗位职业能力要求掌握专业技能与专业知识。

（五）教学评价

本课程采用过程性考核和终结性考核相结合考核方式，平时成绩占20%，实训成绩占30%，期末考核占50%。

（1）教学评价的标准应体现任务驱动、项目导向课程的特征，体现理论与实践操作的结合，以能否完成项目实践活动任务以及完成情况进行评定。

（2）教学评价的指标包括理论知识掌握情况、实践操作能力、学习态度和基本职业素质等方面。理论知识掌握情况可以采用笔试的方式，实践操作能力可以采用上机模拟、情景模拟和案例设计等多种形式，进行等级评定。

（3）应注重对学生综合职业能力的考核，对在学习和应用中有独立见解的学生给予鼓励。

平时成绩（20%）	实训成绩（30%）	期末考核（50%）
总计（100%）		

（六）课程资源

（1）注重开发和建设本课程的多媒体课件、教学大纲、实训大纲、实训平台、自主学习平台、习题集、案例集、试题库等教学资源。

（2）利用现代信息技术开发课程自主学习系统，搭建起多维、动态、活跃、自主的课程学习平台，结合跨境电商教学软件"博星卓越全球贸易通教学实训平台"，充分调动学生的主动性、积极性和创造性。尽可能通过受学生欢迎的信息交流平台和渠道如微信群、QQ群开展课程资源的交流与互动。

第二节 打造"双元双优"结构化教师教学创新团队

高素质双师型结构化教学团队是提高高职人才培养质量的关键和保证。人才培养模式改革，需要一支能够准确把握1+X证书制度先进理念，深入研究职业技能等级标准，做好专业教学整体设计，满足新技术、新技能培养培训需求的教学创新团队。为此，浙江金融职业学院国际经济与贸易专业群（以下简称国际经济与贸易专业群）提出了"双元双优"教学团队建设模式，聘请阿里巴巴全球金牌讲师郑锴总经理和于斌总经理等行业大师担任兼职专业带头人，协同中组部国家"万人计划"教学名师章安平教授构成"双专业带头人"；聘请行业专家担任兼职课程负责人和培训讲师，形成由校内课程负责人＋行业课程负责人构成的"双课程负责人"；聘请行业骨干担任创新创业导师，形成由学业导师＋创业导师构成的"双导师育人团队"，打造一支"双元双优"结构化教师教学创新团队。

在实践中，专业群校内专任教师通过培训提升职业教学能力和考证培训能力、到企业顶岗实践以及与外贸业务专家进行"朋友式"结对提升业务操作能力，力争成为优秀的教师；国际经济与贸易专业群从大量外贸从业人员中按照材尽其用原则遴选出热心教育事业、拥有丰富行业资源的外贸业务能手，组建数量稳定、结构合理的优秀外贸职业人队伍（行业兼职教师）。校内专任教师和行业兼职教师共同参与人才培养全过程。

一、校内专任教师的培养

国际经济与贸易专业群主要通过选派校内专任教师参加培训、到企业顶岗实践以及与外贸业务专家进行"朋友式"结对来提升其职业教学能力、考证培训能力和外贸业务操作能力，使其最终能成为优秀的教师。

（一）职业教学能力的培养

职业教育是与普通教育具有同等重要地位的教育类型，是培养高素质劳动者和技术技能人才、促进就业创业的重要途径。从性质上来讲，高职教育既是高等教育又是职业教育，这一性质决定了高职教育有其自身的特点与规律。掌握高职教育的特点与规律对于广大高职教师来讲是至关重要的。基于此，国际经济与贸易专业群全面开展教师职教能力测评活动，通过相互学习、观摩、考评来提高教师的职教能力；与此同时，国际经济与贸易专业群派送骨干教师赴澳大利亚、德国、美国、加拿大等国家参加职业教育培训以及教育部高等职业学校骨干教师国家级和省级培训项目等专题培训，采用校内、校外培训相结合，国内、国外培训相结合，理论学习和实践锻炼相结合的"三结合"方式，帮助教师获取先进的职业教育理念，并将之应用于教学工作中，使学院的教育教学安排更符合职业教育特点。

（二）考证培训能力的培养

国际经济与贸易专业群以"双元育人 书证融通"复合型技术技能人才培养模式为依托，探索财经类高职教育人才培养模式。在逐步深化人才培养模式改革的过程中，处理好"书"与"证"的关系是非常重要的。学历证书、职业技能等级证书以及两者之间的相互衔接和融通是构成1+X证书制度的基本要件。学历证书是根本，是学生可持续发展的基础；职业技能等级证书是对学历证书的补充和赋能。要使"书"与"证"能够有机融合，不仅需要课程、教材等方面的安排，还需要教师具备良好的考证培训能力。国际经济与贸易专业群派送多名教师参加跨境电商B2B数据运营和跨境电商B2C数据运营职业技能等级证书等师资培训，加强教师对职业技能等级证书的认识与理解，提高教师对职业技能等级证书项目的把握能力，逐步培养、提高教师对考证的培训能力。

（三）业务操作能力的培养

在逐步培养教师职业教学能力及考证培训能力的同时，国际经济与贸易专业群还重视培养教师的职业素质与业务操作能力。国际经济与贸易专业群通过组织专门的职业素质、职业能力培训班的形式提升教师的商务职业素质，让教师的日常行为渗透商务职业素质，通过教师的日常行为无形地影响、教育学生，起到"润物细无声"的教育效果。而对于教师外贸业务操作能力的培养，国际经济与贸易专业群组织校内专任教师与来自外贸企业及相关部门的行业专家建立"朋友式"结对的紧密型合作关系，通过"朋友式"结对这种新型的合作关系，提高校内专任教师对行业一线操作实践的把握准确程度与信息更新率，提高行业专家对高职教育的参与程度，提高行业专家对专业建设与教育教学改革的贡献度，提高行业操作一线实践与高职课内外教育的一致性。通过"朋友式"结对的合作方式，校内专任教师与行业专家将在信息沟通、业务指导、合作授课等方面加强联系，这将确保校内专任教师及时掌握行业一线操作实践中最新的变化、动态及相关政策、法规等的变化，保证教育教学的知识、技能更新程度，保证校内外教学与行业操作的一致性，缩小学校教育与行业操作之间的距离，切实推进"就业上岗零过渡"目标的实现。

二、行业兼职教师的遴选

国际经济与贸易专业群从大量外贸从业人员中按照材尽其用原则遴选出热心教育事业、拥有丰富行业资源的外贸业务能手，组建数量稳定、结构合理的优秀外贸职业人队伍（行业兼职教师）。

（一）逐渐建立外贸从业人员库

浙江省作为传统外贸和跨境电商大省和强省，外向型经济在其经济结构中占据着重要的地位。这种经济特点为外贸类高职专业的发展提供了肥沃的土壤。外向型经济的蓬勃发展不仅为国际经济与贸易专业群培养的人才提供了丰富的就业机会，更为国际经济与贸易专业群的人才培养过程提供了大量的业务专家资源。为此，国际经济与贸易专业群借助行业协会、学会及政府相关部门的协助与支持，逐渐丰富、充实外贸从业人员库，以此作为行业兼职教师的来源库。

（二）确立行业兼职教师遴选标准

在众多的外贸从业人员中，国际经济与贸易专业群需要遴选出适合高职教育人才培养需要的业务专家来开展多方面、全方位的合作。为此，国际经济与贸易专业群确定了遴选行业专家的基本标准：主观上，行业专家热心教育事业，愿意参与高职教育的人才培养，使人才培养与企业用人的有机衔接前移到学校培养阶段，使学校培养的人才更贴近企业需要；客观上，行业专家具有丰富的行业资源、较长的从业经历、较强的业务能力。同时，国际经济与贸易专业群还根据人才培养过程的不同需要，将行业专家进行了多角度的划分，使行业专家参与到人才培养的不同阶段工作中：对于擅长培训的行业专家，请其积极承担专业核心课程的教学工作；对于业务经验丰富的行业专家，请其积极承担学生工学交替、岗位实习的指导工作等。

（三）逐渐形成合理的行业兼职教师队伍

根据确立的行业专家遴选标准，国际经济与贸易专业群有计划地培养、建立了一支数量稳定、结构合理的行业兼职教师队伍。所谓数量稳定，是基于行业兼职教师队伍与校内专任教师队伍至少保证在1∶1的水平上，确定行业兼职教师的数量。所谓结构合理，首先是指行业兼职教师的业务领域构成要基本覆盖外贸及相关行业的主要岗位，从事跨境电商B2B和B2C运营专员、销售专员和营销专员及其他相关岗位的业务专家力量均衡；其次，结构合理还指行业兼职教师参与的教学环节分布均衡，擅长进行工学交替指导、岗位实习指导、专业核心课程授课等各种教学活动的业务专家力量持平。

通过逐渐建立外贸从业人员库、确立行业兼职教师遴选标准、逐渐形成合理的行业兼职教师队伍三个步骤，国际经济与贸易专业群形成了一支积极参与教学活动的强大的行业兼职教师队伍，为教学服务于人才需求奠定了良好的师资基础。

在人才培养设计和准备阶段，"双元双优"结构化教师教学创新团队合作开发岗位标准、专业教学标准、课程标准和教材；在人才培养实施和评价阶段，"双元双优"团队共同开展备课、授课、评价和就业指导，构建"四合四同"运行机制；在授课环节，"双元双优"团队针对不同业务领域，主讲各自精专的项目模块，实施分工协作模块化教学，全面提升人才培养质量。

第三节　打造"四位一体"职业教育实践教学基地

国际经济与贸易专业群依托浙江省跨境电商综合服务产教融合人才培养示范基地，面向跨境电商技术技能人才紧缺领域，建设集"实战教学、行业培训、技能鉴定、创新创业"等功能于一体的高水平职业教育校内外实践教学基地。

一、建设"四位一体"高水平职业教育实践教学基地

（一）实战教学

国际经济与贸易专业群通过校企共建跨境电商实践基地，依托国际贸易专业国家教学资源库、杭州新制造产业带、全球知名第三方跨境电商平台、跨境电商教学软件和真实跨境电商店铺，基于跨境电商真实工作过程，融 VR、AR 等深度情景体验开展跨境电商实战教学。

（二）行业培训

国际经济与贸易专业群依托国际贸易专业国家教学资源库、浙江省跨境电商综合服务应用技术协同创新中心等，面向跨境电商企业员工开展业务培训；依托高等职业院校国际经济与贸易专业群骨干教师国家级师资培训基地、教育部师资联盟培训基地等，为全国高等职业院校教师提供教学师资培训，将基地建成员工培训及师资培训高地。

（三）技能鉴定

国际经济与贸易专业群面向跨境电商 B2B 运营、营销、销售、客服等岗位，跨境电商 B2C 运营、营销、采购、物流、客服等岗位，为校内外学生提供跨境电商岗位职业技能等级鉴定。

（四）创新创业

国际经济与贸易专业群与跨境电商企业共建品牌出海创业孵化中心，通过大数据分析、开发独立站、研发数字营销方案、开展品牌运营，为中小企业提供数字化转型整体解决方案，切实提升创新创业成效。

二、打造跨境电商综合实践平台

(一) 能力提升基地建设

基于跨境电商业务工作过程，国际经济与贸易专业群建设了能支撑跨境电商 B2B 运营专员/营销专员、跨境电商 B2C 运营专员/物流专员等工作岗位的跨境电商 B2B 和 B2C 实践教学基地，目前已建成的校外实践基地（部分）见表 3-1。

表 3-1 国际经济与贸易专业群校外实践基地名单（部分）

序号	基地名称
1	阿里巴巴（中国）网络技术有限公司
2	浙江土产畜产进出口集团有限公司
3	浙江国贸云商企业服务有限公司
4	浙江新大集团有限公司
5	浙江海洲国际货运代理有限公司
6	浙江五矿三和进出口有限公司
7	浙江义乌中国小商品城贸易有限责任公司
8	中国农业银行浙江省分行国际业务部
9	杭州银行国际业务部
10	杭州乒乓智能技术有限公司
11	杭州百佳荟对外贸易集团有限公司
12	杭州富杰户外用品有限公司
13	杭州同富日用品有限公司
14	杭州琴阁贸易有限公司
15	杭州高每贸易有限公司
16	杭州速麦科技有限公司
17	深圳市易仓科技有限公司
18	杭州德邦货运代理有限公司
19	浙江物产中大云商有限公司
20	杭州瀚森进出口有限公司
21	浙江中成进出口有限公司
22	杭州兆越纺织品有限公司
23	浙江大田国际货运有限公司
24	杭州泛远国际物流有限公司
25	浙江双马国际货运有限公司
26	宁波泽运国际物流有限公司
27	杭州隆姆贸易有限公司

为适应"云物大智"等新技术发展需要,建设能支撑跨境电商选品、市场调研、运营、营销等关键工作环节的数据采集、建模、数据分析与挖掘等可视化教学需要的跨境电商大数据分析中心,国际经济与贸易专业群建设了跨境电商新媒体营销中心和跨境电商AI物流体验中心。

为提升学生跨境电商创新创业能力,依托杭州新制造产业带,国际经济与贸易专业群建设了具有独立站开发、数字营销方案制作和整体数字化转型方案研发等功能的品牌出海创业孵化基地。

(二)素质养成基地建设

国际经济与贸易专业群建设了"一带一路"沿线国家文化体验馆,展示"一带一路"沿线国家的历史、人文、风俗等;建设了数字国际贸易博览馆,展示数字国际贸易发展史,设置知名跨境电商平台展示、数字国际贸易体验等功能区;建设了跨境电商达人素质养成空间,培养学生的跨文化素养、美学素养、数字素养等。

第四章

"双元育人 书证融通"人才培养的运行机制

第一节 运行机制概述

浙江金融职业学院国际经济与贸易专业群"双元育人 书证融通"复合型技术技能人才培养模式以"双元双优"结构化教师教学创新团队为主体对接跨境电商岗位标准确定人才培养目标,对接职业技能等级标准开发教学内容,依托高水平、结构化教师教学创新团队,结合职业技能等级标准,合作开发岗位标准、专业教学标准、课程标准和教材,共同开展备课、授课、评价和就业指导,构建"四合四同"运行机制,着力夯实复合型数字国际贸易技术技能人才培养质量。其人才培养模式运行机制见图4-1。

图4-1 "双元育人 书证融通"人才培养模式运行机制

第二节 准备阶段:标准开发

在准备阶段所进行的职业岗位标准、专业教学标准和专业课程标准开发旨在为人才培养运行确定依据。

一、开发职业岗位标准

国际经济与贸易专业群聘请一批传统外贸和跨境电商业务方面的专家，组建职业岗位标准开发专家委员会，对外贸单证员、外贸跟单员、外贸业务员、跨境电商 B2B 运营专员、跨境电商 B2B 销售专员、跨境电商 B2B 营销专员、跨境电商 B2C 运营专员、跨境电商 B2C 营销专员、跨境电商物流专员、跨境电商采购专员、跨境电商客服等岗位进行工作过程和工作任务分析；确定工作任务后，分析出作为上述岗位从业者完成每项工作任务应具备的职业素质、职业能力和专业知识；最后，向大量外贸企业广泛征求意见和修改完善后，确立一系列传统外贸岗位、跨境电商 B2B 岗位和跨境电商 B2C 岗位的职业岗位标准，具体内容详见本书第二章。职业岗位标准的开发，为专业建设解决了培养什么规格的人即人才培养规格的问题。

二、开发专业教学标准

在确立人才培养定位、开发职业岗位标准后，国际经济与贸易专业群召集了高职课程研究专家和行业兼职教师共同开发了专业教学标准，其设计思路包括：（1）对人才培养的关键环节进行科学化、标准性规定，对整个教学过程进行标准化设计；（2）用职业岗位定位人才培养目标，并考虑学生就业后的可持续发展，课程设置要具有一定的前瞻性，能适应行业未来发展的趋势；（3）主要用岗位职业能力来描述人才规格，重点关注学生能做什么；（4）融合学历证书与职业技能等级证书，把跨境电商 B2B 和 B2C 等职业技能等级标准的职业素质、职业能力和专业知识要求融入各专业课程。

按照以上思路设计的人才培养方案包括专业名称（专业代码）、入学要求、基本修业年限、职业面向、培养目标与培养规格、课程设置、教学进程总体安排、教学保障、毕业要求和附录共 10 项标准化内容。国际经济与贸易专业群教学标准（人才培养方案）如下：

【专业名称（专业代码）】

国际经济与贸易（530501）

国际商务（530502）

跨境电子商务（530702）

商务英语（570201）

【入学要求】

普通高级中学毕业、中等职业学校毕业或具备同等学力

【基本修业年限】

3 年

【职业面向】

专业	所属专业大类	所属专业类	对应行业	主要职业类别（技术领域）举例	主要岗位类别（技术领域）举例	职业资格（职业技能等级）证书举例
国际经济与贸易	财经商贸大类	经济贸易类	批发业（F51）	商务专业人员（20607）	跨境电商B2B运营专员、销售专员、营销专员	1. 全国大学英语等级证书（四级，必须），全国大学英语四、六级考试委员会颁发 2. 全国大学英语等级证书（六级，鼓励），全国大学英语四、六级考试委员会颁发 3. 跨境电商B2B数据运营职业技能等级证书（中级，必须），阿里巴巴（中国）教育科技有限公司颁发 4. 跨境电商B2C数据运营职业技能等级证书（中级，鼓励），阿里巴巴（中国）网络技术有限公司颁发
国际商务	财经商贸大类	经济贸易类	零售业（F52）	商务专业人员（20607）	跨境电商B2C采购专员、物流专员	
跨境电子商务	财经商贸大类	电子商务类	零售业（F52）	商务专业人员（20607）	跨境电商B2C运营专员、营销专员	
商务英语	教育与体育大类	语言类	批发业（F51）零售业（F52）	商务专业人员（20607）	跨境电商B2B和B2C客服专员、商务助理	

【培养目标与培养规格】

1. 培养目标

本专业群培养拥护党的基本路线，适应区域经济建设和社会发展需要，面向外贸单证员、跟单员、业务员，跨境电商B2B运营专员、销售专员、营销专员、客服专员，跨境电商B2C运营专员、营销专员、采购专员、物流专员、客服专员等岗位，具有诚信、合作、敬业、创新创业基本素养和数字素养，掌握国际贸易、跨境电商、商务英语、创业创新等知识，能从事外贸单证、跟单业务，跨境电商B2B运营、销售、营销、客服，跨境电商B2C运营、营销、采购、物流、客服等工作，同时具有全球视野和较强可持续发展能力，德、智、体、美、劳全面发展的高素质技术技能型专门人才。

其中，国际经济与贸易专业毕业生主要能从事外贸单证业务，跨境电商B2B运营、销售、营销等工作；国际商务专业毕业生主要能从事跨境电商B2C采购、物流等工作；跨境电子商务专业毕业生主要能从事跨境电商B2C运营、营销等工作；商务英语专业毕业生主要能从事外贸跟单、跨境电商B2B和B2C的客服、商务助理等工作。

2. 培养规格

（1）素质。

- 坚决拥护中国共产党领导，树立中国特色社会主义共同理想，践行社会主义核心价值观，具有深厚的爱国情感和中华民族自豪感；
- 崇尚宪法、遵守法律、遵规守纪；
- 遵守、履行道德准则和行为规范，具有社会责任感和社会参与意识；
- 崇德向善、诚实守信、爱岗敬业，具有精益求精的工匠精神；

- 具有质量意识、安全意识、职业生涯规划意识和创新思维；
- 具有较强的集体意识和团队合作精神，良好的行为习惯和自我管理能力；
- 具有强壮的体魄、健康的心理和健全的人格，养成良好的健身与卫生习惯；
- 具有一定的信息审美和人文素养；
- 具有全球视野和数字素养。

（2）知识。
- 熟悉跨境电商 B2B 平台运营规则、平台数据采集的工具和方法；
- 熟悉跨境电商 B2B 平台和自建站销售的流程和技巧以及营销原理和方法；
- 掌握跨境电商 B2B 平台运营工作流程；
- 掌握外贸进出口准备、磋商签约履约以及单证制作和办理的知识和要领；
- 掌握跨境电商 B2C 平台的运营规则、业务流程、风险防控及数据分析知识；
- 掌握市场营销基本原理、海外市场调研工具和方法、目标客户分析和整体营销方案设计、新媒体营销知识；
- 掌握跨境电商视觉设计的技巧和方法、常用图片处理软件的基础操作、视频文案设计、拍摄及后期制作知识；
- 掌握跨境电子商务选品、进出口采购、供应商谈判等业务流程知识；
- 掌握跨境货物海运、空运、铁路运输业务流程、运价构成、保税仓与海外仓管理知识；
- 掌握跨境电商通关、报检和保险等业务流程、政策、法律法规知识；
- 掌握跨境电商供应链系统运作计划、控制、资源优化配置和跨境电商供应链服务领域创新创业可行性分析相关知识；
- 掌握跨境电商英语、跨文化交际、主要贸易国消费文化、国际商务礼仪、文本信息解码和信函书写知识；
- 掌握跨境电商跟单、客户服务的基本范畴、工作惯例、常用技巧；
- 掌握商务翻译基本理论、基本商务场合的口译技能；
- 掌握跨境电商常用文案的策划与撰写策略。

（3）能力。
- 能开展外贸企业自建站和跨境电商 B2B 平台店铺装修、数据分析和运营；
- 能开展外贸企业自建站和跨境电商 B2B 平台市场推广、磋商签约和履约；
- 能开展国际搜索引擎优化、海外社交媒体营销、产品规划和开发、品牌规划和推广；
- 能开展国外客户和供应商管理、生产跟进和通关物流跟进；
- 能进行跨文化交流，并运用外语开展运营、销售、营销、客户服务；
- 能开展跨境电商 B2C 平台的店铺装修、数据分析和运营操作；
- 能熟练使用跨境电商视觉设计软件，独立设计并制作产品主图、细节图、店招、焦点图、Banner、轮播海报图、产品详情页面和短视频；
- 能分析目标市场用户的购买行为、支付时间、搜索习惯，撰写海外消费者调研报告，制定 SNS 营销推广方案，提升平台流量；

● 能开展市场开发、采购与选品、供应商谈判、定价、品牌运营与维护、客户关系管理、财务分析和绩效评价等国际市场采购管理；

● 能拟订跨境物流运输方案和跨境物流仓储方案，签订物流合同，处理各类国际物流单据，开展对承运人、航线、船期、航班和运输工具的统筹管理；

● 能办理跨境电商报关、报检、保险、出口退税、金融服务等业务操作；

● 能对常用商务文本和话语进行准确解码，并能根据具体商务需求进行有效、得体的书面和口头输出；

● 能把握客户心理，理解客户咨询并快速地给出有效解答，合理应对纠纷，引导客户情绪、控制店铺损失，分类统计客户相关数据；

● 能用中英文开展跨境电商平台运营中的文字撰写和文字创意工作。

【课程设置】

1. 专业课程结构（见图 4-2）

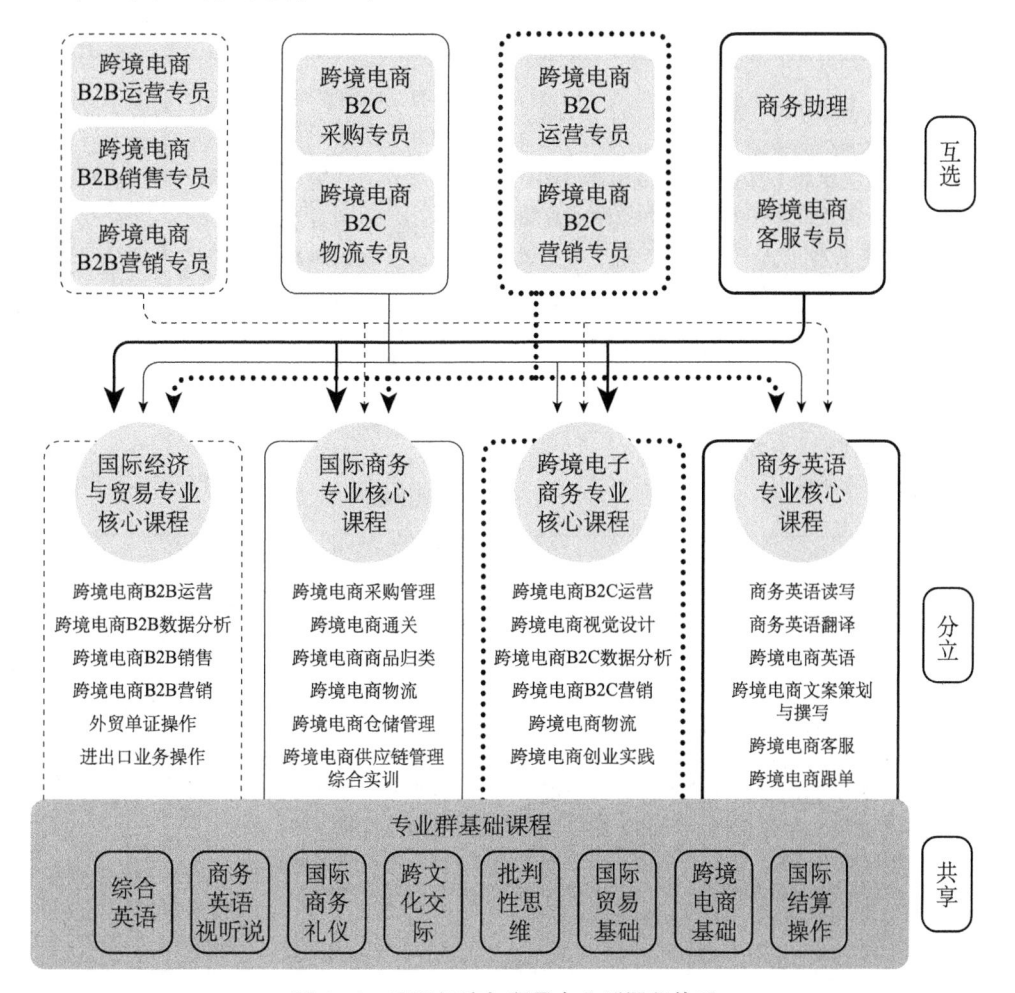

图 4-2 国际经济与贸易专业群课程体系

2. 专业核心课程

(1) 国际经济与贸易专业核心课程。

序号	课程名称	课程目标	主要教学内容	主要教学要求	课程思政育人
1	跨境电商B2B运营	通过课程学习，学生能熟悉跨境电商B2B平台（阿里巴巴国际站、环球资源网、中国制造网等）规则，掌握跨境电商运营工作流程，具备跨境电商B2B平台和外贸企业自建站店铺优化与运营管理能力	跨境电商B2B平台店铺开通操作；产品定位和数据选品操作；店铺装修操作；产品管理和发布操作；外贸直通车和顶级展位等产品推广操作；产品优化和站内运营操作；外贸企业自建站店铺的信息化建设和运营操作	具有互联网思维，熟悉跨境电商B2B操作的平台规则，掌握跨境电商B2B运营操作的基本流程，具备跨境电商B2B店铺和外贸企业自建站的运营与优化能力	在内容育人方面，结合跨境电商B2B平台和外贸企业自建站的运营工作流程和具体操作等课程内容培养学生规则意识和创新精神；在方法育人方面，通过团队合作学习法、案例教学法等，融入诚信意识、团队精神培养；在实践育人方面，借助各种实训操作，培养学生工匠精神
2	跨境电商B2B数据分析	通过课程学习，学生能熟悉跨境电商B2B数据采集的工具、方法，具备搜集并分析跨境电商B2B平台和外贸企业自建站各类店铺数据、同类竞品数据、广告数据，设计爆款产品和主打产品运营优化方案，搭建业务数据报表体系等能力	跨境电商B2B平台和外贸企业自建站店铺数据搜集；投入成效分析；客户来源和质量分析；平台产品优化分析；广告数据分析；专题促销活动数据分析	具有互联网思维和数据素养，熟悉跨境电商B2B数据分析方法，掌握跨境电商B2B数据分析操作，具备店铺数据搜集、搭建业务数据报表、投入成效分析、客户来源和质量进行分析、平台产品优化、广告数据分析、类目专题促销活动策划及数据跟进的能力	在内容育人方面，结合跨境电商B2B平台和外贸企业自建站店铺数据搜集、分析等课程内容培养学生数字素养和法律意识；在方法育人方面，通过项目教学法、案例教学法等，融入诚信意识、保密意识等培养；在实践育人方面，借助各种实训操作，培养学生工匠精神
3	跨境电商B2B销售	通过课程学习，学生能熟悉跨境电商B2B平台和外贸企业自建站销售的流程和技巧，具备询盘处理与回复、名片营销、磋商谈判、签订合同、出口履约、客户管理、信保管理和风险防控操作等能力	跨境电商B2B平台和外贸企业自建站访客营销、客户数据分析及客户开发；询盘处理与回复、磋商谈判、签订合同、出口履约；国外客户信息管理、供应商信息管理；信保管理和风险防控	具有互联网思维，熟悉跨境电商B2B销售操作，掌握跨境电商B2B平台客户信息管理；访客营销；供应商管理、出口履约、客户数据分析及客户开发的能力	在内容育人方面，结合跨境电商B2B平台和外贸企业自建站销售流程、技巧和操作等课程内容培养学生创新意识、风险意识和法律意识；在方法育人方面，通过案例教学法、合作学习法等，融入诚信意识和团队精神等培养；在实践育人方面，借助各种实训操作，培养学生工匠精神

续表

序号	课程名称	课程目标	主要教学内容	主要教学要求	课程思政育人
4	跨境电商B2B营销	通过课程学习，学生能熟悉跨境电商B2B营销的原理和方法，具备外贸企业自建站和跨境电商B2B平台的市场推广、国际搜索引擎优化、海外社交媒体营销、产品规划和开发、品牌规划和推广的能力	外贸企业自建站和跨境电商B2B平台店铺视觉营销和视频营销、平台及店铺运营策划方案拟订；国际搜索引擎优化及营销方案拟订；海外社交媒体营销及营销方案拟订；产品规划和开发；品牌规划和推广	具有互联网思维，掌握跨境电商B2B平台营销、国际搜索引擎营销、海外社交媒体营销，熟悉产品规划和开发、品牌规划和推广	在内容育人方面，结合跨境电商B2B平台和外贸企业自建站营销工作流程和具体操作等课程内容培养学生创新意识、法律意识和风险意识；在方法育人方面，通过案例教学法、合作学习法等，融入契约精神和团队精神等培养；在实践育人方面，借助各种实训操作，培养学生工匠精神
5	外贸单证操作	通过本课程学习，学生能掌握扎实的外贸单证基础知识，具备不同结算方式下外贸单证的制作、办理和审核等职业能力	制作订舱委托书、报检单、商业发票、装箱单、报关单、产地证、海运提单、投保单、保险单、汇票、受益人证明、装运通知等	具有互联网思维，掌握互联网技术支持下的外贸单证操作，掌握托运单证、报检单证、报关单证和结汇单证的制作要领，熟悉进口单证和官方单证办理，了解单证管理知识	在内容育人方面，结合审证改证、报检报关等课程内容培养学生契约精神和法律意识；在方法育人方面，通过案例教学法、团队对抗法等，融入爱国精神和团队精神等培养；在实践育人方面，借助各种实训操作，培养学生工匠精神
6	进出口业务操作	通过本课程学习，学生能准确计算进出口报价、进出口还价；能书写发盘函、还价函、接受函、改证函等；合理拟定进出口合同、国内购货合同；能进行进出口履约操作；能进行出口退税操作	出口准备、客户开发、报价核算、磋商签约、生产跟单出口履约、出口善后；进口价格核算、磋商签约、申请开立和修改信用证、进口运输保险、进口付汇、进口履约、进口善后	具有互联网思维，掌握互联网技术支持下的进出口业务操作，掌握进出口准备操作知识和进出口磋商签约操作知识，熟悉进出口履约和进出口善后操作知识	在内容育人方面，结合进出口磋商、签约和履约等课程内容培养学生契约精神、诚信意识、创新意识和法律意识；在方法育人方面，通过案例教学法、合作学习法等，融入敬业精神和团队精神等培养；在实践育人方面，借助各种实训操作，培养学生工匠精神

（2）国际商务专业核心课程。

序号	课程名称	课程目标	主要教学内容	主要教学要求	课程思政育人
1	跨境电商采购管理	通过本课程学习，学生能掌握跨境电商采购相关基础知识，具备职业技能与职业素质，为从事跨境电商采购业务工作岗位奠定扎实基础，提高岗位适应能力	采购与采购管理认知；采购组织设计；供应市场与需求分析；采购计划与成本管理；典型采购方式认知；供应商选择和采购洽商；采购合同管理；供应商与风险管理；进口采购管理；采购绩效管理	采取项目教学法，融入物流师国家职业标准和采购师国家职业标准，对标人力资源和社会保障部的物流师职业资格考试和采购师职业资格考试，培养学生的综合职业能力和可持续发展能力	在内容育人方面，结合供应商选择和谈判、供应商风险管理等课程内容培养学生契约精神和法律意识，在进口采购部分加强国家荣誉感的培养；在方法育人方面，通过案例教学法、探索式教学法等，融入团队精神的培养；在实践育人方面，借助多种形式的实训操作，培养学生自律和工匠精神
2	跨境电商通关	通过本课程学习，学生能掌握出境通关、入境通关各种模式的基本含义、工作过程、模式设计等基本业务，具备良好的职业道德与职业操守，提高岗位适应能力	B2B模式出境通关；B2C模式出境通关；C2C模式出境通关；B2B模式入境通关；B2C模式入境通关；C2C模式入境通关	采取项目教学法，通过项目和任务训练学生能力，培养学生的职业技能与职业素质	在内容育人方面，结合海关对报关企业分类管理制度、货物报关程序等课程内容培养学生诚信守法、爱岗敬业的精神，提升专业水平意识；在方法育人方面，通过案例教学法、启发教学法，使学生自觉了解我国跨境电商发展成就，帮助学生建立大国自信，培养爱国情怀；在实践育人方面，借助各种报关实训操作，培养学生良好的职业素质
3	跨境电商商品归类	通过本课程的学习，学生能对商品归类有比较深刻全面的了解，能够熟悉不同商品品质认证，能够掌握典型商品特性和通关要求，为开展跨境电商物流通关业务工作奠定扎实基础	商品认知；商品分类编码；食品、纺织品、工业品等典型商品归类；商品质量标准；商品质量认证	采取项目教学法，融入大量实训，使学生掌握商品归类能力，同时培养学生分析和解决问题的基本能力，以及团队精神和创新能力	在内容育人方面，结合我国跨境电商商品数量、质量、种类的变化历程，培养学生"商品要做成精品、高标准才有高质量"的意识；在方法育人方面，通过案例教学法，提高和内化学生的法律意识，树立如实申报、合法通关理念；在实践育人方面，借助虚拟关务竞赛归类实训系统，培养学生细致、规范的工作作风

续表

序号	课程名称	课程目标	主要教学内容	主要教学要求	课程思政育人
4	跨境电商物流	通过本课程学习，学生能掌握跨境电商物流相关基础知识、基本业务流程操作，为从事跨境电商物流业务工作岗位和其他跨境电商行业岗位工作提供有力支撑	岗位认知；跨境电商的出口物流模式和进口物流模式；海外仓备货物流模式；国际海运头程物流；国际空运头程物流；中欧班列头程物流；跨境电商物流的商业模式	以就业为导向，邀请行业专家对跨境电商物流职业能力进行分析，并以此为依据确定本课程的工作任务和课程内容，开展项目教学	在内容育人方面，结合物流操作流程，培养学生规范意识和法律意识；在方法育人方面，通过案例教学法等方式，融入大国自信和团队精神培养；在实践育人方面，通过实训培养学生做事全面、缜密的职业素质
5	跨境电商仓储管理	通过课程学习，学生能掌握跨境电商仓储业务流程，掌握海外仓方案设计、库存管理等各工作环节的岗位技能，奠定坚实的物流岗位群职业通用能力	认知仓库；入库管理；在库管理；出库与配送；仓储经营管理；海外仓规划与布局；仓储安全与特殊货物管理；保税仓储管理；金融仓储与虚拟仓库	在对生产制造企业、商业流通企业、物流企业等的广泛调研基础上，确定该课程的能力目标、知识目标和素质目标，开展项目教学	在内容育人方面，结合仓库管理、特殊货物管理等课程内容培养学生审慎的态度和法律意识；在方法育人方面，通过案例教学法、团队演示法等，融入爱国精神和团队精神的培养；在实践育人方面，借助各种实训操作，帮助学生提升自我学习能力
6	跨境电商供应链管理综合实训	通过本课程学习，学生能进行供应链仿真ERP实训软件操作，掌握跨境电商供应链管理综合能力	利用供应链仿真ERP实训软件模拟企业内、外运营系统，开展产业链规划设计、供应链系统运作过程的计划与控制，以及经营管理的资源优化配置等实训	采取项目教学法，对标人力资源和社会保障部的注册供应链管理师资格考试，培养学生供应链管理综合能力和可持续发展能力	在内容育人方面，结合供应链运作计划和控制等课程内容培养学生全局意识和精细化操作意识；在方法育人方面，通过案例教学法、团队演示法等，融入爱国精神和团队精神的培养；在实践育人方面，借助实训操作，帮助学生提升学习能力和工匠精神

(3) 跨境电子商务专业核心课程。

序号	课程名称	课程目标	主要教学内容	主要教学要求	课程思政育人
1	跨境电商B2C运营	通过本课程学习，学生能理解跨境电子商务的基本概念、基本政策，熟悉跨境电商第三方操作平台（亚马逊、速卖通、eBay、Wish、Shopee等）规则，掌握跨境电商运营工作流程，具备跨境电商B2C主流平台店铺优化与运营管理能力和技巧	店铺和账号注册操作；海外消费者行为习惯调研操作；数据化选品操作；产品定价、刊登和发布操作；产品优化及站内运营操作；订单处理操作	熟悉跨境电商B2C操作平台（亚马逊、速卖通、eBay、Wish、Shopee等）规则，掌握跨境电商操作基本工作流程，具备跨境店铺运营管理、跨境电商操作技术等业务能力	在内容育人方面，结合数据选品、运营等课程内容培养学生责任意识和守约精神；在方法育人方面，通过项目教学法、案例教学法等，融入互联网思维能力培养和家国情怀等精神的培养；在实践育人方面，借助各种项目实训，培养学生劳动意识和精益求精精神
2	跨境电商视觉设计	通过本课程学习，学生能独立设计并制作产品主图、跨境电商平台的轮播海报图、跨境电商平台的产品详情页、手机端店招、焦点图及Banner；熟悉手机端店铺布局及产品详情页制作	跨境电商视觉营销概述；店招文案、广告文案和详情页；Photoshop等图片处理软件基础；主图、细节图、轮播海报等制作；短视频文案撰写；短视频拍摄及后期制作	掌握跨境电商视觉设计与营销的基本原理、方法和路径；掌握Photoshop的基本原理及应用；掌握短视频文案制作及视频拍摄技巧	在内容育人方面，结合图片设计、视频拍摄和文案制作等课程内容培养学生美学意识、责任意识和契约精神；在方法育人方面，通过项目教学法、案例教学法等，融入品牌意识、知识产权意识的培养和家国情怀等精神的培养；在实践育人方面，借助各种项目实训，培养学生劳动意识和工匠精神
3	跨境电商B2C数据分析	通过本课程学习，学生能熟悉跨境电商数据采集的工具、方法，掌握数据采集与处理方案制定等技能，掌握挖掘消费者行为数据、运营数据、竞争对手数据等技巧，掌握数据监控、应用方案撰写等技能	跨境电商数据采集与处理方案制定（制定目标、分析指标、制定方案）；跨境电商数据分析（消费者行为数据分析、运营数据分析、供应链数据分析、竞争对手数据分析）；跨境电商数据监控与应用方案撰写（数据监控、数据分析报告撰写、运营优化建议提出）	掌握跨境电商数据分析三要素即数据采集、分析和报告撰写各环节的核心技能；熟悉数据挖掘和分析的常用工具及各种模型；掌握运营优化的方法和技能	在内容育人方面，结合数据采集、数据分析等课程内容培养学生数字素养、责任意识和守约精神；在方法育人方面，通过项目教学法、案例教学法等，融入互联网思维能力培养和家国情怀等精神的培养；在实践育人方面，借助各种项目实训，培养学生劳动意识和工匠精神

续表

序号	课程名称	课程目标	主要教学内容	主要教学要求	课程思政育人
4	跨境电商B2C营销	通过本课程学习，学生能熟悉跨境电商宏观、中观和微观调研，具备目标客户分析与整体营销方案拟订，掌握主要社交媒体如Facebook、Instagram、TikTok等营销推广技巧；掌握内容营销推广技巧	营销基本原理；跨境电商宏观、中观和微观调研；海外市场调研；目标客户分析；整体营销方案设计；Google广告推广；社交媒体营销；邮件营销；事件营销	掌握国际市场营销基本理论和方法，了解互联网营销的技术和策略，能利用网络环境、借助社交媒体开展跨境电商平台营销、运营操作	在内容育人方面，结合营销、调研和社交媒体等课程内容培养学生责任意识、沟通能力和守约精神；在方法育人方面，通过项目教学法、案例教学法等，融入互联网思维能力培养和家国情怀等精神的培养；在实践育人方面，借助各种项目实训，培养学生劳动意识和精益求精精神
5	跨境电商物流	通过本课程学习，学生能掌握跨境电商的出口物流模式、进口物流模式、海外仓备货物流模式、国际海运头程物流、国际空运头程物流、中欧班列头程物流、清关规定、清关模式和跨境电商物流的商业模式及其基本业务流程操作	国际邮政物流业务操作；国际快递物流业务操作；国际专线物流业务操作；海外仓物流业务操作；国际海运头程物流业务操作；国际空运头程物流业务操作	掌握各种跨境电商物流的基本含义、工作过程、运费计算、运单填写、物流方案设计、发货等业务能力	在内容育人方面，结合跨境电商海派物流、空派物流和海外仓等课程内容培养学生责任意识、沟通能力和守约精神；在方法育人方面，通过项目教学法、案例教学法等，融入互联网思维能力培养和家国情怀等精神的培养；在实践育人方面，借助各种项目实训，培养学生劳动意识、吃苦耐劳精神和精益求精精神
6	跨境电商创业实践	通过本课程学习，学生能模拟完成公司注册，基于某跨境电商B2C平台完成全流程模拟或者真实业务交易，撰写创业实践报告	跨境电商公司注册（模拟）操作；店铺运营账号注册；店铺运营模拟交易；订单处理模拟交易；客户业务处理模拟交易；创业实践报告撰写	掌握大学生创业政策和公司注册要求；完成亚马逊、速卖通、eBay、Wish、Shopee等平台全流程业务；掌握跨境电商店铺管理和优化技能	在内容育人方面，结合跨境电商企业注册、公司运营等课程内容培养学生责任意识、创业意识和守约精神；在方法育人方面，通过项目教学法、案例教学法等，融入互联网思维能力培养和家国情怀等精神的培养；在实践育人方面，借助各种创业项目，培养学生劳动意识和工匠精神

（4）商务英语专业核心课程。

序号	课程名称	课程目标	主要教学内容	主要教学要求	课程思政育人
1	商务英语读写	通过本课程学习，学生能书写国际贸易及跨境电商业务中所涉及的主要信函，能书写简历、求职信、感谢信、祝贺信等常见商务信函，提高在国际商务活动中综合运用英语语言知识和国际贸易专业知识的能力，增强在国际贸易和跨境电子商务中的沟通和书写能力	询盘及答复、报盘及还盘、订单与执行、包装、保险、运输、支付、投诉与索赔、代理、国际商务合同，以及其他信函如求职信、感谢信等内容	本课程融国际商务知识与英语阅读写作于一体，合理兼顾语言、商务、文化三者间的关系，介绍商务英语信函的写作原则、组成部分等基础知识，然后根据国际贸易的主要流程，结合案例，系统地讲解各环节的背景知识、典型样函、写作策略等	在内容育人方面，结合先进互联网信息，培养学生的互联网思维和国际化视野；在方法育人方面，利用在线分级阅读系统、移动终端引导学生通过世界维度对问题进行观察、认识与分析；在实践育人方面，通过与浙江省商务厅等高质量校企合作单位联手，提高学生职业素质，帮助学生践行工匠精神，培养文化自信
2	商务英语翻译	通过本课程学习，学生能翻译商务广告、商品说明书、公司简介等商务文本，培养迎来送往、商务谈判等口译技能，养成敬业精神、网络资源应用能力、思辨能力、仿写能力等，满足跨境电商 B2B 和 B2C 企业的客服专员、商务助理、销售专员等岗位职岗位需求	翻译标准、翻译过程、增减译法等翻译基本理论；商品说明书、公司简介等商务文本笔译；迎来送往、商务谈判等商务口译；网络语法工具、网络翻译工具的运用；商务情景下的英语口、笔译模拟	根据国际最新的英语文本译写规范，完成书面翻译，如产品说明书、公司简介、汇票、信用证、菜谱等；能就迎来送往、日程安排、宾馆入住、宴会招待、商贸展销、参观工厂等情景进行现场口译，语言流畅，内容基本正确	在内容育人方面，结合互联网翻译工具使用、中外商务语篇对比等教学方法培养学生的国际化视野、工匠精神；在方法育人方面，结合语料库运用等方法的运用引导学生运用大数据思维、批判性思维、反思性思维；在实践育人方面，提高学生的社会责任感、团队合作意识、专业知识应用能力
3	跨境电商英语	通过本课程学习，学生能掌握跨境电商售前、售中、售后基本工作流程和英语沟通技巧，熟悉欧美国家、"一带一路"沿线国家国情、消费习惯、文化习俗等，具备跨境店铺运营管理、跨境电商客服岗位所需的沟通能力和问题处理技巧	跨境电商概览；跨境电商主要平台介绍；跨境电商售前沟通；跨境电商售中沟通；跨境电商售后服务	能用英语表述跨境电商发展现状和发展趋势，了解主要跨境电商平台特征和规则，掌握跨境电商行业的核心词汇和常用表达，提高跨境电商英语沟通能力和跨文化交际能力	在内容育人方面，结合跨境电商发展趋势、各跨境电商平台英语等课程内容培养学生语言能力、文化差异和正确价值观；在方法育人方面，通过项目教学法、案例教学法和合作学习法等，融入文化思维和家国情怀等精神的培养；在实践育人方面，借助各种项目实训，培养学生劳动意识和精益求精精神

续表

序号	课程名称	课程目标	主要教学内容	主要教学要求	课程思政育人
4	跨境电商文案策划与撰写	通过本课程学习，学生能熟悉文本、图片、视频等多种文案制作工具；挖掘产品亮点与卖点，策划有品牌感、互联网思维、能打动消费者的产品标题；能进行品牌文案、产品文案、新媒体传播文案、活动推广文案、关键词设置等文案的策划与撰写	文本文案策划与撰写；图片文案策划与撰写；视频文案策划与撰写；新媒体文案策划与撰写；品牌产品文案策划与撰写	注重互联网文案创新思维和国际化视野等的培养，要求挖掘产品亮点与卖点，策划有品牌感、互联网思维、能打动消费者的文案；能够不断跟踪热点事件，针对不同的人群画像、产品特性、活动目的等撰写文案	在内容育人方面，结合文本文案、图片文案和视频文案等课程内容培养学生责任意识和守约精神；在方法育人方面，通过项目教学法、案例教学法和合作学习法等，融入国际视野、互联网思维能力培养和家国情怀等精神的培养；在实践育人方面，借助各种项目实训，培养学生劳动意识和精益求精精神
5	跨境电商客服	通过本课程学习，学生能掌握客服询盘技巧、纠纷的预防和处理办法；能从客户角度出发，制定并随时更新可能的FAQ；能把握客户心理，理解客户咨询并快速地给出有效解答，及时处理客户售前、售中、售后的纠纷；能对客户情绪加以引导、对店铺损失予以控制；能对客户相关数据进行分类统计，配合其他部门完成客户的定期回访、促销信息送达等工作，以达到二次购买、转化潜在客户等效果	后台客服管理机制；售前客户沟通；售中客户沟通；售后客户沟通；纠纷和投诉；客户维护	熟悉跨境电子商务上货过程及后台客服管理方法，能用英语完成后台操作和客户沟通，能使用英语在售前、售中、售后过程中为客户提供完善的服务	在内容育人方面，结合跨境电商售前、售中和售后等课程内容培养学生服务意识、责任意识和守约精神；在方法育人方面，通过项目教学法、案例教学法和合作学习法等，融入沟通、协调能力培养和家国情怀等精神的培养；在实践育人方面，借助各种项目实训，培养学生劳动意识和精益求精精神
6	跨境电商跟单	通过课程学习，学生能掌握扎实的跨境电商B2B跟单基础知识，具备样品跟单、原材料跟单、生产进度跟单、包装跟单、质量跟单操作的职业能力	样品跟单操作；原材料跟单操作；生产进度跟单操作；包装跟单操作；质量跟单操作	具有互联网思维，掌握互联网技术支持下的跨境电商B2B跟单操作，掌握样品跟单、原材料跟单、生产进度跟单、包装跟单、质量跟单的操作要领	在内容育人方面，结合样品跟单、原材料跟单等课程内容培养学生诚信意识和法律意识；在方法育人方面，通过案例教学法、合作学习法等，融入敬业精神和团队精神等的培养；在实践育人方面，借助各种实训操作，培养学生工匠精神

【教学进程总体安排】

1. 教学进程表

课程类别		课程编号	课程（项目）名称	计划课时	学分	一	二	三	四	五	六	课程类型
公共课程	公共选修课程	B900030	思想道德修养与法律基础	48	3	3						*
		B900099	军事教育	36(112)	4	2				2		
		B900044-46	明理课程	50	3	2	1					
		B900031-35	形势与政策	85	2	1	1	1	1	1		
		B900029	毛泽东思想和中国特色社会主义理论体系概论	72	4			4				*
		B900119	人工智能导论	36	2			2				
		B900025-24	高职体育	108	6	2	2	2				
		D900098	就业指导	18	1				1			
		A900048	中华优秀传统文化	36	2				2			
		D900099	创新创业指导	36	2			2				※
			小计	525	29	10	8	7	4	3		
	公共必修课程	校本选修课程	A900055	经济学基础	36	2		2					
			A010001	现代金融基础	32	2	2						
			B900006	会计基础	36	2		2					
		选修课程		公共选修课程	108	6							
				小计	212	12	2	4					
专业课程	专业群必修基础课程	B170055	综合英语	136	8	4	4					
		C170048	商务英语视听说	68	4	2	2					
		B180019	国际商务礼仪	36	2	2						
		B170020	跨文化交际	36	2	2						★
		B150033	批判性思维	36	2		2					★
		A150003	国际贸易基础	36	2	2						
		B160050	跨境电商基础	54	3		3					
		B150026	国际结算操作	54	3		3					
			小计	456	26	12	14					

续表

课程类别			课程编号	课程（项目）名称	计划课时	学分	学期分配及周课时数						课程类型
							一	二	三	四	五	六	
专业课程	专业核心课程	国际经济与贸易	B150034	跨境电商B2B运营	54	3			3				
			B150032	进出口业务操作	72	4			4				
			B150005	外贸单证操作	72	4				4			
			B150035	跨境电商B2B销售	54	3				3			
			B150036	跨境电商B2B营销	54	3					3		
			B150037	跨境电商B2B数据分析	45	3					3		
		国际商务	B160062	跨境电商采购管理	60	3			3				
			B160057	跨境电商物流	54	3			3				
			B160059	跨境电商仓储管理	54	3				3			
			B160058	跨境电商通关	54	3				3			
			B160060	跨境电商商品归类	45	3					3		
			B160061	跨境电商供应链管理综合实训	36	2					2		
		跨境电子商务	B260001	跨境电商视觉设计	54	3			3				
			B260002	跨境电商B2C运营	54	3			3				
			B160063	跨境电商物流	54	3				3			
			B160064	跨境电商B2C营销	54	3				3			
			B260003	跨境电商B2C数据分析	45	3					3		
			B260004	跨境电商创业实践	54	3					3		
		商务英语	B170040	商务英语读写	38	2		2					
			B170039	商务英语翻译	54	3			3				
			B260006	跨境电商英语	54	3				3			
			B260007	跨境电商文案策划与撰写	54	3				3			
			B160059	跨境电商客服	54	3					3		
			B170041	跨境电商跟单	54	3					3		
				小计	1277	72			24	25	23		
	专业拓展方向选修课程（四选一）	跨境电商B2B方向	B150034	跨境电商B2B运营	54	3			3				
			B150032	进出口业务操作	72	4			4				
			B150005	外贸单证操作	72	4				4			
			B150035	跨境电商B2B销售	54	3				3			
			B150036	跨境电商B2B营销	54	3					3		
			B150037	跨境电商B2B数据分析	45	3					3		

续表

课程类别			课程编号	课程（项目）名称	计划课时	学分	学期分配及周课时数						课程类型
							一	二	三	四	五	六	
专业课程	专业拓展方向选修课程（四选一）	跨境电商B2C采购、物流方向	B160062	跨境电商采购管理	60	3			3				
			B160057	跨境电商物流	54	3			3				
			B160059	跨境电商仓储管理	54	3				3			
			B160058	跨境电商通关	54	3				3			
			B160060	跨境电商商品归类	45	3					3		
			B160061	跨境电商供应链管理综合实训	36	2					2		
		跨境电商B2C运营、营销方向	B260001	跨境电商视觉设计	54	3			3				
			B260002	跨境电商B2C运营	54	3			3				
			B160063	跨境电商物流	54	3				3			
			B160064	跨境电商B2C营销	54	3				3			
			B260003	跨境电商B2C数据分析	45	3					3		
			B260004	跨境电商创业实践	54	3					3		
		跨境电商客服和商务助理方向	B170040	商务英语读写	38	2		2					
			B170039	商务英语翻译	54	3			3				
			B260006	跨境电商英语	54	3				3			
			B260007	跨境电商文案策划与撰写	54	3				3			
			B160059	跨境电商客服	54	3					3		
			B170041	跨境电商跟单	54	3					3		
				小计	1277	72			24	25	23		
	专业拓展选修课A（四选一）		B170040	商务英语读写	38	2		2					
			B150031	国际商法	54	3			3				
			B160062	跨境电商采购管理	60	3			3				
			B260002	跨境电商B2C运营	54	3			3				
	专业拓展选修课B（四选一）		C170053	英语语音	36	2		2					
			B150027	国际经贸地理	36	2		2					
			B260001	跨境电商视觉设计	54	3			3				
			B160060	跨境电商商品归类	45	3			3				
	专业拓展选修课C（四选一）		B170025-30	第二外语	45	3				3			
			B160064	跨境电商B2C营销	54	3				3			
			B150030	外贸风险管理	45	3				3			
			B160059	跨境电商客服	45	3				3			
				小计	566	33				21	12		

续表

课程类别		课程编号	课程（项目）名称		计划课时	学分	学期分配及周课时数						课程类型
							一	二	三	四	五	六	
专业课程	订单课程		订单企业的行业背景介绍										
			订单企业岗位业务流程及标准操作系统										
			订单岗位职业资格考证										
			订单企业的企业文化										
			订单企业特殊知识能力要求										
			小计		255	17							
社会实践课程	必修课程	C900094	明理实践		(40)	1	▲						
		C900095	认知实习（创新创业认知）		(40)	1	▲	▲					
	限选课程	C900096	跟岗实习	跨境电商 B2B 方向	(90)	5			▲	▲			
				跨境电商 B2C 方向									
				创新创业方向									
		C900098	岗位实习	跨境电商 B2B 方向	540	18				▲	▲	▲	
				跨境电商 B2C 方向									
				创新创业方向									
		C900099	毕业设计	跨境电商 B2B 方向	90	5						▲	
				跨境电商 B2C 方向									
				创新创业方向									
			创新创业实践		(630)	23							※
			小计		1430	53							

备注：
1. *为考试课程，※为创新创业教育类课程，★为双语课程。
2. 明理课程包括"诚信文化理论与实践""明理人生通论""大学生心理健康教育""大学生职业生涯规划"。
3. 专业选修课程中方向课程与订单课程二选一。
4. 完成"职业素养读本"学习，获得1学分。
5. 军事教育，其中"军事理论"2学分，36课时；"军事技能"2学分，实际训练时间不少于14天或112课时。
6. "毛泽东思想和中国特色社会主义理论体系概论"课程，理论讲授54课时，实践18课时。
7. 公共选修课程包括校内公选课程、校际公选课程、淑女学院课程、自主学习平台网络选修课程、创新创业网络课程。
8. 建议全体同学选修一门2学分的美育类课程，女生选择一门淑女学院课程。
9. 创新创业实践和创新创业项目可以替换岗位实习和毕业设计课程的课时与学分。
10. 第一学期包含始业教育（2周）、认知实习（1周）、明理实践（1周）、课堂教学（16周），教学周为20周；第二学期包含认知实习（2周）、课堂教学（18周），教学周为20周；第三学期包含跟岗实习（2周）、课堂教学（18周），教学周为20周；第四学期包含跟岗实习（2周）、岗位实习（4周）、课堂教学（18周），教学周为24周；第五学期包含岗位实习（4周）、职业指导（1周）、订单学习（15周），教学周为20周；第六学期包含岗位实习（16周）、毕业设计（4周），教学周为20周。
11. 始业教育包括军训、禁毒防艾知识教育、文明礼仪教育、校规校纪解读、安全教育、三维文化教育、投资者教育、专业教育、生涯规划、诚信文化理论与实践教育、大学生学习生活指导与千日成长指南。

2. 课程课时与学分分配表

课程类别		要求课时数	占课内教学总课时比例	要求学分数	占总学分的比例
公共课程	公共必修课程	525	19.99%	29	21.01%
	公共选修课程	212	8.07%	12	8.70%
专业课程	专业大类必修课程	800	30.46%	47	34.06%
	专业拓展选修课程	459	17.48%	27	19.57%
社会实践课程	岗位实习	540	20.56%	18	13.04%
	毕业设计	90	3.43%	5	3.62%
总计		2626	100%	138	100%

【教学保障】

1. 师资队伍

专业群学生数与专任教师数比例不高于20∶1，双师型教师占专业课教师的比例不低于95%，校内专任教师与行业兼职教师配比不低于1∶1。专业群创新"双元双优"团队建设模式，打造高水平、结构化的教师教学创新团队。"双元"指校内专任教师和行业兼职教师。"双优"指优秀的教师职业人和优秀的外贸职业人（行业兼职教师）。行业兼职教师应具备良好的思想政治素质、职业道德和工匠精神，具有较高的专业素养和技能水平，具有较丰富的从业经验和行业资源，具有参与人才培养全过程的主观意愿。"双元双优"教师教学创新团队共同开发岗位标准、专业标准、课程标准，共编教材，共同备课，共同授课，共同指导学生实践，参与人才培养全过程。

专业群核心课程应由校内专任教师和行业兼职教师共同完成教学。专业群根据人才培养岗位定位，聘请跨境电商B2B和B2C企业的运营、销售等岗位行业骨干教师与校内专任教师共同将岗位典型工作任务转化为主要教学项目，并细分为若干教学模块，针对不同业务领域，分别主讲各自精专的项目模块，实施分工协作模块化教学。

专业群制定《行业兼职教师遴选、聘用和管理办法》《关于加强双师型教师队伍建设的若干意见》《关于鼓励教师参加挂职锻炼的有关规定》《关于校内专任教师与行业兼职教师"朋友式"结对的若干意见》等规章制度，为"双元双优"教学创新团队建设提供制度保障。

2. 教学设施

专业群依托阿里巴巴数字贸易学院和浙江省跨境电商综合服务产教融合人才培养示范基地，建设能满足跨境电商B2B和B2C实战教学和技能鉴定需求的专业教室、校内实训室以及能满足学生工学交替、岗位实习和教师社会实践的校外实习基地，以提升学生的跨境电商B2B和B2C业务操作能力，保证融"教、学、做"于一体的实践教学成效。

专业群建设跨境电商工作室、跨境电商 B2B 业务实训室、外贸单证实训室和英语视听实训室等校内实训基地，配备跨境电商达人模拟实训系统、互联网＋国际贸易综合技能实训与竞赛平台、报关现场通关作业技术平台（竞赛）、跨境电商实战 ERP 管理系统、关务技能大赛单证操作软件、跨境电商 B2B 实训平台、跨境电商数字营销仿真实战管理系统和蓝思 achieve3000 分级阅读平台等实训软件。

专业群建设阿里巴巴（中国）网络技术有限公司、浙江省国际贸易集团有限公司、海盟控股集团有限公司、南京瀚海企业管理咨询有限公司、浙江国贸数字科技有限公司、杭州峰澜科技有限公司、浙江盈世控股有限公司、浙江潘朵信息科技有限公司和杭州乐链科技有限公司校外实习基地，深化产教融合，开展校企深度合作，共同开发实训教学内容，打造高水平实践教学基地。

3. 教学资源

专业群提供能够满足学生专业学习、教师专业教学研究和教学实施需要的教材、图书及数字资源等。

（1）教材选用要求。专业群规范教材建设和选用制度，根据跨境电商 B2B、跨境电商 B2C 专业人才培养目标及课程教学要求，优先从国家级或省级规划教材目录中选用教材。专业群加强新形态一体化教材建设，以学生为中心、以能力为本位、以数字资源为支撑，校企双元开发特色鲜明的教材，实现其与在线精品课程的"互联网＋"式互动。

（2）图书文献配置要求。专业群定期选购教师专业教学研究和教学实施需要的、融入国际贸易和跨境电商行业企业发展的新制度、新法规、新业务、新做法的图书资料、电子资料等辅助性学习资源。

（3）数字资源配备要求。依托职业教育国际贸易专业国家教学资源库项目，专业群核心课程数字资源应做到系统、完整、优质，主要包括课程介绍、课程标准、教学设计、教学课件、教学视频、电子教材、习题库、案例库、实训项目、参考资料等，同时保持动态更新。

4. 教学方法

（1）树立正确教学理念。遵循高等职业教育的基本规律，牢固树立提高课堂教学质量是专业人才培养的根本任务之理念，积极开展教学改革研究，提高课程教学质量。

（2）科学合理地选择教学方法。在现代职业教育理论的指导下，熟练把握讲授式、启发式、探究式、合作式、线上线下混合式、工学交替、课证融合、课赛融合等各类教学方法的特性，基于学生学习需求和社会用人需要，科学选取教学内容，合理选择适宜的教学方法并进行优化组合。

（3）有效地运用教学方法。根据具体教学实际，对所选择的教学方法进行优化组合和综合运用，并充分关注学生的反馈，适时调整，适应学生学习实际。

（4）建设优质课程、教材与共享资源。以国家级、省级和校级精品在线开放课程建设为基础，积极开展教学队伍建设、教学内容建设、教学方法和手段建设、教材建设、实训基地建设和机制建设；用信息化技术与手段实现课程教学资料等教学资源上网开放，为广大教师和学生提供免费的优质教育资源。

（5）建设优秀教学创新团队。建立团队合作机制，通过青蓝工程、导师制、助讲制等，促进教学研讨和教学经验交流，改革教学内容和方法，开发教学资源，提高教师整体教学水平。

5．学习评价

（1）学生学业评价。专业群坚持课程的过程性和实践性考核，不断改革和完善学生学业成绩的评价制度，根据课程性质和课程定位，对学生学业成绩进行分类评价，强化对学生自主学习能力的考核评价，鼓励开展线上线下学习成果的多元评价。理论性课程成绩包括期末成绩和平时成绩，平时成绩包括视频课件学习、测验作业、课堂提问和讨论、调研报告等。实践性课程成绩创新评价制度，注重实践性考核。平时成绩包括作业、课堂提问和讨论；实践操作环节以视频、音频、文字材料等形式保存，每门课程的实践操作环节有详细的操作要求和规范的评分标准，每次实践操作环节有必要的反馈。

（2）第三方评价。行业、企业对毕业生的评价是人才培养质量评价体系重要的环节之一，专业群定期、不定期地了解行业、企业等对毕业生的评价，努力建立和完善第三方对人才培养质量评价制度，主要包括：

1）应届毕业生岗位实习及就业情况调查。在每年应届毕业生岗位实习阶段对若干个实习单位进行调查，主要了解毕业设计、岗位实习、就业情况等方面的情况。

2）每年毕业生随访制度。每年随机对前一届毕业生所在单位进行重点访问，主要了解用人单位对毕业生的满意度和认可度、毕业生专业知识和专业技能的适用性等方面。

3）毕业生五年后调查。主要调查学生的工作岗位、岗位发展情况、收入情况、工作满意度、毕业后岗位更换情况、工作适应情况等。

6．质量管理

（1）建立专业建设和教学过程质量监控机制，健全专业教学质量监控管理制度，完善课堂教学、教学评价、实习实训、毕业设计以及专业调研、人才培养方案更新、资源建设等方面质量标准建设，通过教学实施、过程监控、质量评价和持续改进，达成人才培养目标和培养规格。

（2）完善教学管理机制，加强日常教学组织运行与管理，定期开展课程建设水平和教学质量诊改，建立健全巡课、听课、评教、评学等制度，定期开展公开课、示范课等教研活动。

（3）教研组织应充分利用评价分析结果有效改进专业教学，针对人才培养过程中存在的问题，制定诊断与改进措施，持续提高人才培养质量。

（4）建立人才培养质量评价指标体系。专业群建立专业人才培养的评价指标保障体系，主要包括培养目标、培养过程和培养质量三个部分。

序号	指标		内容
1	培养目标		专业群人才培养方案的制定遵循人才培养的目标与客观规律，基于区域经济的行业岗位人才需求确立人才培养定位与人才培养目标，面向行业的岗位人才市场需求调研已形成长效机制，每年更新，密切关注行业发展新趋势与岗位人才需求新动态，保证人才培养与产业发展的一致性，基于市场调研与专家论证的课程体系具有专业性、系统性，符合职业发展的规律性。人才培养方案中的人才培养目标定位准确，与产业发展具有一致性，具有一定的前瞻性
2	培养过程	课程体系	专业课程含专业核心课程与专业拓展课程，由校企合作共同开发，充分体现课程内容与职业标准的对接性。课程体系面向跨境电商 B2B 和 B2C 从业人员职业发展的跨境电商 B2B 运营专员、销售专员和营销专员，跨境电商 B2C 运营专员、营销专员、采购专员、物流专员，跨境电商客服专员和商务助理等岗位，符合职业发展的规律性，全部专业核心课程均由校企合作共同开发，课程内容与职业标准对接
		教学方法	专业核心课程建设包括课程网站在内的立体化教学资源，采用项目教学、案例教学、线上线下混合教学、合作学习、双语改革等形式多样的教学方式，增强课堂实效，提高教学质量
		基地建设	建设体现职场环境的仿真校内实训基地，实现课程实践教学过程与工作过程有效对接。建设丰富的校外实习基地，接受学生开展工学交替、毕业实习等。学生双证书通过率超过 98%
		师资建设	打造"双元双优"的师资队伍，专任教师中双师素质教师比例不低于 95%，专任教师和兼职教师配比不低于 1∶1，全部专任教师都具备企业实践经历
3	培养质量		专业群构建"三维文化"育人体系，以"诚信文化、校友文化、外贸文化"育人，重视对学生外贸职业素养的培育，编写职业素养读本，开展一、二、三课堂融合改革，开展国际文化节、国际商务礼仪大赛外塑形象、内炼气质，增强学生的职业素养。专业群学生就业率高，就业对口率高，外贸相关企业对学生的职业能力、职业素质、业务知识给予了充分肯定

【毕业要求】

● 最低毕业学分：第一课堂 140 学分（含公共选修课 6 学分），第二、三课堂素质养成 10 学分，获得职业技能等级证书可以抵 8 学分。

● 在校期间完成专业认知实习、跟岗实习、岗位实习及毕业设计（创新创业实践），成绩合格，取得相应学分。

● 应修满 6 学分及以上的公共选修课程。

● 应取得跨境电商 B2B 数据运营中级证书。

【附录】

内容略。

三、开发专业课程标准

国际经济与贸易专业群核心课程设置是"双元育人 书证融通"复合型技术技能人才培养模式的重要载体,其中 24 门专业核心课程为重中之重。因此,国际经济与贸易专业群校内专任教师与行业专家重点开发了突出岗位职业能力培养的以上 24 门专业核心课程的课程标准。每门课程的课程标准对课程性质、课程目标、课程内容和要求等做出了原则性的规定,同时还对课程设计思路和实施建议进行了说明,使课程教学与改革有章可循。24 门专业核心课程内容详见本书第三章。

为了更好地实施课程标准,使课程标准的执行更加具体,24 门专业核心课程都根据跨境电商 B2B、跨境电商 B2C 企业真实业务案例开发了项目活动载体,展现了项目课程改革的思路,提高了课程标准的可操作性。

四、开发新形态一体化教材

国际经济与贸易专业群以能力本位为起点,围绕深化教学改革和"互联网+职业教育"发展需求,将教材、课程、教法高效链接,创造新形态一体化教材("一书")、标准化数字课程("一课")、智能化教与学空间("一空间")的有机互动机制,实现专业群建设的各项育人目标。在内容设计上,基于外贸业务真实生产项目和典型工作任务,设计工作项目式教学单元,校内专任教师和行业兼职教师分工编写各自精专的教学模块。教材内容动态融入外贸行业新知识、新技术、新规范,实现教材随产业发展趋势和行业人才需求的动态更新,凸显职业性。在呈现形式上,融入二维码,打破以知识体系为线索的平面教材呈现形式,将纸质教材与国家级、省级精品在线开放课程以及国家专业教学资源库等数字化教学资源匹配对应,使学生能够及时、便捷、灵活地获取重要知识点、技能点对应的优质数字资源,实现教材内容与数字资源建设一体化、教材编写与课程开发一体化、课堂教学与自主学习一体化。在应用方式上,校企"双元双优"开发团队在教材编写的基础上,创新开展分工协作的模块化教学,支持学生扫码进入国家级精品在线开放课程学习慕课,进入云课堂学习 SPOC,实现教材编写、课程建设、配套资源开发、信息技术应用统筹推进的新形态一体化教材建设与应用。

第三节 实施阶段:项目实施

国际经济与贸易专业群根据"双元育人 书证融通"复合型技术技能人才培养模式要求,在教学实施环节,通过"双元双优"结构化教师教学团队共同开展备课、授课、评价和创业就业指导等人才培养全过程。

一、共同备课

国际经济与贸易专业群 24 门专业核心课程均由校内专任教师与行业兼职教师两支队伍共同完成教学任务。对于任何一门专业核心课程，校内专任教师与行业兼职教师共同讨论、共同备课。双方比照课程标准设定该项目的能力点与知识点要求，确定项目活动载体，同时根据行业发展新变化、业务政策新调整、业务操作新方式等对项目活动载体进行更新、修订，使之融入行业发展新要素，符合业务发展新要求；在此基础上，根据授课对象、授课场所的不同特点将项目活动载体覆盖的能力目标与知识目标外化为具体、明确的工作项目，配之以适当的教学组织形式，保证教学能力目标与知识目标的实现。校内专任教师与行业兼职教师在共同备课过程中，各取所长，优势互补，将授课内容准备与课堂组织形式设计都提高到更高的水平。

二、共同授课

校内专任教师与行业兼职教师在课堂授课环节，分工合作，相互配合，其中行业兼职教师侧重实践教学和实训指导，校内专任教师与行业兼职教师共同授课，通过职业导向的基于工作过程的项目课程教学，以专业核心课程的项目活动设计为载体，突出学生在课堂教学中的主体地位，强调学生职业能力培养，融入职业素质提升，共同打造任务驱动、项目导向、教学做一体、教学场所与实训场所一体化的教学模式。

在项目教学过程中，校内专任教师与行业兼职教师首先将根据业务案例设计的项目活动任务布置给学生，指导学生完成工作任务，发现学生操作过程中的问题并及时总结。教师在进行操作示范的过程中，不仅将该工作任务覆盖的职业能力与专业知识进行讲解与示范，还需要对学生独立进行的工作任务完成过程加以分析，使学生在掌握共性的职业能力与专业知识的基础上，有个性化的收益，既包括职业能力的提高，又包括职业素质的提升。

通过"双元双优"专业教学团队共同打造的任务驱动、项目导向、教学做一体、教学场所与实训场所一体化的教学模式，将职业能力作为培养重点，同时融入专业知识补充与职业素质提升，实现将学生培养成复合型数字国际贸易技术技能人才的目标。

三、共同评价

校内专任教师与行业兼职教师在完成共同授课后，由校内专任教师根据行业兼职教师提供的真实业务案例，结合课程考核要求，设计考核案例，按照实际业务的表现形式来确定考核形式、分配考核点，形成考核方案初稿。然后，召开"双元双优"结构化教师教学创新团队共同备课会，校内专任教师与行业兼职教师共同对业务案例描述、考核任务设计、考核评价指标进行审核，提出修改意见，由校内专任教师进行修订，由双方填写"共同评价记录表"，双方共同完成考核任务。通过共同评价，使课程考核内容与考核形式与实际业务相吻合，使考核结果与岗位要求相吻合。

以准备阶段开发的岗位标准、专业教学标准、课程标准为指导，校内专任教师与行业兼职教师共同完成职业导向的基于工作过程的教学实践。学生通过考核即意味着已经具备跨境电商 B2B、跨境电商 B2C 运营专员、销售专员和营销专员等岗位职业能力。

四、共同指导就业创业

校内专任教师与行业兼职教师在专业核心课程的合作过程中，除在课堂教学的备课、授课、考核环节的合作外，还共同指导学生就业和创业等实践活动。专业群构建"学习即创业""学习即比赛""比赛即创业"的创新教学模式，通过融合课内课外、线上线下、校内校外资源的分段式培养，孵化创业团队，培养创业学生，提升学生的综合素质和创新创业能力。在学生掌握了跨境电商 B2B、跨境电商 B2C 运营专员、销售专员和营销专员等岗位业务操作所需要的各项能力，获得了对应的职业技能等级证书，到相关外贸企业和跨境电商企业对应岗位进行岗位实习的过程中，教师进行对应指导，帮助学生提升就业竞争力，实现顺利就业和优质就业。

第五章

"双元育人 书证融通"人才培养模式的推广建议

第一节 "双元育人 书证融通"人才培养模式的可推广性分析

一、建设理念的可推广性

国际经济与贸易专业群以职业导向为建设理念，坚持工学结合的人才培养方向。该建设理念是当代高职教育的先进理念，以培养学生职业岗位所需的知识、能力、素质为衡量教育质量的重要指标，打破了原有学科体系下的评价体系，突出高职教育培养目标的高素质、应用型的特点，具有可推广性。

二、建设思路的可推广性

国际经济与贸易专业群在"双元育人 书证融通"人才培养模式建设过程中，首先明确市场需求，进而寻求有效载体实现市场需求向人才培养过程的转化，然后为该转化过程明确运行保障，提供制度支持。该建设思路符合人才培养模式建设的规律，具有一定的科学性，具有可推广性。

三、建设条件的可推广性

国际经济与贸易专业群"双元育人 书证融通"人才培养模式明确了课程体系、教师教学创新团队、实践教学基地三项建设条件，这三项条件作为实现职业导向的高职教育建设的重要条件，是各院校同类专业建设的重点所在。这三项条件的实现，将是高质量教育的保障。各院校同类专业在这三项条件的建设过程中实现程度可能存在差异，但建设方向应该是一致的，应对该模式的建设条件重要性给予认同，达成虽然各有困难，但在一定程度上实现却并非不可能，所以该模式的建设条件同样具有可推广性。

四、建设过程的可推广性

国际经济与贸易专业群明确岗位需求，开发岗位标准，重构课程体系，修订专业教学标准，制定课程标准，实行项目教学改革，工学交替、认识实习和岗位实习。在这一建设过程中，依靠校内外专、兼职教师队伍，充分利用校内外实践教学基地，建设过程有理可循，有章可依，具有可推广性。

五、建设成果的可推广性

国际经济与贸易专业群在"双元育人 书证融通"人才培养模式的建设过程中，开发了外贸业务员、外贸跟单员、外贸单证员、跨境电商 B2B 运营专员等岗位标准，修订了国际经济与贸易专业群教学标准，设计了"进出口业务操作""外贸单证操作""跨境电商 B2B 运营"等 24 门核心课程的课程标准，形成了一系列体现工作流程的新形态一体化项目教材，总结提炼出"双元育人 书证融通"人才培养模式。这一系列的建设成果对国内其他院校的国际经济与贸易专业群建设均有一定的借鉴意见，具有可推广性。

第二节 "双元育人 书证融通"人才培养模式的推广建议

笔者通过国际经济与贸易专业群五年的实践，积累了一定的专业建设与人才培养的经验，并结合自身研究提出了一些实施建议，可供同类院校借鉴。

一、政府层面

对于政府来说，一方面，加强党的全面领导，探索地方政府和社会力量支持职业教育发展投入新机制，吸引社会资本、产业资金投入，组织对应岗位领域的行业、企业专家和职业教育教学专家，共同开发岗位职业标准；另一方面，深化国家职业教育改革 1+X 证书制度试点，使其科学、规范、有序发展。强化政策扶持开发岗位职业标准，深化 1+X 证书制度试点，促进技术技能人才培养培训模式和评价模式改革，为实施国际经济与贸易专业群"双元育人 书证融通"人才培养模式解决了前提条件。

二、学校层面

（一）整体理念

对于学校来说，首先，应要求国际经济与贸易专业群加强市场调研，明确人才培养定位；然后，根据对应岗位职业标准，把对应职业考证项目融入人才培养方案；最后，构建工作过程系统化的专业课程体系并编写配套专业教材，建设职业导向的校内外实践教学基地和双师结构的教师教学创新团队，开展符合职业人才培养的教学，全面实施教学改革创新。这是成功实施国际经济与贸易专业群"双元育人 书证融通"人才培养模式的关键和核心。

（二）设计思路

学校在采用"双元育人 书证融通"人才培养模式进行专业建设和人才培养时，要遵循系统性、开放性、职业性和实践性等原则。

1. 系统性

人才培养是专业建设的魂，是主线，一定要围绕这条主线进行人才培养的系统设计：首先确立培养什么样的职业人，配备相应的专业课程体系和双师结构的教学团队，然后建设对应岗位职业环境的校内外实践教学基地，开展符合企业和职业实际情况的人才培养方法，从而最终培养出专业定位的职业人才。

2. 开放性

人才培养应该是开放的，面对行业、企业、社会，校企合作应该体现在人才培养的全过程：共同确定人才培养定位，共同开发专业教学标准，共同确定课程教学内容，共同开发教学资料，共同进行备课、授课、评价，共同建设校内外实践教学基地，共同指导工学交替、认识实习和岗位实习。

3. 职业性

人才培养要体现职业性，全方面融入职业要素：人才培养要对应职业岗位，人才培养规格要对应职业岗位标准，师资队伍要充实行业优秀职业人，专业课程要有明确的职业岗位培养目标，校内外实践教学基地要充分营造职业氛围，教学运行要融入职业角色。

4. 实践性

人才培养要重视实践性：高职专业人才培养应以提升学生的职业能力为本位，教学过程中应以学生为主体，强化校内实训、工学交替、认识实习和岗位实习等实践教学环节，进行仿真训练、实战训练，让学生在校内外实践教学基地可以有更多机会进行实践操作，以培养高技能的职业人才。

（三）注意事项

国内高职院校国际经济与贸易专业群借鉴"双元育人 书证融通"人才培养模式时，应遵循高职人才培养基本规律，以市场调查分析为前提，结合本地区外贸行业特点，在人才培养定位及具体人才培养规格确定上坚持本土化，使人才培养模式的建设思路上做到普适性与特殊性相结合。具体注意事项如下：

1. 人才培养定位

外贸单证员、外贸跟单员、外贸业务员、跨境电商 B2B 运营专员、跨境电商 B2C 营销专员等职业岗位是全国外贸行业具有普适性的岗位，除此之外，各院校还可以结合本地区外贸行业的特点，选择国际货代员、跨境电商采购专员等岗位。

2. 人才培养规格

国内高职院校国际经济与贸易专业群通常以一般贸易和跨境电商专业人才为主要培养目标，各院校也可以结合当地的外贸特点确定人才培养规格，如在广东、江苏等加工贸易发达的地区，培养的外贸人才应熟悉加工贸易；在吉林、黑龙江、内蒙古、新疆、云南、贵州等边境贸易发达的地区，培养的外贸人才应熟悉边境贸易。

3. 课程建设

国内高职院校国际经济与贸易专业群在进行基于工作过程的项目课程改革时，课程体系构建应该遵循本土化原则，根据本地区外贸行业特点设置配套课程，如进口业务不发达地区可以适当减少进口业务相关课程的设置；课程教学所使用的业务案例要体现本地区进出口优势产业和优势产品，如湖南、山东地区可以选择农产品编制教学业务案例。

4. 实践教学基地建设

国际经济与贸易专业群校内实践教学基地建设原则上不同的职业岗位应该配备不同的校内实训室，通过虚拟外贸公司将不同实训室打造成该公司不同业务部门，在空间分布及环境布置上营造职业氛围。校内实训室除基本硬件配置，还应该结合教学业务案例选取的典型产品购置外贸样品，购置ERP外贸管理软件，辅助项目课程教学开展。添置ERP外贸管理软件有助于帮助学生树立外贸管理的思想，为学生以后向外贸公司管理岗位发展提供帮助。国际经济与贸易专业群应该根据学生规模、教学场所布局及经费状况确定校内实训室建设数量、规模与内容。有条件的院校可以考虑引进外贸实体，或者引进典型外贸产品的生产线设备，充分发挥校内实训室作用。

国际经济与贸易专业群应该根据学生规模建设一定数量的校外实训基地，覆盖不同行业、不同规模、不同类型的外贸企业及相关企业。

5. 师资队伍建设

国际经济与贸易专业群要打造高素质的双师结构师资队伍，要从不同规模、不同类型的外贸企业聘请具有丰富外贸操作经验的业务专家，同时还应该充实货代、海关、商检、银行国际业务部、商务厅、贸促会等外贸相关部门的业务专家共同构成行业兼职教师队伍，共同参与人才培养过程，共同开发课程，共同进行工学交替、岗位实习指导。同时，行业兼职教师发挥各自特点，业务经验丰富又善于教学的业务专家可以走入课堂，为课堂教学贡献力量。

6. 1+X考证项目选择

国际经济与贸易专业群选取岗位对应的职业考证项目时要注意遵循"关联性、规范性、权威性"原则。培养单证员岗位，建议选取龙头外贸企业开发的1+X证书，如由阿里巴巴（中国）教育科技有限公司开发的跨境电商B2B数据运营职业技能等级证书、阿里巴巴（中国）网络技术有限公司开发的跨境电商B2C数据运营职业技能等级证书等。权威考证项目的选取将有助于促进国际经济与贸易专业群人才培养结果更贴近外贸企业人才需求。

三、企业层面

对于企业来说，一方面，要树立正确的产教融合、校企合作意识，主动参与高职院校职业人才培养，这既是承担企业社会责任，也是为企业培养人才储备；另一方面，要提高自身校企合作能力，为学校提供更好的工学交替、岗位实习等服务。这是实施国际经济与贸易专业群"双元育人 书证融通"人才培养模式的强有力支撑。

虽然笔者以及浙江金融职业学院国际经济与贸易专业群团队其他成员，对"双元育人 书证融通"人才培养模式进行了积极的探索与实践，但是适合工学结合的教学管理制度和学生管理制度有待进一步完善，基于工作过程的项目课程教学改革有待实践进一步检验和完善。希望全国高职院校国际经济与贸易专业群的同行能与我们共同研究、探讨、实践，并对国际经济与贸易专业群"双元育人 书证融通"人才培养模式进行进一步的完善，使其更趋成熟，为国家经济社会发展和高质量共建"一带一路"提供技术技能人才支撑和智力支持。

参考文献

[1] 唐以志. 健全 1＋X 证书制度 增强职业教育适应性 [J]. 中国职业技术教育，2021（12）.

[2] 章安平，梁帅，米高磊. 高职院校高水平专业群建设的内在逻辑、现实问题与实践路径 [J]. 职业技术教育，2022（29）.

[3] 肖旭，章安平. 试论"双元双优"专业教学团队的建设模式 [J]. 黑龙江高教研究，2010（5）.

[4] 国务院. 国家职业教育改革实施方案（国发〔2019〕4 号）[Z].